Stehplatz am Himmel

N5683E

Stehplatz am Himmel

Die Welt der Heißluftballone

Dick Wirth · Jerry Young
Mit einer Einführung von Per Lindstrand

PIETSCH VERLAG STUTTGART

Einbandgestaltung: Johann Walentek unter Verwendung der Fotos der Originalausgabe.

Die Originalausgabe ist erschienen unter dem Titel BALLOONING. THE COMPLETE GUIDE TO RIDING THE WINDS.
A Marshall Edition

Ins Deutsche übertragen
von WOLF WESTERKAMP.

Die Ratschläge in diesem Buch sind von Autoren und Verlag sorgfältig erwogen und geprüft, dennoch kann eine Garantie nicht übernommen werden. Eine Haftung der Autoren bzw. des Verlages und seiner Beauftragten für Personen-, Sach- und Vermögensschäden ist ausgeschlossen.

ISBN 3-613-50215-1
1. Auflage 1994

Satz: primustype Robert Hurler GmbH, 73274 Notzingen.
Druck: Graficas Estella, E-31200 Estella.

Printed in Spain

INHALT

EINFÜHRUNG

Fliegen zu können hat den Menschen seit undenklichen Zeiten beschäftigt, und in fast allen Formen von Kunst und Literatur hat er seinem brennenden Verlangen Ausdruck verliehen, die Gesetze der Schwerkraft zu überwinden und sich frei durch den Raum zu bewegen. Wer von uns hat nicht schon einmal – irgendwann in seinem Leben – davon geträumt, langsam über die rastlose und geschäftige Erde dahinzuschweben und zu schauen und zu hören, ohne selbst wahrgenommen zu werden?

Mittlerweile haben Wissenschaft und Technik den Flug des Menschen längst Wirklichkeit werden lassen, und binnen eines Tages können wir nahezu jeden Punkt der Erde erreichen. Die Suche nach neuen Technologien und Materialien stellt unsere besten Konstrukteure vor immer neue Aufgaben. Dabei sind die heutigen Flüge, bei denen der Passagier die geschlossenen, druckbelüfteten Kabinen riesiger, lärmender Düsenmaschinen besteigt und sich angeschnallt in zugewiesene Sitze zwängen muß, ja nur ein Zerrbild des freien Fluges, wie ihn sich der Mensch ursprünglich einmal vorgestellt hatte. So lebt der alte Traum, lautlos und frei den Himmel zu erobern, noch immer fort.

In den letzten Jahrzehnten hat die Technologie der Heißluftballone die edle Kunst des Ballonfahrens jedem zugänglich gemacht, den es nach einer romantischen Begegnung mit den Wolken verlangt. Mit einem Ballon unterwegs zu sein ist eine der wenigen Formen der Luftfahrt, die den Passagieren Ruhe und Entspannung vermittelt, und ein erster Aufstieg ist ein wahrhaft beeindruckendes und beschauliches Erlebnis. Die Bewegungen werden kaum wahrgenommen, weder horizontal noch vertikal, und meist ist es völlig still – bis auf das gelegentliche Aufzischen des Brenners. Das gemächliche Abheben täuscht die Sinne, und wenn der Ballon dann erst einmal über die Erde dahinschwebt, verlieren irdische Belange – während die Welt unter uns dahingleitet – an Bedeutung.

Für die meisten Leute ist es ein faszinierender Anblick, einem Heißluftballon beim Abheben zuzuschauen, wenn er sich strafft in dem Bemühen, sich zu befreien und – der Schwerkraft entkommen – in eine ferne Welt zu unbestimmten Zielen aufzubrechen. Nur wenige Formen des menschlichen Fluges rufen die gleichen Gefühle von Romatik, Abenteuer und Freiheit hervor wie ein Ballon, der von den Winden dahingetragen wird – hoch über der Erde, an die wir normalerweise gefesselt sind.

Heben Sie ab ... und erfüllen Sie sich Ihren Traum!

Per Lindstrand

ALLIED
SCHOOL
PRODU
a p
o p
OFFICE

VOM ZAUBER DES DAHINGLEITENS

»... ein stilles Vergnügen, kaum in Worte zu fassen – auf der Erde kann man es nicht erleben.«

Vincento Lunardi, 1784

Heißluftballone sind mein Leben. Ich schwebe mit den Wolken und lasse mich vom Wind treiben. Eine gottgegebene Ruhe erfüllt mich, und ich sehe eindrucksvollen Erlebnissen entgegen.

Seit meinem ersten Aufstieg 1971 habe ich mich dem Ballonfahren völlig verschrieben. Wenn einen die Leidenschaft für den Ballonsport erst einmal gepackt hat, unterscheidet man sich doch erheblich von der Masse der erdgebundenen Sterblichen mit ihren ganz anderen Schwerpunkten. Wenn die über Land fahren, sehen sie vielleicht malerische Dörfchen oder weite Landschaften – ich hingegen, als Ballonfahrer, sehe das Land unter mir als eine Folge guter oder schlechter Start- und Landemöglichkeiten. Die ländlichen Gegenden halten für uns Ballöner zahlreiche Start- und Landeplätze bereit – jedes freie Feld, durch Bäume vom Wind abgeschirmt, kann uns mit dem Himmel verbinden.

Ballone können einen auf die anmutigste Art aus dieser Welt entführen. In einem von ihnen dahinzuschweben ist die Verwirklichung des alten Traums, in den Wolken zu leben. Schon wenige Meter über der Erdoberfläche beginnt man die Mühen des täglichen Lebens hinter sich zu lassen. Beim sanften Steigen ändern sich die Perspektiven ständig, wenn die Baumkronen nach unten entschwinden und winkende Menschen immer kleiner werden. Das Aufröhren des Brenners, der die Luft in der Hülle erhitzt, ist zwar ein Stilbruch, ist aber notwendig, und das ständige Zischen der Pilotflamme dient der Sicherheit und ist lebenswichtig – erst wenn es einmal aussetzt, ist Grund zur Sorge gegeben, wie jeder Ballonfahrer zu berichten weiß.

Die Fahrtrichtung hängt vom Wind ab, aber dafür kann der Ballonführer die vertikalen Bewegungen seines Ballons – also die Höhe – mit dem Gasbrenner steuern.

Heißluftballone sind die Antwort auf uralte Träume, die durch moderne Technologie in den letzten drei Jahrzehnten verwirklicht werden konnten. Im Vergleich zu ihnen sind Gasballone ein Anachronismus. Ballastsäcke und herabhängende Schleppseile haben in einem wendigen Heißluftballon keinen Platz. Natürlich ist Heißluft auch ein Gas, aber anders als Wasserstoff ist es nicht feuergefährlich und zudem auch noch billig. Diese beiden Formen der Luftfahrt – nach dem Flugprinzip »leichter als Luft« – sind sich zwar in vielerlei Hinsicht ähnlich, aber Heißluftballone sind einfacher zu handhaben, reagieren schneller als Gasballone und brauchen keine aufwendigen Füllstationen.

Durch die Verwertung der Erkenntnis, daß heiße Luft nach oben steigt, kann der heutige Ballonfahrer mit reichlich Leistungsreserve schnell in den Himmel aufsteigen. Um die Steigrate zu verringern, die bei immerhin 600 Höhenmetern pro Minute liegen kann, oder um abzusteigen, kann man ein Ablaßsystem in der Ballonhülle öffnen. Sobald dann die dünne, heiße Luft entweicht, beginnt der Ballon zu sinken. Ein kurzer Einsatz des Brenners wird ihn dann stabilisieren. Erfahrene Ballonpiloten können die gewünschte Höhe bis auf wenige Meter genau ansteuern, wobei sie den vier oder mehr Tonnen schweren Ballon nur mit den Fingerspitzen dirigieren. Durch gekonnte Wahl der Höhe kann der Pilot seinen Ballon bis zu einem gewissen Grad sogar »lenken« und eine Fahrt vorplanen, indem er die angesagten Windrichtungsänderungen in den verschiedenen Höhen ausnutzt.

Für die Vorhersage der globalen Windrichtungen gibt es ziemlich verläßliche Regeln, aber für die kontrollierte Navigation eine Ballons muß man die Einflüsse kleinster Wetterbereiche nutzen. Und da ist es oft schwierig, die Windrichtungen über der eigenen Ballonhöhe vorherzusagen. Auf der nördlichen Halbkugel der Erde sollte sich der Ballon grundsätzlich nach rechts drehen, sobald er an Höhe gewinnt – aber auf diese Grundregel kann man sich nicht immer verlassen. Und Wettervorhersagen sind für kleinste Bereiche häufig zu grob. Aber dann kann man vielleicht die Zugrichtung der Wolken über dem eigenen Ballon erkennen und hat damit immerhin einen Anhaltspunkt bezüglich der Verhältnisse in größeren Höhen.

Die Windrichtung in Bodennähe ist da leichter zu bestimmen. So kann man zum Beispiel Wolken unter dem Ballon beobachten – und wenn nicht, dann gibt es meist eine ganze Reihe von »Sensoren«, die uns die Windrichtung verraten: im Winter aufsteigende Rauchsäulen, im Sommer wogende Kornfelder, die Wellen auf Gewässern oder sogar die in Gärten aufgehängte Wäsche.

Die Fähigkeit, diese Zeichen zu lesen und damit den Wind zu nutzen, wird Ballonfahrern, die an Wettfahrten teilnehmen, durchaus abverlangt. Wenn der Mensch sich allerdings nicht in seiner natürlichen Umgebung bewegt, kann er die Dinge auch nur noch bedingt steuern. Aber der ungewisse Verlauf der Fahrt ist ja schließlich auch eine der Hauptattraktionen für den normalen Aeronauten: Sein Ziel bestimmt der Wind.

Ist er dann erst einmal in der Luft, wird der Korb des Ballons zu einem einzigartigen Aussichtspunkt. Und wenn sich dann sein stets wechselnder Schatten mit leiser Fahrt über Wiesen und Felder schiebt, ist der Ballon in Einklang mit den Kräften der Natur. Dann beginnt auch der Ballöner die Landschaft in ihrer Schönheit zu sehen und hält nicht mehr Ausschau nach passenden Landeplätzen.

Klarer Himmel und klare Köpfe: Die Bedingungen für eine Ballonfahrt sind im allgemeinen am frühen Morgen am besten. Die Sonne von New Mexico steht seit fünf Minuten dort, die Schar der Piloten seit einer Stunde.

Von ihrer hohen Warte aus können die Ballöner erdgebundenen Sportlern zuschauen, wie unten rechts englischen Bocciaspielern, von denen die meisten die Himmelsspione noch gar nicht bemerkt haben.

Die Ballongestaltung reicht vom ausgesprochen individuellen Design bis hin zum stolz-patriotischen. Der gestreifte Ballon ist durch einen Zusammenprall mit dem australischen ins Schaukeln geraten.

OO-GDF
MONTGOLFIEREN
CLUB BRÜHL E.V.

Die Steuerorgane eines Ballons sind so einfach zu bedienen, daß man sich in der Luft bald entspannt – man verbringt die meiste Zeit damit, in Ruhe das Terrain unter sich zu betrachten. Jede Landschaft – auch wenn man sie kennt – kann einen überraschen, wenn man sie aus diesem Blickwinkel sieht: Die Vogelperspektive hat etwas Schmeichelhaftes an sich. Im Zusammenhang mit dem weiten Umland gesehen, verliert die ländliche Kleinstadt ihre Bedeutung, geschäftige Hauptstraßen werden zu Routen, die Horizonte verbinden. Die Topographie gibt kleinen, verträumten Marktflecken Schutz, Bauernhöfe schmiegen sich in Täler, und Villen stehen protzig auf der Kuppe eines Hügels.

Seen – aus jedem Blickwinkel ein erhebender Anblick – nehmen andere Dimensionen an, wenn der Ballon über sie hinweggleitet. Am Horizont fließen See und Himmel zusammen, und die farbenfrohe Hülle hängt reglos über dem Wasser, bis eine Böe die Oberfläche sanft kräuselt und den Ballon davonträgt.

Die Merkmale der Natur, der Einfluß der Jahreszeiten und die Verbindungen zwischen benachbarten Ortschaften sind so klar zu erkennen, daß sich einem die Vorstellung aufdrängt, eine so vollendete Schöpfung könne nur von oben entworfen worden sein. Derartige Erkenntnisse bewirken, daß die Widrigkeiten des Erdenlebens für den Betrachter in seinem Korb zurückgedrängt werden. Hier stimmen die Dinge. Der Mensch entdeckt neue Maßstäbe, und er ist weit davon entfernt, anmaßend oder gar überheblich zu werden – er dünkt sich eigenartig klein: kein sehr ausgeprägtes Gefühl zwar, aber eben doch das rechte Verhältnis zu dieser Erde, die sich unter ihm dahindreht.

Wie die Unterwasserwelt kann die untere Atmosphäre den Menschen durch ihre absolute Stille beeindrucken. Mit dem Wind dahinzutreiben gibt einem kaum das Gefühl von Geschwindigkeit. Die Fahrt liest man an den entschwindenden Bezugspunkten im Gelände unter sich ab, und wenn die Brise nicht auffrischt, fährt man in sanftem Tempo. Der Ballon kennt keinen Reibungswiderstand im Luftstrom, also auch keine Windgeräusche. Alles, was im Wind so dahinschwebt, tut es mit der gleichen Geschwindigkeit: der Samen des Löwenzahns wie der Rauch aus den Schornsteinen. Hier oben haben Richtung, Entfernung und andere terrestrische Begriffe keine Bedeutung. Die Verfolgung überläßt man den Rückholern, von denen jeder Ballonführer hofft, sie seien direkt unter ihm.

Je höher sie steigen, um so mehr machen sich die Ballöner frei von den Einflüssen der Erde dort unten. Die Luft wird kälter, sauberer und auch dünner. Die Konturen der Landschaft verlieren langsam an Kontrast, bis sie sich schließlich im Dunst verlieren und aufzulösen beginnen. Der Blick geht jetzt nach oben, bis die Schwaden einer Wolkendecke den

Aufgerüstete Ballone tauchen den Platz ins Dunkel. Mit Rauchfackeln kann man den Wind ausmachen oder Atmosphäre verbreiten. Der »Pompier«, auf dessen Helm sich die Aerostaten spiegeln, steht sprungbereit: An manchen Plätzen ist es Vorschrift, daß die Feuerwehr beim Füllvorgang zugegen ist.

Korb umfangen, ihn einschließen und für andere unsichtbar machen. Wenn die Wolkenschicht durchstoßen ist, fällt gleißendes Sonnenlicht in blinzelnde Augen, und die weißen Wolkentürme reflektieren diese Lichtfülle zurück ins blaue Dunkel. Das sind die Momente, in denen auch Ballonfahrer »über den Wolken schweben«.

Wenn er dann in die Wolken zurücksinkt, umgeben den Ballon schimmernde und funkelnde Nebelkristalle, bevor er ganz in den trübgrauen Dunst eintaucht. In dieser feuchtkalten Umgebung scheinen Geräusche besonders laut. Das ständige Zischen der Pilotflamme – der Brenner schweigt schon die ganze Zeit – erinnert die Aeronauten daran, daß sie mit der Geschwindigkeit eines Fahrstuhls an Höhe verlieren. Wenn es sein muß, kann der Ballon mit 600 Metern pro Minute fallen, wobei er schlägt und sich dreht, sobald sich das Tempo steigert.

Und dann – ganz plötzlich – werden die ersten schmutzigen Farben der Erdoberfläche sichtbar. Wie er so aus der Wolkendecke heraussinkt, kehrt der Ballon in das vergleichsweise konturenlose Licht unserer gewohnten Umgebung zurück.

Die schwierigste Phase eines Fluges oder einer Fahrt – sei es mit dem Segelflugzeug, der Concorde oder einem Ballon – ist stets die Landung. Aber nur Ballonfahrer müssen sich dem erniedrigenden Schimpf und der Schande aussetzen, in einem Ding über den Erdboden geschleift zu werden, das in Wirklichkeit nichts anderes ist als ein Wäschekorb – und trotzdem können selbst harte Landungen die Leute nicht davon abhalten, demnächst doch wieder in einen derartigen Korb zu steigen.

Sobald das Flechtwerk den Boden berührt, zieht der Pilot die Topleine. Die Hülle – die Momente zuvor die Fahrgäste noch in der Schwebe gehalten hatte – verliert durch die Öffnung des Parachute jetzt an Druck, ihre perfekte Symmetrie ist zerstört. Mit Austreten der warmen, nach Propan riechenden Luft verliert der Ballon seine Identität: Seine farbenfrohen Segmente und die Werbung darauf fallen in sich zusammen, und der Korb, den er hinter sich herzog, kommt langsam zur Ruhe. Die Fahrgäste rutschen, fallen oder rollen – wie Würfel aus dem Becher – heraus, bewegen sich unkoordiniert und artikulieren sich in Grunzlauten: sie haben sich noch nicht wieder gefangen.

Unter idealen Bedingungen setzt ein Ballon langsam und sanft auf einem trockenen und menschenleeren Feld dicht bei einer Straße auf. Ich bin aber auch schon mit 80 km/h in einen Stacheldraht getrieben worden oder in einem Gebiet gelandet, in dem Jäger mit ihren Flinten voller Eifer der Hatz nachgingen und die Luft mit Blei füllten. Einmal sind neugierige Kraftfahrer meinem Ballon kurz vor der Ernte quer durch die Felder gefolgt, und ein andermal wurde ich beschuldigt, ein Schwein zu Tode erschreckt zu haben – hier allerdings erwachte das

Die Bilder des Fotografen Jerry Young, aufgenommen mit Weitwinkel- und Fischaugenobjektiven, fangen Perspektiven der Ballonfahrt ein – von Bodennähe bis in 3000 m Höhe.

PIMM'S

Borstentier wieder zum Leben, bevor man mir Strafgelder abpressen konnte.

Eigentlich ist der Ballonsport ja ein ruhiges, ein stilles Vergnügen, aber er enthält auch Gefahrenmomente, die zu steter Wachsamkeit mahnen. Zwar kostet er nicht unbedingt Kopf und Kragen, aber er fordert einen immer wieder heraus, und es befriedigt den Piloten, wenn er sich wieder einmal bewährt hat. Mit keinem anderen Hobby habe ich diese Erfahrung gemacht.

In der Luft habe ich schon regelrecht Angst gehabt, denn der Ballon reagiert auch auf die Atmosphäre, nicht nur auf den Piloten. Starker Wind kann einem eine erregende Fahrt verschaffen, aber auch turbulente Landungen, und es hat schon Situationen gegeben, in denen ich mich gefragt habe, ob ich jemals wieder mit heilen Knochen zurück auf die Erde käme. Ohne Bodensicht und in Regenwolken kann man sich plötzlich Naturgewalten gegenübersehen, die den Ballon so kräftig durchschütteln und herumwirbeln, als sei er völlig führerlos. In solchen Situationen sind Entscheidungen schwierig, gefährlich, aber auch wichtig – und da lernt man sich jedesmal ein bißchen besser kennen. Der Ballonsport kann so durchaus zur Bewährungsprobe für die eigene Persönlichkeit werden.

Eigentlich gibt es überhaupt keinen Grund, sich dort oben aufzuhalten – hilflos dem Aufwind ausgeliefert, der einen höher und höher auf die bedrohlichen Alpen zutreibt, oder gefangen in einer Brise, die einen zur Küste drückt und damit die letzte Chance für eine trockene Landung zunichte macht, oder bei Windstille über einem See hängend, und der Brennstoff geht zu Ende. In derartige Situationen kann einen nur ein Ballon bringen – eine Maschine, die bereitwillig auf und nieder geht, aber nur äußerst widerwillig vor und zurück. Und aus diesen Situationen können einen dann nur noch die Reaktionen eines Aeronauten und die Gunst des Schicksals befreien.

Ich muß nicht unbedingt in große Höhen aufsteigen, um am Ballonsport Freude zu haben. Er macht auch weiter unten Spaß, wenn man beispielsweise sanft über ein Kornfeld dahingleitet, nur eine Handbreit über den wogenden Ähren, indem man die Höhe des Ballons unter gelegentlicher Zuhilfenahme des Brenners reguliert und genau den Konturen des Geländes folgt. Der Brenner macht hier den Ballon ungemein manövrierfähig.

Wenn ich bei einer Wettfahrt eine schwierige Entscheidung zu treffen habe wie zum Beispiel die Wahl des Punktes, an dem ich aus einigen tausend Metern mit dem Abstieg beginne, wird mein Verstand messerscharf, wie ich das am Boden nie erlebe. Mein Körper fühlt dann die feinsten Vibrationen und die geringsten Bewegungen des Ballons, während ich mich auf den gedachten Weg nach unten konzentriere – durch die Weite des Raumes hin

Der Blick des Ballöners hinab auf die Wüste wird nicht durch den Staub getrübt, der Expeditionen am Boden das Leben schwer macht. Die verzerrten Formen der Kamele ergeben sich aus den langen Schatten der Nachmittagssonne.

بيبسى
BGPF
PEPS
بيبسى

zu einem bestimmten Punkt am Boden. Ballonfahrer sind eine bevorzugte Gilde, da sie den Vorteil haben, sich zu geringen Kosten dreidimensional erholen zu können – und ich habe zudem noch das besondere Glück, ein professioneller Aeronaut zu sein. Ich kann – mit meinen Mitarbeitern bei der Firma Thunder Balloons – meine eigenen Gefährte ersinnen, entwerfen und bauen. Unter den Projekten der letzten Zeit war eines der interessantesten die Entwicklung eines Einmannballons; heute heißt der Ballontyp Sky Chariot. Zwar sind in Amerika und in England schon etliche »Soloballone« hergestellt worden, aber in Serie wurde noch keiner produziert.

Bei der Sky Chariot sitzt der Pilot seitlich – und nicht rittlings – auf dem Gaszylinder und ist an einer Rückenlehne festgeschnallt. Da seine Beine vorne frei herabbaumeln, kann er nur rückwärts wirklich sicher landen: Also sind in die Hülle Rotationsventile eingebaut, die den Ballon um seine Hochachse drehen.

Als Erbauer war ich natürlich auch Testpilot, und so wurde ich am Neujahrstag 1980 als erster im Sitz der Sky Chariot angegurtet. Voller Erwartung, wie sie wohl auch jeden Flugzeugkonstrukteur erfüllt, schwang ich mich in eine kräftige Brise, um mein neuestes Spielzeug einer Prüfung zu unterziehen. Nun bin ich zwar ein erfahrener Ballöner, und der Korb ist mein zweites Zuhause – aber das Gefühl, mit baumelnden Beinen im Sitz zu hängen und mich langsam um die eigene Achse zu drehen, war eine neue Dimension. Nach einer 12¹/2 minütigen Fahrt konnte ich voller Genugtuung feststellen, daß dieser Ballon noch vielen Menschen den Himmel erschließen würde.

Die Sky Chariot ist wie ein Motorrad der Lüfte: wendig, reaktionsschnell und genauso angeberisch wie diese motorisierten Trapeze. In Höhe und Fahrtdauer kann sie mit herkömmlichen Ballonen durchaus mithalten. Damit scheint die Soloballonfahrt eingeführt zu sein.

Die Bewegungsfreiheit im Raum, die Erregung, wenn Gefahr aufkommt, die wechselnden Ausblicke auf die Schönheit der Landschaft sind einige Reize des Ballonsports. Es wäre aber grundfalsch, anzunehmen, daß die Schönheit der Natur und das Selbstwertgefühl, das durch die beiden Extreme Angst und Bewährung gestärkt wird, mehr als nur Teilaspekte der Ballonfahrt wären. Dieser Sport macht süchtig. Aber er ist nicht nur ein Hobby von Einzelgängern. Er lebt vom Kontakt mit anderen Ballönern, ganz besonders bei freundschaftlichen Wettfahrten. In welcher anderen Sportart findet man denn schon vor Sonnenaufgang 50 oder mehr Leute auf einer Wiese versammelt, die prüfend den Himmel absuchen, den sie in Kürze erobern wollen? Die Bande des Ballonsports sind ausgesprochen stark.

Ausgeführt wird dieser Sport an einigen der schönsten Plätze dieser Erde, die dann auch den Hintergrund für die geselligen Ereignisse stellen. Ich bin über den kenianischen Busch geschwebt, über die Schweizer Alpen, die Wüsten von Marokko und Ägypten, das Loire-Tal, die Orangenhaine von Kalifornien oder die gefrorenen Weiten von Nordschweden. Und ich freue mich über die Freundschaften, die ich in Athen, Paris, Albuquerque oder Wien schließen konnte und die sich noch vertieften in den Stunden der Fachsimpelei, wenn wir nicht starten konnten.

Unter erdgebundenen Leuten sind Ballöner stets willkommen. Denn es ist ein Genuß, ihre ästhetischen Gefährte zu betrachten, und mit ihren Landungen bringen sie Leben in sonst stille Gegenden. Das Bild verfolgt sie noch, wenn der Ballon längst wieder am Boden ist. Denn dieses Bild verspricht: Es *ist* möglich, mit Wind und Wolken zu schweben.

Der Traum des Menschen, zu fliegen, ist Wirklichkeit geworden, und wer erst einmal den Zauber des lautlosen Dahingleitens erfaßt hat, wird nicht mehr davon lassen. Schließlich gibt es nur sehr wenige Ex-Ballöner.

Ballonfahrer, die ihre Persönlichkeit durch extravagante Ballongestaltung zum Ausdruck bringen, kann man am Boden oft an ihrer unverhohlenen Vorliebe für Abzeichen erkennen. Der Mann mit den »Ballonreifen« an seinem Motorrad gehört zum Aufsichtspersonal des Startplatzes von Albuquerque.

Gegensätzliche Aspekte der Ballonfahrt: Ballon und Sonne steigen gemeinsam durch Staub und Dunst der Masai Mara in Kenia auf. Die hektische Szene (rechts) einer Wettfahrt in England verdeutlicht das Drama, das Aufrüsten und Abheben kennzeichnet – die metamorphen Momente, wenn sich Plastiksäcke in majestätische Himmelsklipper verwandeln.

Towry
Law
Towry
Law

DER GRIFF NACH DEM HIMMEL

> »Wenn die Sterblichen sich zu den Wolken emporschwingen…, setzen sie sich mit untergeschlagenen Beinen hin und steigen in dieser Haltung direkt auf.»
>
> *Chinesische Legende*

Schon in frühester Zeit hat die Suche nach dem Geheimnis des Fluges intelligente und erfinderische Geister beschäftigt. Artefakte längst versunkener Kulturen – Fragmente aus Ton, Holz und Metall – zeigen Maschinen, die die Raumfahrzeuge ihrer Zeit waren.

Mythos und Realität werden in den Geschichten vorchristlicher Völker oft in verwirrender Weise miteinander verwoben, aber wenn man gewissen Legenden trauen kann, waren die Grundprinzipien des Fluges schon in frühester Zeit erkannt und in die Praxis umgesetzt worden. Dann ging dieses wertvolle Wissen verloren, und es dauerte Tausende von Jahren, bis es wiederentdeckt wurde. Für viele Theorien gibt es zwar Belege, aber die Beweise für die Fähigkeit des Menschen, die Schwerkraft zu überwinden, reichen nur 200 Jahre zurück.

Frühe Flugversuche waren eher von dem Wunsch geprägt, den Göttern näherzukommen oder sogar ihre Macht zu übernehmen, als ihre Gefilde für den dauernden Aufenthalt zu mißbrauchen. In den Legenden der Griechen, Römer, Skandinavier, Inder, Indianer, Chinesen und anderer Völker hat der Mensch schon immer jede nur denkbare Form des Fliegens erprobt.

Die meisten Berichte über frühe Flugversuche beruhen auf dem Prinzip des Vogelflugs. Aufgrund ihrer kräftigen Muskeln können Vögel die aerodynamischen Eigenschaften ihrer Flügel in Auftrieb umsetzen. Noch hat der Mensch diese Fähigkeit nicht erfolgreich nachahmen können, obwohl uns schon aus alter Zeit phantasievolle Entwürfe vorliegen, die vor Luft-Kutschen gespannte Vögel zeigen.

Die Legende von Dädalus und Ikarus, die sich vogelähnliche Schwingen fertigten und damit über die Ägäis flogen, spiegelt eine erfinderische Lösung des menschlichen Fluges wider, aber wir wissen natürlich, daß diese Methode nicht hätte funktionieren können. Anstatt den Vogelflug nachzuahmen, hätte man sich von anderen Himmelsgebilden inspirieren lassen sollen – den dahinziehenden Wolken.

Heute scheint es allerdings denkbar, daß einige frühe Zivilisationen durchaus erkannt haben, daß die Fesselung des Rauchs – den man ja nach oben steigen sehen kann – ein plausiblerer Weg ist, sich vom Boden zu lösen, als den komplexen Muskelmechanismus zu imitieren, mit dem sich Vögel in die Luft schwingen.

In einer alten chinesischen Legende, die im 14. Jahrhundert – gestützt auf ältere Quellen – herausgegeben wurde, segelt der Held auf einer Wolke: eine Abwandlung des magischen Teppichs, die vermuten läßt, daß man die Theorie des Flugprinzips »leichter als Luft« bereits erkannt hatte. Anscheinend waren die damaligen Chinesen nicht so zurückhaltend mit ihren Versuchen, mit den Göttern zu reisen, wie die Europäer, aber sie hatten auch andere Beweggründe, den Himmel zu erobern. Es gibt Berichte aus der Zeit der Shang-Dynastie (12. Jahrhundert v. Chr.), nach denen Ballone – möglicherweise mit Rauch als Auftriebsmittel – mit Menschen an Bord aufstiegen, und man nimmt an, daß sie in Kriegszeiten den Gegner ausspähen sollten.

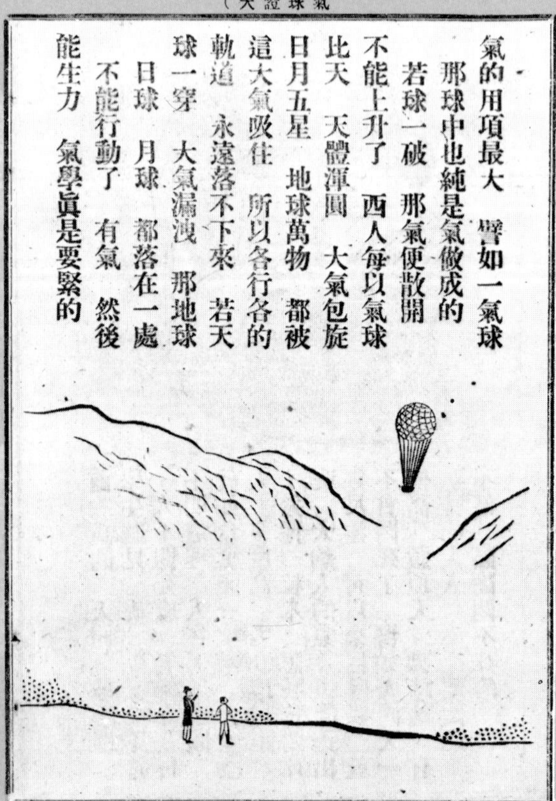

氣球證天（

氣的用項最大 譬如一氣球
那球中也純是氣做成的
若球一破 那氣便散開
不能上升了 西人每以氣球
比天 天體渾圓 大氣包旋
日月五星 地球萬物 都被
這大氣吸住 所以各行各的
軌道 永遠落不下來 若天
球一穿 大氣漏洩 那地球
日球 月球 都落在一處
不能行動了 有氣 然後
能生力 氣學眞是要緊的

Diese Seite aus einem chinesischen Buch bezieht sich auf die frühe »westliche« Theorie, daß das Universum sich wie ein Ballon verhalte. Werde dieser undicht, ströme das Gas aus, und Sonne, Mond, Erdkugel und Gestirne hörten auf, sich zu bewegen. Die Chinesen selbst hatten schon seit Jahrhunderten Papierlaternen aufsteigen lassen – ein Brauch, der noch heute beim »Kung-Min«-Fest gepflegt wird. Die traditionelle chinesische Laterne ist nahezu baugleich mit dem Gefährt, das später den ersten Menschen in die Höhe trug.

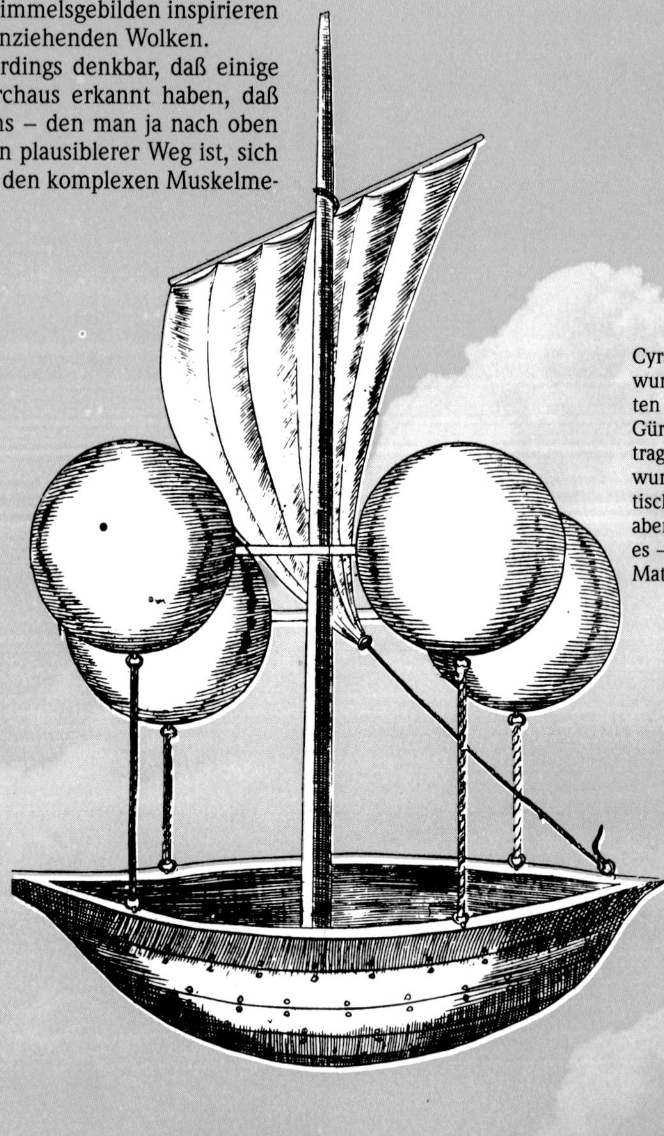

Cyrano de Bergeracs Held wurde von mit Tau gefüllten Flaschen, die er am Gürtel trug, in die Luft getragen. Lana-Terzis Entwurf (links) war theoretisch vernünftig, mußte aber am Boden bleiben, da es – noch – an geeignetem Material fehlte.

Wissenschaftliche Erkenntnisse früherer Zeiten regten dann spätere Experimentatoren an. So erkannte Archimedes bereits 200 Jahre vor Christi Geburt, daß ein im Wasser versenkter Körper genausoviel an Gewicht verliert, wie das von ihm verdrängte Wasser wiegt. Etwa 1800 Jahre später bewies Galilei, daß auch Luft ein Medium mit berechenbarem Gewicht ist. Und schon im 13. Jahrhundert hatte ein Franziskanermönch, Roger Bacon, Hohlkugeln hergestellt, die er mit »ätherischer Luft« füllen wollte: Die eingefangene Wolke rückte näher.

Der französische Schriftsteller Cyrano de Bergerac schrieb zur Zeit Galileis Romane über phantastische Reisen zum Mond und zur Sonne, in denen sein Held durch »Flaschen mit verdampftem Tau in der Luft gehalten« wurde, der in der Hitze der Sonne ja leichter werden würde – eine Theorie, die ihn womöglich zur Erfindung eines Heißluftballons mit Solarantrieb hätte führen können.

Dann drang der wissenschaftliche Fortschritt auf verschiedenen Gebieten weiter voran. Der Deutsche Otto von Guericke, dessen »Magdeburger Halbkugeln« 1663 ein Vakuum umschlossen und so die erste Luftpumpe darstellten, inspirierte den Jesuitenpater Francesco de Lana-Terzi dazu, eine brauchbare Ballon-Theorie vorzuschlagen.

Lana-Terzis Entwurf – 1670 vorgestellt – betraf ein hölzernes Schiff, das von vier Kugeln aus dünnen Kupferhüllen getragen werden sollte. Die Kugeln, die luftleer zu sein hätten, würden dann weniger wiegen als die Luft, die sie verdrängten. In der Praxis konnten die Kugeln nicht hergestellt werden, weil sie den Druckkräften nicht standhielten – aber die These ließ die wissenschaftliche Welt aufhorchen. Die Idee, zu schweben anstatt mit den Flügeln zu schlagen, gewann jetzt die Oberhand, aber mit der Technologie der Renaissance blieb jegliche Form des Fliegens noch immer eine bloße Wunschvorstellung.

1709 führte Bartholomeu de Gusmão, ein portugiesischer Priester, König Johann V. von Portugal – der gewillt war, die *Passarola (Großer Vogel)* zu finanzieren – einen Modell-Heißluftballon vor. Die *Passarola* sollte dann in natürlicher Größe diesem Modell nachgebaut werden und Passagiere tragen können – von einem erfolgreichen Flug ist aber nichts überliefert.

Mitte des 18. Jahrhunderts beschäftigte man sich mit der grundsätzlichen materiellen Struktur des Universums, und 1776 entdeckte Henry Cavendish – während er mit verschiedenen Gasen experimentierte – »leicht brennbare Luft«, heute als Wasserstoff bekannt, die weniger wog als Luft.

Cavendishs großartige Entdeckung hat dann zweifellos allerorten die Vorstellungskraft frustrierter Aeronauten angeregt. Heiße Luft war ein denkbares Medium, aber dieses neue Gas – siebenmal leichter als Luft – war wissenschaftliche Wirklichkeit.

Die Ballonfahrt sollte nun bald Realität werden, aber für die nächsten sieben Jahre gab es noch ein technologisches Problem: Wie konnte man ein Gewebe herstellen, das gasdicht war? Und nachdem dieses Problem schließlich gelöst war, standen andere Gedanken und Zweifel der Erfüllung dieses Traumes im Wege: Konnte es sein, daß irgendein schreckliches Schicksal den Menschen über den Wolken erwartete? Die Erbauer der ersten Ballone schickten denn auch zunächst Tiere in die Höhe – und die meisten von ihnen überlebten die Landung und wurden unversehrt geborgen.

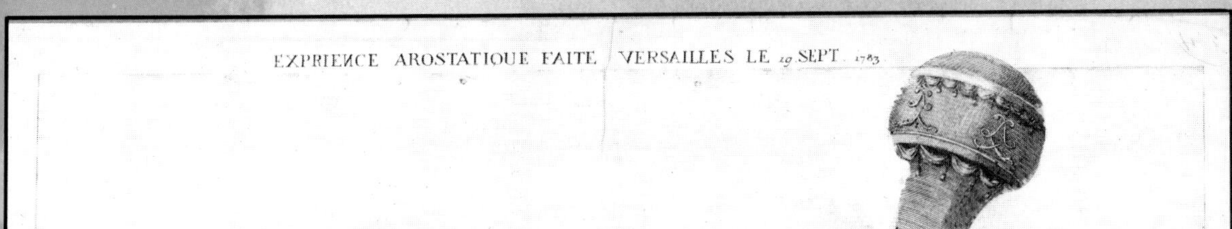

Sobald der Mensch zu fliegen vermochte, machte er sich auch Gedanken um seine Sicherheit. Obwohl die Gebrüder Montgolfier einem Menschen den ersten Flug zugedacht hatten, verfügte Ludwig XVI., daß man dieses Risiko Tieren überlassen solle. So wurden ein Schaf, eine Ente und ein Hahn 1783 die ersten Luftreisenden Europas. Auch nachdem die Menschen erste Aufstiege mit Ballonen hinter sich hatten, war der Einfluß Bergeracs noch nicht ganz verblaßt. Der Stich oben zeigt die Verwendung von Wasserstoffblasen, die wie Rettungsringe an der Kleidung angebracht waren.

ZWEI JAHRHUNDERTE LUFTFAHRT

Die Gebrüder Montgolfier waren Papierhersteller, die die Ballone entdeckten, als sie sich nach Verwendungsmöglichkeiten für ihr Produkt umsahen. Ihr erster Ballon – aus Papier und leichtem Tuch – stieg im Juni 1783 vor Zuschauern über einem offenen Feuer auf. Nach Probeaufstiegen ohne jegliche Passagiere folgten gefesselte Aufstiege mit Tieren und schließlich auch mit Menschen. Diese ersten Ballonfahrten erregten große Aufmerksamkeit – es ist überliefert, daß 440 000 Menschen den ersten Start im Bois de Boulogne beobachteten. Die beiden Ballonpiloten mußten ihr nimmersattes Feuer ständig mit Stroh und Schafwolle füttern und dabei noch die Schwelbrände löschen, die Funken im Papier und in der Seide ihres zerbrechlichen Gefährts ausgelöst hatten. Einer außerplanmäßigen Landung in der Rue de Sèvres entgingen sie nur, indem sie ihr primitives Feuer noch einmal schürten. 25 Minuten nach dem Abheben setzten die beiden Aeronauten wohlbehalten auf dem Boden auf. Die Zeitlosigkeit der Ballonfahrt spiegelt sich in der Äußerung von D'Arlandes wider, ihn habe die Stille um ihn herum überrascht – er hatte die Droge entdeckt, die heute noch alle Ballöner berauscht.

Die zweite bemannte Fahrt – durch J.A.C. Charles am 1. Dezember 1783 – verriet schon mehr technische Kompetenz und Konstruktionskenntnisse. Die Charlière war ein Gasballon mit Wasserstoffüllung, der nach seinem ersten Start in den Tuilerien 43 km zurücklegte, eine Höhe von 250 m erreichte und dabei mehr als 2$^1/_2$ Stunden in der Luft blieb. Dann landete Charles, ließ seinen Passagier – Professor Robert – aussteigen, und hob ein weiteres Mal ab.

Bei dieser Solofahrt in die Abenddämmerung stieg er auf etwa 2770 m und erlebte den Sonnenuntergang ein zweites Mal.

Erste bemannte Montgolfière 1783

Charlière 1783

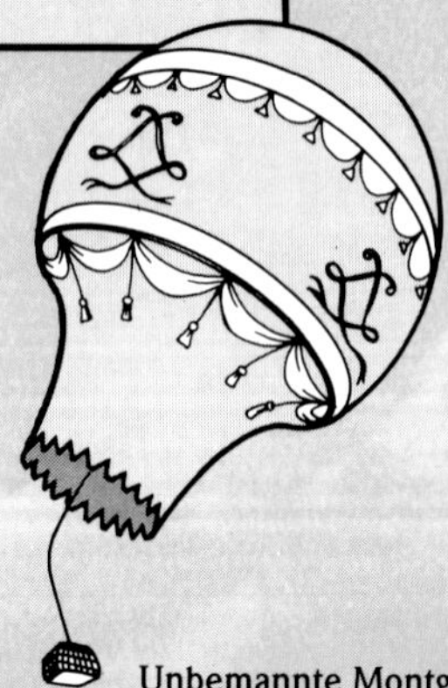

Unbemannte Montgolfière 1783

1783

Das Rennen um den ersten Flug des Menschen verlief äußerst knapp. Nach Jahrhunderten ständigen Bemühens, dem Geheimnis des Fluges auf die Spur zu kommen, hoben die beiden ersten bemannten Flugapparate binnen Tagen hintereinander vom Boden ab – und beide in Frankreich.

Am 21. November 1783 stiegen der junge Physiker Jean-François Pilâtre und der Heeresmajor Marquis François d'Arlandes vor den Augen Ludwig XVI. und Marie-Antoinettes in die Höhe. Die Fahrt im Ballon der Gebrüder Montgolfier war mit 25 Minuten vergleichsweise kurz und erreichte kaum mehr als Schrittgeschwindigkeit – aber es war der erste freie bemannte Flug. Die Montgolfiers aus Annonay hatten Professor J.A.C. Charles von der Académie Française im Rennen um den ersten Flug des Menschen geschlagen.

Lunardis erste Fahrt in England 1784

Lunardis zweite Fahrt 1785

Der erste Ballonstart außerhalb Frankreichs fand am 15. September 1784 in London statt – zehn Monate nach dem ersten Aufstieg in Paris: Der italienische Botschaftssekretär Vincento Lunardi stieg vom Gelände der Honourable Artillery Company in der Nähe von Moorfields aus mit 515 m³ Wasserstoff in die Höhe. Rund 100 000 Leute, darunter auch der Prince of Wales, sahen dem Start zu. Nach 1 Stunde und 40 Minuten erreichte Lunardi North Mimms, etwa 20 km entfernt, wo er landete, wieder abhob und schließlich bei Long Mead bei Ware in Hertfordshire aufsetzte. Die Londoner empfingen ihn wie einen Helden, und auch George III. gewährte ihm eine Audienz. Lunardi widmete sich auch weiterhin der Ballonfahrt in England, bis er durch den Tod eines Besatzungsmitglieds 1786 in Ungnade fiel. Daraufhin verließ er England und kehrte aufs Festland zurück, wo er bis zu seinem Tode im Jahre 1806 weiterhin den Ballonsport betrieb.

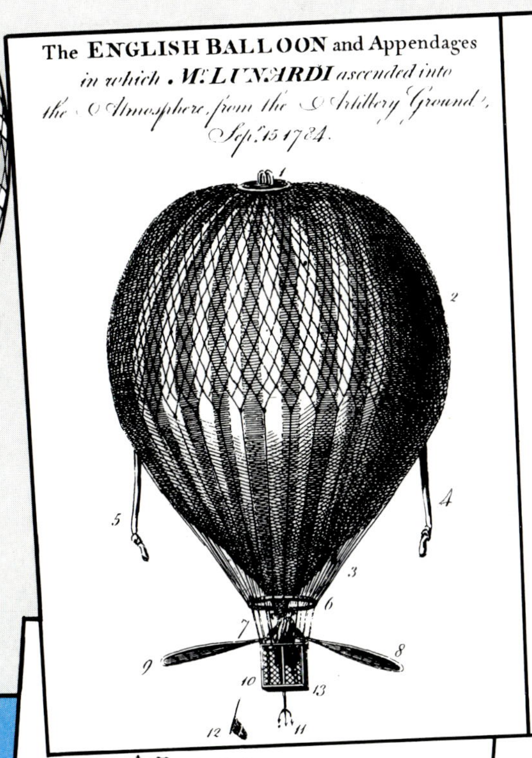

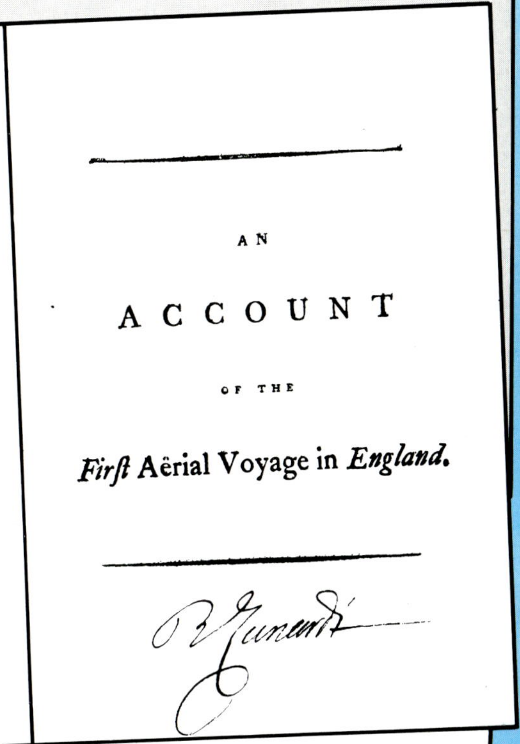

AN

ACCOUNT

OF THE

Firſt Aërial Voyage in *England.*

Lunardi

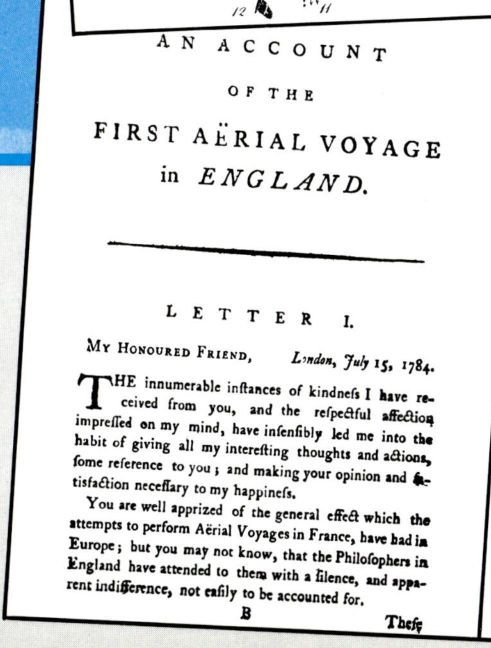

AN ACCOUNT

OF THE

FIRST AËRIAL VOYAGE

in *ENGLAND.*

LETTER I.

MY HONOURED FRIEND, *London, July 15, 1784.*

THE innumerable inſtances of kindneſs I have received from you, and the reſpectful affection impreſſed on my mind, have inſenſibly led me into the habit of giving all my intereſting thoughts and actions, ſome reference to you; and making your opinion and ſatiſfaction neceſſary to my happineſs.

You are well apprized of the general effect which the attempts to perform Aërial Voyages in France, have had in Europe; but you may not know, that the Philoſophers in England have attended to them with a ſilence, and apparent indifference, not eaſily to be accounted for.

B These

1784

Joseph Montgolfier flog nur einmal: mit *Les Flesselles*, einem riesigen Ballon, in dem mehr als 30 Fahrgäste Platz fanden. Wenn die Berichte aus der damaligen Zeit stimmen, war das der größte Passagierballon, der je gebaut wurde – und er wird es vermutlich auch bleiben. Mit einem Volumen von 20 000 m³ muß er in Lyon – wo er am 19. Januar 1784 startete – jedes Gebäude in den Schatten gestellt haben.

Auch Joseph und Etienne Montgolfier versuchten, »brennbare Luft« – also Wasserstoff – als Auftriebsmittel zu nutzen, aber ihre Hüllen waren nicht gasdicht: Das damals verfügbare Material war für die kleinen Gasmoleküle zu grob.

Daraufhin wandten sie sich vom Wasserstoff ab und dem »Rauch« zu: Sie glaubten, der Rauch verleihe den Auftrieb – weniger die heiße Luft.

1783 hatte die Académie Française eine gummierte Seide entwickelt, die gasdicht war, und damit war der Wettlauf zwischen den beiden Ballontypen eröffnet: dem Heißluftballon (»Rauch«) und dem Wasserstoffballon (»brennbare Luft«).

Die Nachteile der Heißluft traten schnell zutage: Die Heißluftballone mußten riesig – etwa dreimal so groß wie Gasballone – sein, um brauchbaren Auftrieb zu entwickeln, und damit waren sie bei Transport und Start äußerst unhandlich. Der Funkenflug ihrer Feuer erwies sich als gefährlich, und da ihr Brennmaterial aus Schafwolle und feuchtem Stroh bestand, war die Besatzung beißenden und

Blanchard in Brüssel 1786

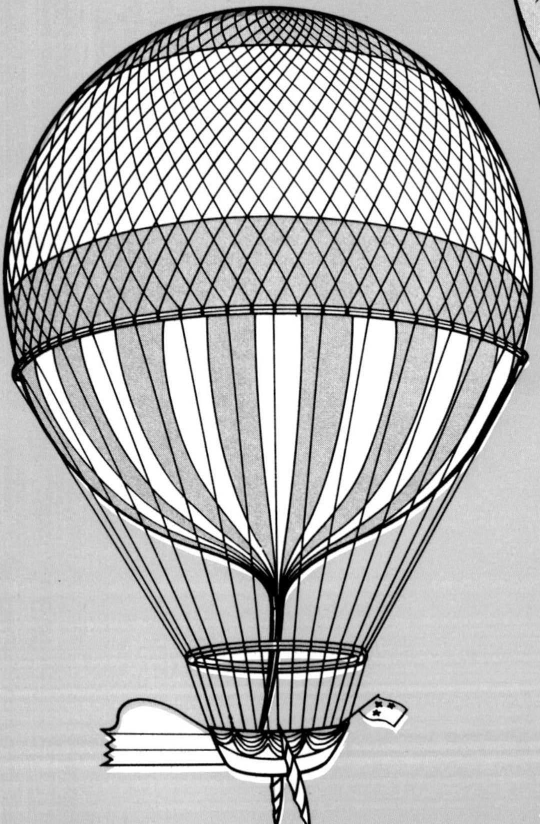

de Rozier/Romain 1785

Kanalüberquerung von Blanchard/Jeffries 1785

1785

Das nächste große Abenteuer nach der Ballonfahrt selbst war die Überquerung des Ärmelkanals. 1785 plante der Franzose Jean-Pierre Blanchard diese Überquerung zusammen mit Dr. John Jeffries, der somit als erster Amerikaner fliegen sollte.

Der Überlieferung nach soll Blanchard versucht haben, Jeffries – der mehr als 700 £ in das Vorhaben investiert hatte – davon zu überzeugen, daß der Ballon nicht alle beide tragen könne. Jeffries war jedoch nicht enttäuscht, sondern überredete den Franzosen nur, seinen Bleigürtel abzulegen. Bei schwachem Südostwind hoben die beiden dann ab und erreichten Frankreich gut 2½ Stunden später, nachdem sie all ihren Ballast, den Großteil ihrer Bekleidung und alle losen Gegenstände im Korb über Bord geworfen hatten – bis auf die ersten Luftpostbriefe.

Sechs Monate danach versuchte der erste Luftfahrer der Geschichte, de Rozier, eine Kanalüberquerung von Boulogne nach England mit einem Ballon, der die Techniken von Heißluft und Wasserstoff in sich vereinte. Eine mit Gas gefüllte Hülle von 9 m Durchmesser saß auf einem Heißluftzylinder von knapp 4 m Durchmesser und 6½ m Höhe. Es war ein Vorläufer der Ballone, die erst in jüngster Zeit den Atlantik bezwangen, allerdings mit brennbarem Gas und nicht – wie heute – mit inertem Helium. Der Start verlief reibungslos, mit zunehmender Höhe allerdings änderte sich die Windrichtung und trieb den Ballon nach Frankreich zurück. Die Katastrophe trat ein, als entweder eine elektrische Entladung oder auch nur ein Funken aus dem Feuer des Zylinders dessen Hülle entzündete. Innerhalb von Sekunden war der Ballon von Rauch eingehüllt, und als die Flammen den Wasserstoff erreichten, stürzte das Gefährt dem Boden entgegen, wodurch Rozier und sein Mitarbeiter Romain den Tod fanden. Damit war der erste Mensch, der je geflogen war, auch der erste, der bei einem Flugunfall sein Leben lassen mußte.

Jean-Pierre Blanchard war der erste professionelle Aeronaut. In den Jahren von 1785 bis zur Französischen Revolution 1789 unterstützte er unermüdlich die Ballonfahrt, indem er sie in Belgien, Holland, Deutschland, Polen, der Schweiz, der Tschechoslowakei und schließlich auch in den USA vorführte.

übelriechenden Rauchschwaden ausgesetzt. Zudem war die Dauer ihrer Fahrten vom verfügbaren Brennmaterial abhängig. Schon bei seiner Geburt war der Heißluftballon ein Anachronismus, und man gab ihn bald auf – ein Prozeß, der durch den tragischen Tod von Pilâtre de Rozier noch beschleunigt wurde.

Von Beginn an hatte man in Frankreich den militärischen Wert der Ballone als Aufklärungsplattformen erkannt; schließlich war das Land in zahlreiche Waffengänge verwickelt. Für diesen Zweck bot sich der Gasballon geradezu an: Er konnte lange Zeit in der Luft bleiben, in der der Aeronaut seine Beobachtungen machen konnte, und da er relativ klein war, reagierte er weniger auf Windböen. Und auch die Wissenschaft konnte diese Eigenschaften für Untersuchungen in größeren Höhen nutzen.

So wurde der Heißluftballon zwischen 1800 und 1960 kaum je gesehen – erst 1960 erlebte er eine Wiedergeburt. 160 Jahre lang beherrschte zunächst der Gasballon das Feld.

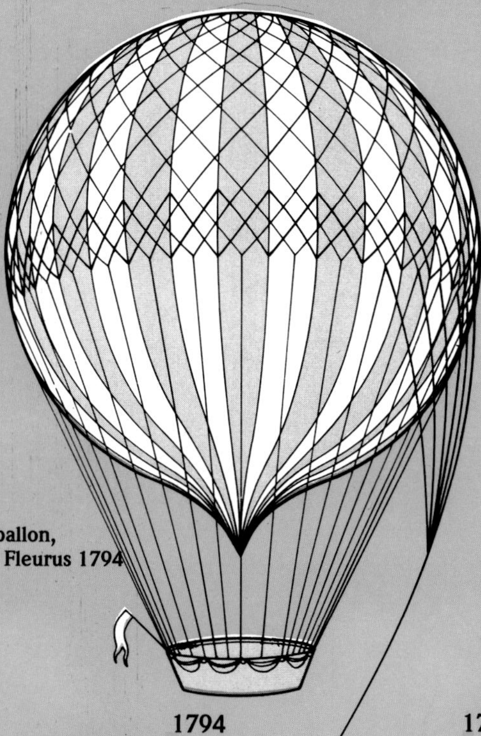

Aufklärungsballon, Schlacht von Fleurus 1794

Garnerins Fallschirmabsprung 1797

Madame Blanchard feiert Napoleons Vermählung 1810

1793

Die Revolution und die Instabilität in Europa vertrieben Blanchard und seine ballonfahrende Ehefrau nach Amerika, wo er am 9. Januar 1793 in Philadelphia vor den Augen George Washingtons den ersten Ballonaufstieg vorführte. 1808 absolvierte er – diesmal mit Heißluft –seine letzte Ballonfahrt, bei der er einem Herzanfall erlag. Es war sein 60. Aufstieg.

1794

1797

Obwohl Blanchard bereits 1785 von seinem Ballon per Fallschirm abgesprungen war, entwickelte erst ein anderer Franzose – A.J. Garnerin, Unterhaltungskünstler, Ballonfahrer und Abenteurer – den Fallschirm weiter. Am 22. Oktober 1797 sprang er in einem kleinen Korb, der unter einem Fallschirm von 11 m Durchmesser hing, aus einer Höhe von weniger als 900 m zum ersten Mal ab.

1803

Von Etienne Robertson wird berichtet, er habe nach einem Start in Hamburg eine Höhe von über 7000 m erreicht. Robertson, ein belgischer Professor, unternahm 1806 auch in Kopenhagen den ersten bemannten Aufstieg. Sein Sohn führte später in den USA Ballonfahrten vor.

1804

Jacques Garnerin, stets auf Wirkung bedacht, schlug vor, man solle Napoleons Krönung mit einem Ballonaufstieg ehren. Zum Entzükken der Menge in Paris stieg dann ein unbemannter Ballon mit in allen Farben funkelnden Lichtern in die Höhe. Allerdings verlor Garnerin seine Stellung als Leiter des Ballonkorps, als bekannt wurde, daß der Ballon außerhalb Roms auf eine Statue Neros gestürzt war: Napoleon wertete das als persönliche Beleidigung und als schlechtes Vorzeichen. Joseph Gay-Lussac behauptete, eine Höhe von 6500 m erreicht zu haben; er berichtete in wissenschaftlichen Beobachtungen über die Reaktionen von Tieren auf die dünne Atmosphäre. Er untersuchte auch das Magnetfeld der Erde in größerer Höhe.

1810

1825 **1836** **1844** **1852**

Die Robertsons waren eine Familie von Ballonpionieren. Vater Etienne hielt in Europa Höhenrekorde, und einer der Söhne, Dimitri, startete als erster mit einem Ballon in Indien. 1825 unternahm ein anderer Sohn, Eugène, den ersten Aufstieg in New York anläßlich einer Feier für den Marquis de Lafayette, der die Zuneigung der Amerikaner durch die Unterstützung ihrer Revolution gewonnen hatte. Ein Jahr später erreichte Eugène 6400 m – ein amerikanischer Höhenrekord.

Der Ort, an dem man sich an Sommerabenden in London vor 150 Jahren traf, war Vauxhall Gardens. Im September 1836 erreichten die Darbietungen dieses Vergnügungsparks einen neuen Höhepunkt: 4000 m; ein Aeronaut namens Charles Green hatte diese Höhe mit der knapp 2000 m³ großen *Royal Vauxhall* erreicht. Zwei Monate später legte Green mit zwei Gefährten eine größere Strecke zurück als jemals jemand zuvor: Er landete im deutschen Herzogtum Nassau, 770 km entfernt – und die *Royal Vauxhall* wurde in *Nassau* umbenannt.

»Erstaunliche Neuigkeit! Per Express aus Norfolk: Atlantik in drei Tagen überquert! Triumph für Mr. Monck Masons Flugapparat!« So lauteten die Schlagzeilen der *New York Sun* am 13. April 1844: Edgar Allan Poe, damals ein Reporter, der ums Überleben kämpfte, erprobte sein Talent für Erfindungen – die Nachricht war ein Schwindel.

Dem französischen Ingenieur Henri Giffard wird allgemein der Bau des ersten Lenkluftschiffs zugeschrieben, einer eleganten Zigarre von 44 m Länge und 12 m Durchmesser. Mit einem Volumen von fast 2500 m³ besaß es genügend Auftrieb für eine Gondel und eine Dampfmaschine, die an einem Balken unter dem länglichen Ballon aufgehängt waren.

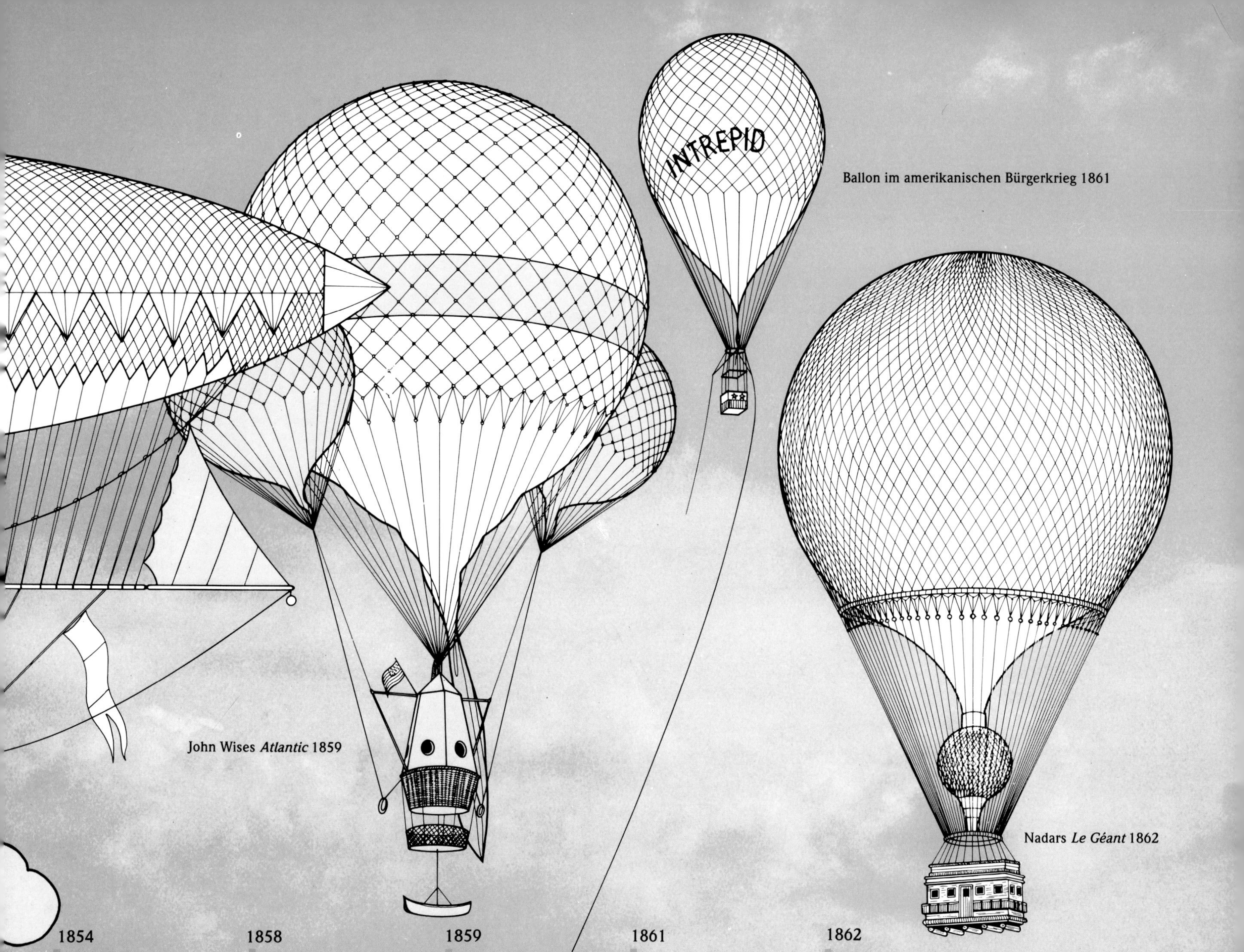

In den Cremorne Gardens in London kam François Letour ums Leben, als er vom Ballon aus den Segelflug mit einem Gleiter erproben wollte.

1857

Félix du Temple, französischer Marineoffizier, baute ein dampfgetriebenes Modellflugzeug, das aus eigener Kraft landete und startete.

Félix Nadar nahm – aus einem Ballon über Paris – das erste Luftbild der Geschichte auf.

Der größte Ballonfahrer aller Zeiten war womöglich John Wise. Nur drei Monate nach seinem ersten Aufstieg erfand er die Reißbahn. Zudem entwickelte er die These, daß Winde in großen Höhen konstant und kalkulierbar wären. Sein Ballon *Atlantic* war so konstruiert, daß er bei Ozeanüberquerungen diese Höhenwinde nutzen konnte. Bei einer Probefahrt legte er – von St. Louis bis zum Ontariosee – 1920 km zurück.

Während des amerikanischen Bürgerkrieges wurden auf beiden Seiten Fesselballone eingesetzt. 1861 gab Thaddeus Lowe während eines Balloneinsatzes das erste Telegramm aus der Luft auf. Im Dezember desselben Jahres hatte das Ballonkorps der Unionstruppen bereits sieben Aufklärungsballone an der Front.

Der englische Meteorologe James Glaisher und sein Copilot Henry Coxwell stiegen bei Wolverhampton auf über 8800 m. Bei dieser dramatischen Fahrt litten sie unter den Auswirkungen der Höhenkrankheit auf Körper und Geist: dem Mangel an Sauerstoff.

Nadars Ballon *Le Géant* startete zum ersten Mal. Er hatte ein Fassungsvermögen von 6000 m^3 und konnte vier Tonnen tragen. Bei seiner zweiten Fahrt geriet der Ballon bei starkem Wind außer Kontrolle, seine Fahrgäste kamen aber mit dem Schrecken davon, und der Ballon ging nach seiner Instandsetzung erneut an den Start.

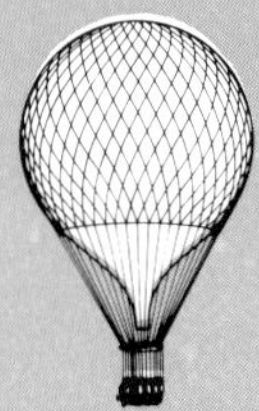

Nach gründlicher Inspektion der Hülle verließ Andrées *Eagle* Spitzbergen mit dem Ziel Nordpol. Das Kielwasser stammte von einem Schlepptau, das die Höhe stabilisierte.

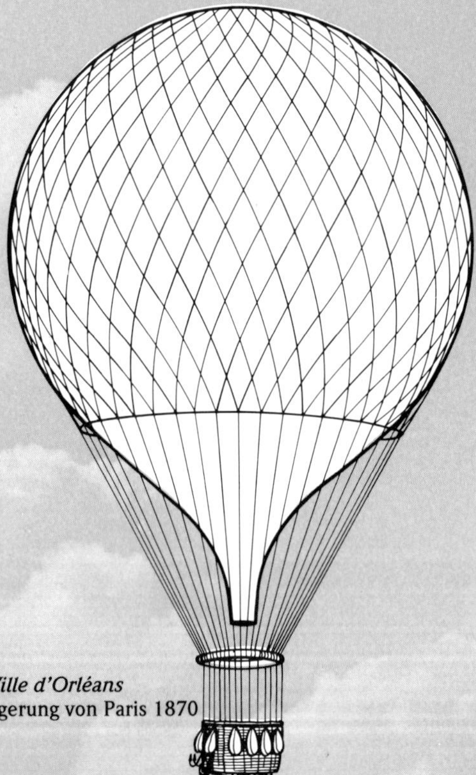

La Ville d'Orléans
Belagerung von Paris 1870

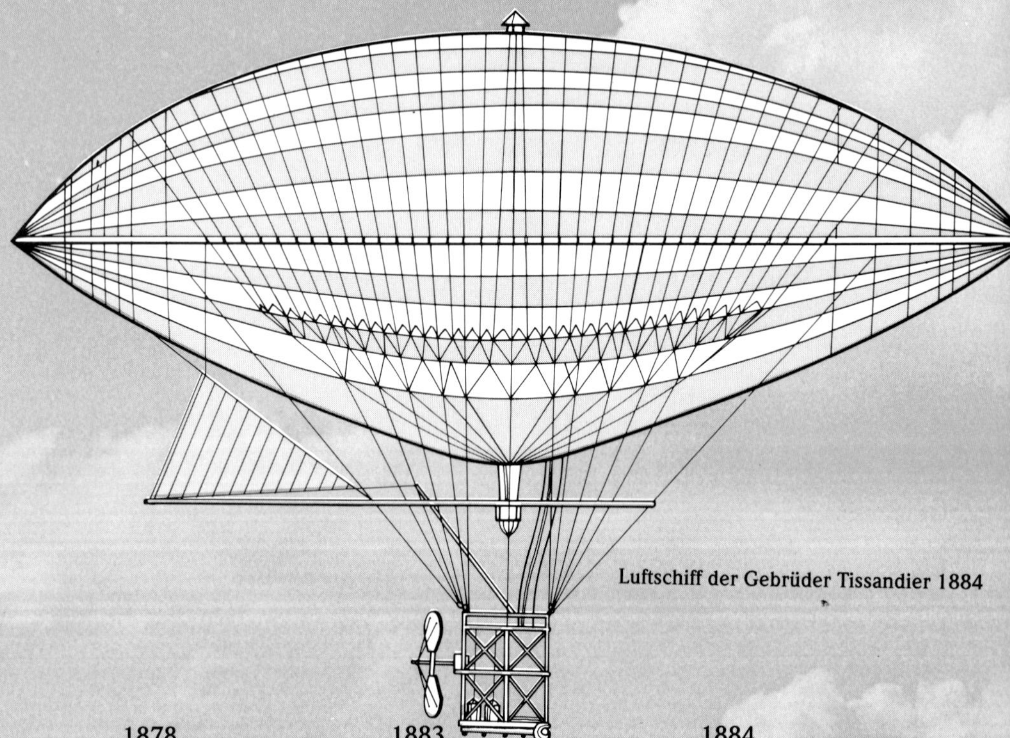

Luftschiff der Gebrüder Tissandier 1884

1870 · 1874 · 1878 · 1883 · 1884

Ferdinand Graf von Zeppelin besuchte Amerika, um den Verlauf des Bürgerkriegs zu verfolgen. Mit John Steiner als Pilot stieg der Graf auf eine Höhe von 215 m.

Ein Amerikaner namens Andrews entwarf den ersten Ballon mit mehreren Hüllen – die *Aereon*.

Tollkühne Taten mit Ballonen waren bei der Belagerung von Paris an der Tagesordnung. Die Franzosen – umgeben von deutschen Truppen – setzten die Freiballone zum Transport von Flüchtlingen und Post ein. Zwischen September 1870 und Januar 1871 wurden in Paris 62 Ballone hergestellt. Davon fielen sechs in Feindeshand, und zwei gingen über dem Meer verloren – aber 100 Menschen entkamen, und mit ihnen über zweieinhalb Millionen Briefe.

Félix du Temples Traum von einem »Luftfahrzeug schwerer als Luft« wurde Wirklichkeit, als sein Aeroplan in Originalgröße mit einem Mann an Bord von einer Rampe abhob.

Das englische Heer richtete unter den Hauptleuten Lee und Templer eine Ballonfabrik ein. Als erster Ballon stieg am 23. August die *Pioneer* mit einem Volumen von 280 m³ auf.

Die Gebrüder Gaston und Albert Tissandier bauten ein 28 m langes Lenkluftschiff, das von einem 1,5-PS-Elektromotor angetrieben wurde. Das Luftschiff flog zweimal, wurde 1884 aber aufgegeben.

Das elektrisch angetriebene Lenkluftschiff *La France* erreichte über 22 km/h. Es bewies, daß ein Luftschiff voll steuerbar war, flog aber nur fünfmal – der Antrieb war zu schwach. Es war die *La France*, die Graf Zeppelin bewog, in Deutschland den Bau von militärischen Luftschiffen zu fordern.

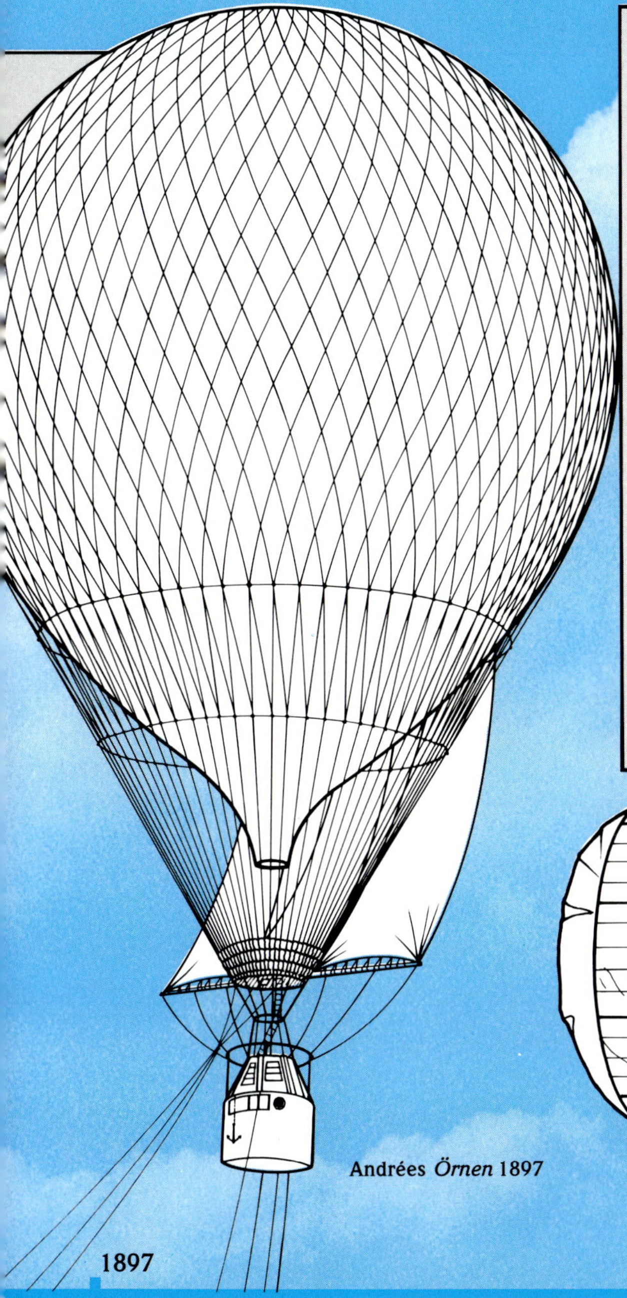

Andrées *Örnen* 1897

Ihren ersten Kriegseinsatz erlebten die Ballone 1794, und Napoleons Ballontruppen – Les Aérostiers – beobachteten eifrig seine Schlachten, bis 1798 die Engländer seine Ballone bei dem Versuch der Franzosen, Ägypten zu besetzen, zerstörten.

Auch der amerikanische Bürgerkrieg wurde aus der Luft observiert. Im April 1861 unternahm ein Aeronaut namens Starkweather den ersten überlieferten Start von einem Schiff aus: bei der Blockade von Port Royal in South Carolina. Thaddeus Lowe – der immerhin eine Fahrt von 1440 km Länge vorweisen konnte – telegrafierte von einem Ballon aus mit Präsident Lincoln und meldete ihm, daß er im Umkreis von 40 km alles überblicken könne. Der Präsident ernannte ihn danach zum Chief of the Corps of Aeronautics, und bald hingen sieben Ballone über den Schlachtfeldern. Bei der Schlacht von Fair Oaks 1862 berichteten Lowe und ein Funker aus 300 m Höhe über deren Verlauf. Die Konföderierten versuchten es mit einem Heißluftballon aus Baumwolle, dessen Pilot Hauptmann John Randolph Bryan war; aber nachdem der Ballon sich nach dem dritten Start von seiner Verankerung losgerissen hatte, wurde er zerstört.

Der erste Luftkampf fand während der Belagerung von Paris (1870–1871) statt. Nadar, alias Gaspard-Félix Tournachon – ein Fotopionier, der für die Herstellung von Landkarten Luftbilder aufnehmen wollte –, war von Paris nach Tours unterwegs, als er auf einen deutschen Ballon traf: Man beschoß sich gegenseitig, erlitt aber keine Verluste.

Den Krieg aus der Luft zu beobachten war jetzt ein erprobtes taktisches Mittel. Das englische Ballonkorps, 1878 aufgestellt, erleichterte sich dann seine Aufgabe, indem es Stahlflaschen für den Wasserstoff einführte – damit brauchte die Truppe nicht mehr das umfangreiche Gerät zur Erzeugung des Wasserstoffs mitzuführen. 1899 waren die Ballonabteilungen bereits fester Bestandteil des englischen Heeres. Zum Burenkrieg wurden vier Formationen abgestellt.

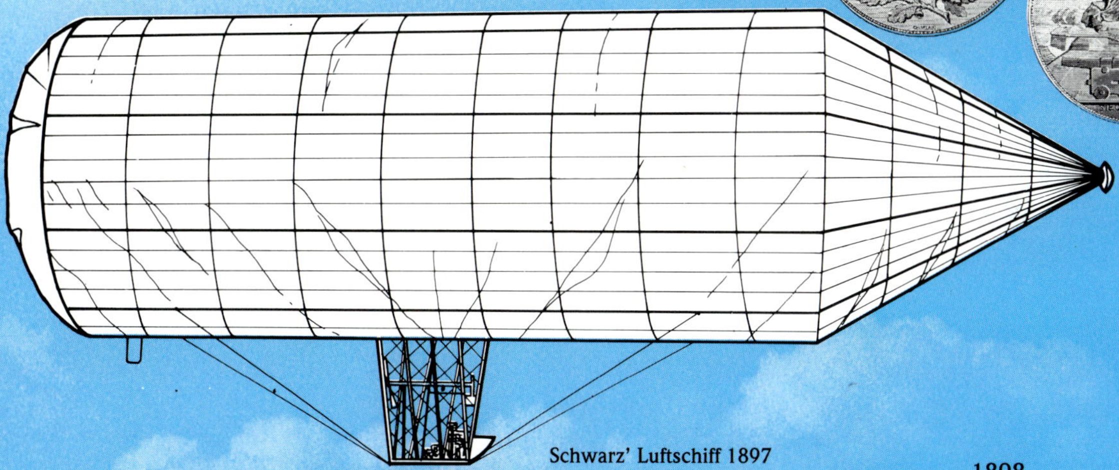

Schwarz' Luftschiff 1897

1897

Der schwedische Forscher Salomon Andrée versuchte, den Nordpol mit dem Ballon zu erreichen. In Begleitung von zwei weiteren Wissenschaftlern hob er im Juli 1897 mit seiner *Örnen* auf Spitzbergen ab. Außer einer am dritten Tag per Brieftaube übermittelten Nachricht gab es danach kein Lebenszeichen mehr, und das Ende der Expedition blieb lange im Dunkeln – bis 33 Jahre später norwegische Forscher die sterblichen Reste der drei Abenteurer fanden.

Kleine, unbemannte Versuchsballone wurden dazu verwendet, die Winde in größeren Höhen zu erkunden. Man verfolgte sie mit Fernrohren, bis sie zerplatzten. Damit waren sie Vorläufer der heutigen meteorologischen Radiosonden.

Das starre Luftschiff von David Schwarz, einem österreichischen Ingenieur, hätte vielleicht mehr Erfolg gehabt, wenn sein Erfinder das Projekt selbst hätte weiterverfolgen können; immerhin aber kümmerte sich seine Frau dann um die Weiterentwicklung. Das zylindrische Starrluftschiff hatte ein Volumen von 3650 m^3 und einen konischen Bug. Gerippe und Hülle waren vollständig aus Aluminium. Das Luftschiff startete an einem windigen Tag und stürzte binnen Sekunden ab.

1898

Erfinder in aller Welt erkannten die Vorteile der neuen Verbrennungsmotoren für die Luftfahrt. Santos-Dumont in Paris war der erste, der den neuartigen Antrieb erfolgreich einsetzte.

1899

Im Burenkrieg in Südafrika setzte das englische Militär Ballone als Aufklärungsplattformen ein. Sie waren mit 365 m^3 Wasserstoff gefüllt.

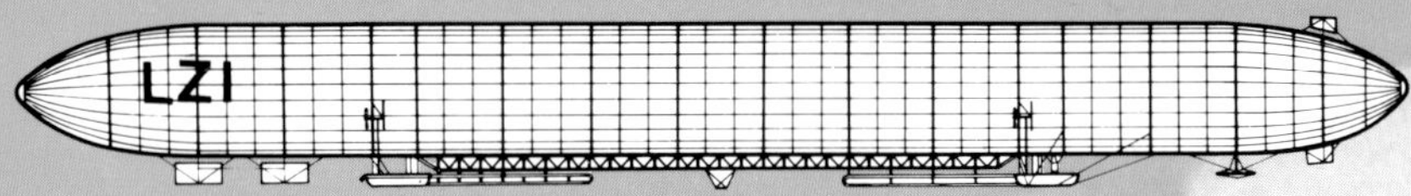

Der erste Ballonpilot, der das Leistungs-Gewichts-Problem löste, war Alberto Santos-Dumont, Sohn eines reichen brasilianischen Kaffeepflanzers. Sein erstes Luftschiff war klein – nur 180 m³ – und konnte nur 180 kg anheben; es war 25 m lang und maß 3,35 m im Durchmesser. Seine erste Fahrt endete in einem Baum, und auch die nächste war kaum erfolgreicher. Sein zweites Luftschiff war schon etwas besser, aber erst seine Nr. 3 schaffte es dann, den Eiffelturm zu umfahren. Seine Nr. 4 und 5, die er 1900 und 1901 baute, führten dann zur Nr. 6, die ihm einen Preis von 125 000 Francs einbrachte: für eine Fahrt vom Aéro-Club in Saint Cloud um den Eiffelturm herum und wieder zurück – und all das in weniger als 30 min. Santos-Dumont wurde in Paris auch dadurch berühmt, daß er mit seinen Luftschiffen seine bevorzugten Gaststätten aufsuchte.

Gordon-Bennett-Wettfahrten 1906

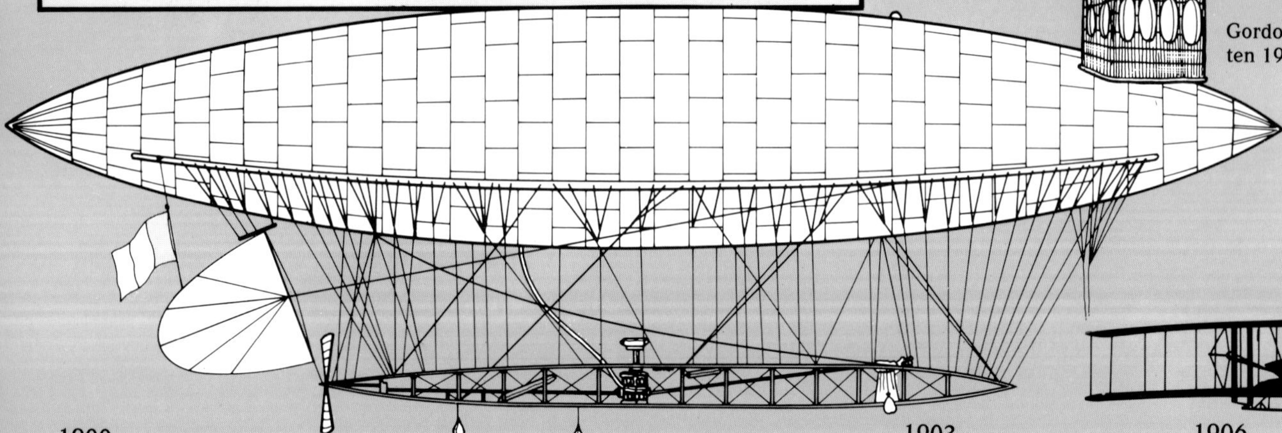

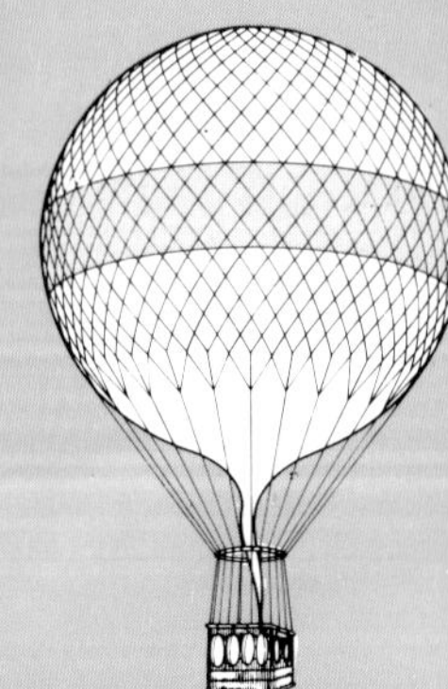

1900 1903 1906 1909

Ferdinand Graf von Zeppelin nahm 1891 als Generalmajor seinen Abschied vom württembergischen Heer und gründete die »Gesellschaft zur Förderung der Luftschiffahrt«. Starre Luftschiffe waren seine Erfindung. Mit dem Bau des ersten – *L.Z.1* – wurde 1896 bei Friedrichshafen in einer auf dem Bodensee schwimmenden Halle begonnen. Das Gerippe aus Duraluminium war mit präpariertem Baumwollstoff bespannt und enthielt getrennte Gaszellen. Das riesige Luftschiff von 128 m Länge und 12 m Durchmesser hatte ein Volumen von 11 300 m³ und einen viel zu schwachen Antrieb: Die beiden Daimler leisteten weniger als 30 PS. Aber am 2. Juli 1900 um 8 Uhr verließ es die Halle und – fuhr!

Am 17. Dezember 1903 blieb Orville Wright in einem Segler, der von einem selbstgebastelten Motor angetrieben wurde, zwölf Sekunden lang in der Luft: Es war der erste richtige Flug nach dem Prinzip »schwerer als Luft«. Gegen Ende des gleichen Tages legte sein Bruder Wilbur, der am Bau beteiligt war, mit der *Flyer One* 260 m in 59 Sekunden zurück.

Gordon Bennett, der amerikanische Zeitungsverleger, setzte einen Preis für die erste internationale Ballonwettfahrt aus, die auch seinen Namen trug. Am 30. September 1906 sahen 250 000 Schaulustige in Paris dem Start von 16 Ballonen zu. Der Sieger – F.P. Lahm – landete nach einer 22stündigen Fahrt im englischen Yorkshire.

Die Zeppeline waren inzwischen so zuverlässig und auch gut zu steuern, daß man kommerzielle Luftverbindungen, unabhängig von Regierung oder Militär, ins Auge faßte. Die DELAG (Deutsche Luftschiffahrts-A.G.) unternahm tägliche

Ruder, Paddel, schlagende Flügel – all diese Mittel waren von den ersten Ballonfahrern ausprobiert worden, um ihre Abhängigkeit von den Launen des Windes zu verringern. Aber erst 1837 entwarf Sir George Cayley ein Luftfahrzeug, das zwar nie gebaut wurde, dafür aber tatsächlich steuerbar war. Seine zigarrenförmige Hülle war strömungsgünstiger als die traditionellen Ballonkugeln, zudem besaß es für den Vortrieb dampfgetriebene Propeller und für die Steuerung ein erstes Ruder.

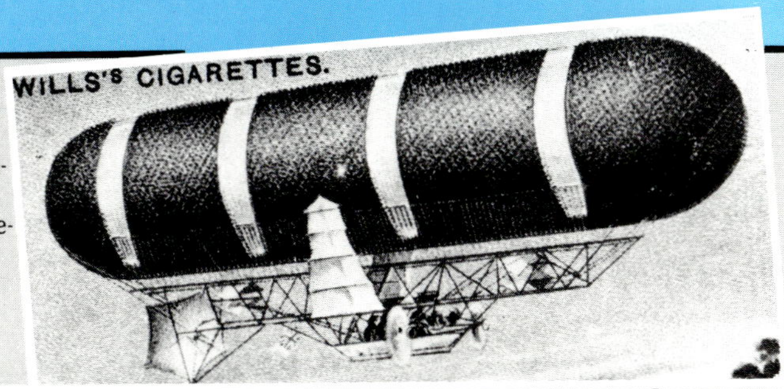

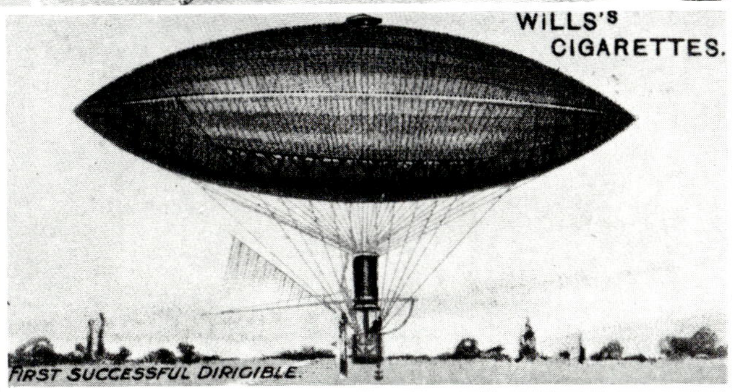

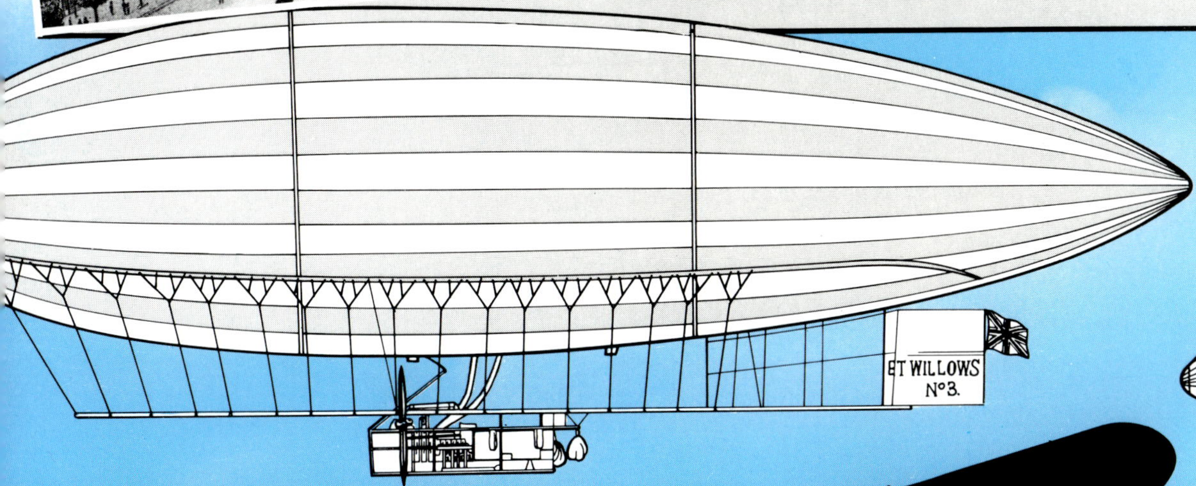

Willows *City of Cardiff* 1909

1910

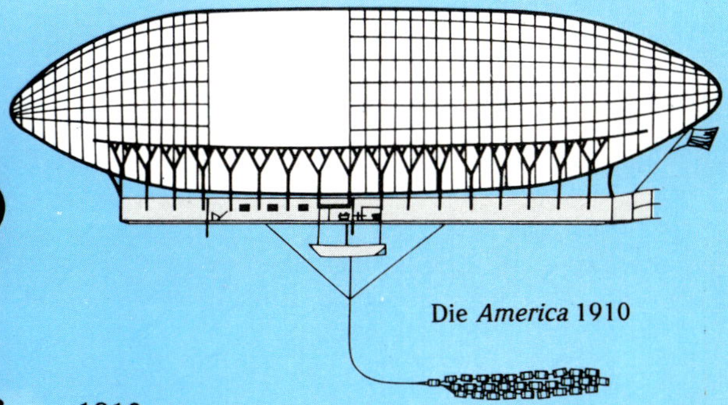

Die *America* 1910

Fahrten, so daß Stadt um Stadt in Deutschland dem »Luftschiff-Fieber« anheimfiel.

Da stets das Wetter den Einsatz bestimmte, handelte es sich eher um Vergnügungsfahrten als um einen Liniendienst, aber sie bewiesen trotzdem die Fähigkeiten des Luftschiffs: *L.Z.5* legte 1909 in 39 Stunden 1200 km zurück. Die DELAG wuchs ständig – dann aber setzte der Erste Weltkrieg diesen Ausflügen ein Ende.

E.T. Willows war das englische Pendant zu Santos-Dumont und galt allgemein als Vater der englischen Luftschiffe. Seine Geschichte liest sich beklemmend: Fehlschläge und Geldmangel begleiteten ihn sein Leben lang bis zu seinem Tod in einem Kugelballon 1926. Sein größter Erfolg war die *City of Cardiff*, ein Luftschiff von 600 m³ Volumen und einer Länge von 26 m, das von London nach Cardiff überführt wurde. Neu daran waren die schwenkbaren Propeller, die den Piloten in die Lage versetzten, es auch nach oben oder nach unten zu dirigieren.

Im Juli 1909 überflog Blériot in einem Flugzeug mit Motorantrieb als erster Pilot den Ärmelkanal. Der 38 km lange Flug dauerte 36¹/₂ Minuten.

Die *America*, ein Luftschiff des amerikanischen Journalisten und Forschers Walter Wellman, unternahm drei erfolglose Versuche (1907–09), den Nordpol zu erreichen, und explodierte dann auf dem Eis. Unbeirrt steuerte Wellman 1910 deren Nachfolger und Namensvetter über den Atlantik. Das 70 m lange Luftschiff verließ am 15. Oktober – mit sechs Mann und einer Katze als blindem Passagier an Bord – Atlantic City in New Jersey. Nachdem ziemlich bald ein Motor ausgefallen war, lief der andere heiß. Gut 1600 km von der Küste entfernt fischte dann ein englisches Schiff die Besatzung aus dem Ozean.

Die geschichtliche Bedeutung der *America* liegt darin, daß von ihr der erste Funkspruch von einem Luftfahrzeug zu einem Seefahrzeug ausging: »Kommt und holt die verdammte Katze!«

Englisches Aufklärungsluftschiff des Typs Sea Scout

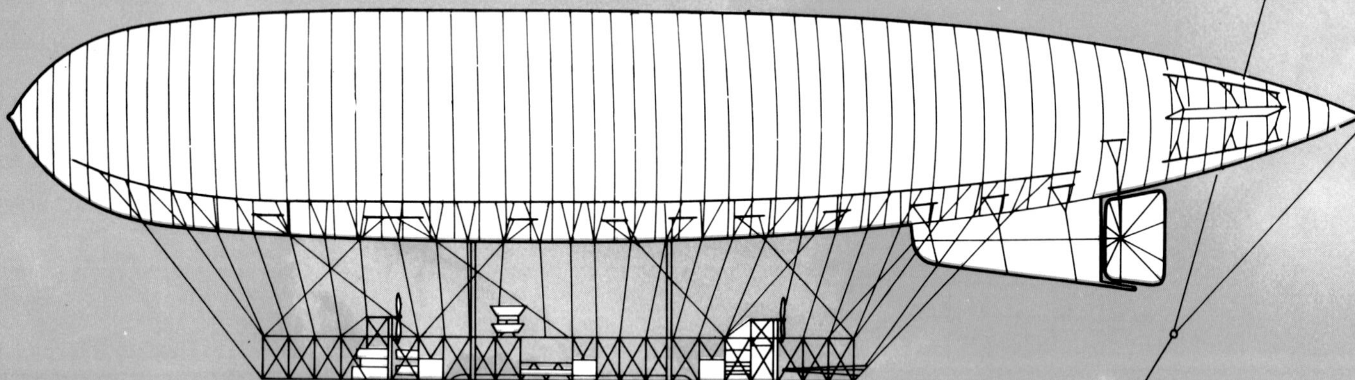

Die *Fleurus* dringt 1914 als erstes Luftschiff in feindlichen Luftraum ein

1914

1915

Der erste Bombenangriff auf England zeigte wenig Wirkung. Diese ersten Zeppelinangriffe richteten sich gegen den Norden Englands: von Barrow an der Westküste bis zum Fluß Humber.

Die Franzosen, im Jahre 1794 die ersten, die Aufklärungsballone einsetzten, waren 1912 auch die ersten, die ihr Ballonkorps auflösten. Schon zu Beginn des Ersten Weltkriegs sahen sie sich – nach dem erfolgreichen Einsatz von Aufklärungsballonen durch die Deutschen – gezwungen, diese plumpen Luftfahrzeuge wieder in Dienst zu stellen.

Hauptmann Albert Caquot entwarf ein neuartiges unstarres Kleinluftschiff mit Flossen, das unbegrenzt in der Luft bleiben konnte. Das Prinzip beruhte auf dem Anstellwinkel des Drachens, den sich der Ballon zunutze machte.

Diese 730 bis 980 m³ großen Drachenballone bewährten sich bei der Beobachtung von Truppenbewegungen und der Leitung des Artilleriefeuers so gut, daß sie vorrangiges Ziel von Jägerpiloten wurden. Da Caquots Drachen jedoch mit Wasserstoff gefüllt waren, waren Leuchtspurgeschosse für sie äußerst gefährlich. Wenn sie von Flugzeugen angegriffen wurden, konnten sie jedoch von mächtigen Seilwinden mit 460 m/min zu Boden gezogen werden.

1916

Nach dem ersten erfolgreichen Angriff auf ein deutsches Luftschiff – die *SL2*, ein Schütte-Lanz-Luftschiff mit Holzgerippe – wurde der Jagdflugzeugführer Leefe Robinson mit dem Viktoria-Kreuz ausgezeichnet.

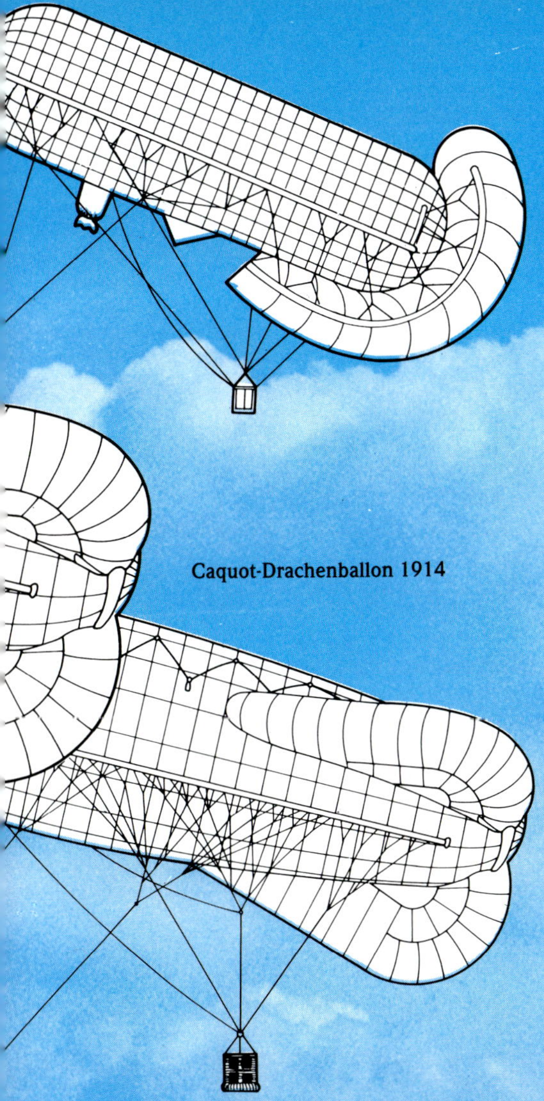

Caquot-Drachenballon 1914

1919

Im Juni 1919 gewannen Alcock und Brown den von der *Daily Mail* ausgesetzten Preis von 10 000 £ für die erste Atlantiküberquerung eines Luftfahrzeugs ohne Unterbrechung. Ihr Flugzeug, eine Vickers Vimy, startete in Neufundland, legte 4000 km in 16 Stunden und 27 Minuten zurück und machte dann in einem irischen Moor eine Bruchlandung: an der absoluten Grenze ihrer Reichweite. Der Flug war von Schlechtwetter und mechanischen Problemen beeinträchtigt, und Brown mußte öfters auf die Tragflächen hinausklettern, um das sich schnell ansetzende Eis wegzuschlagen.

Bei Ausbruch des Ersten Weltkriegs waren die Deutschen zunächst erstaunlich schlecht auf die Führung eines Luftkrieges vorbereitet, und ihr erster Luftangriff auf England fand denn auch erst am 19./20. Januar 1915 statt. Bald aber wurden die Zeppeline zur drohenden Gefahr für die Bürger in Englands Küstenregionen, indem sie willkürlich Bomben abwarfen und sowohl psychologischen wie auch physischen Schaden anrichteten. Die frühen Luftschiffe faßten bis zu 22 700 m³ Wasserstoff und konnten 2750 m hoch aufsteigen; dabei erreichten sie eine Höchstgeschwindigkeit von 85 km/h und konnten über 1100 km zurücklegen. Im Mai 1915 war das Volumen bereits auf 32 000 m³ gestiegen, die Höchstgeschwindigkeit lag bei 95 km/h, die Dienstgipfelhöhe bei 3900 m, und die Reichweite hatte sich verdoppelt. Obwohl die Konstruktion der Zeppeline rasche Fortschritte machte, führte doch die mangelnde Qualität der damaligen Navigationsgeräte dazu, daß ein hoher Anteil der Bombenzuladungen auf nichtstrategische Ziele abgeworfen wurde.

In nur vier Jahren hatten sich die Zeppeline von primitiven und langsamen Luftfahrzeugen mit kargen Aufenthaltsräumen für die Besatzung zu großen, schlanken Luftschiffen entwickelt, die tagelang in der Luft bleiben und ihrer Mannschaft einen durchaus beachtlichen Komfort bieten konnten. Gegen Kriegsende hatten die letzten Luftschiffe ein Volumen von 57 000 m³, erreichten 125 km/h, stiegen auf 7000 m und konnten 6000 km zurücklegen. Unter günstigen Bedingungen hätten diese Luftschiffe mithin sogar den Atlantik überqueren können.

Am bekanntesten von allen Fahrten der Zeppeline ist wohl die Weitfahrt von *L.Z.104* geworden: Im November 1917 startete das Luftschiff unter dem Kommando von Ludwig Bockholt mit 16 Tonnen Munition, Nachschub und Post für die deutschen Truppen in Ostafrika.

Allerdings war der Besatzung nicht bekannt, daß die deutschen Truppen in Afrika bereits die Waffen gestreckt hatten, als das Luftschiff losmachte. Schwierigkeiten mit den Funkgeräten und örtliche elektrische Stürme führten dazu, daß der Besatzung die Sinnlosigkeit ihres Einsatzes zunächst verborgen blieb. Als sie dann endlich den Funkspruch mit der Aufforderung zur Rückkehr auffing, war sie bereits auf der Höhe von Khartum. Die erschöpfte Besatzung brachte das Luftschiff dann tatsächlich unbeschädigt bis zu seinem Heimatplatz in Bulgarien zurück – es hatte 6500 km in 95 h zurückgelegt.

Während des Ersten Weltkrieges wurden mehr als 115 Zeppeline gebaut, und 22 von 50 ausgebildeten Besatzungen verloren in Kampfhandlungen oder in der Folge von Unfällen ihr Leben. Nach Deutschlands Niederlage im Jahre 1918 verfügten die Alliierten die Schließung vieler deutscher Flugzeugwerke. Eine anfängliche Weisung, auch die Zeppelinwerke zu zerstören, wurde später revidiert, dafür mußte die Firma jedoch die vorhandenen Luftschiffe ausliefern.

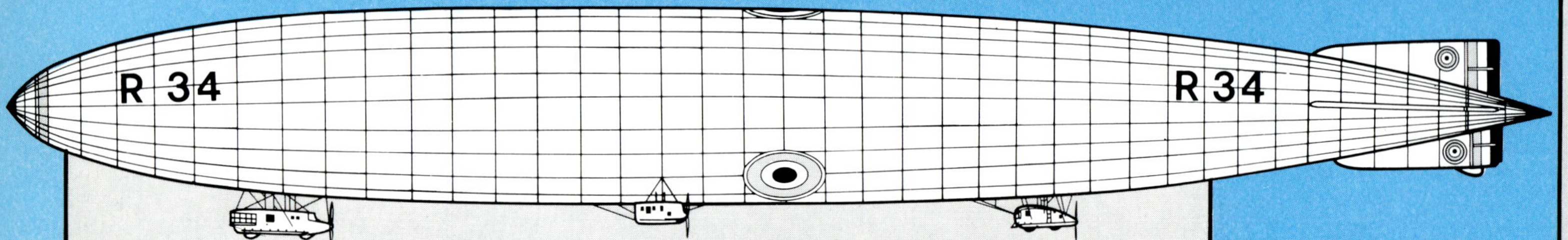

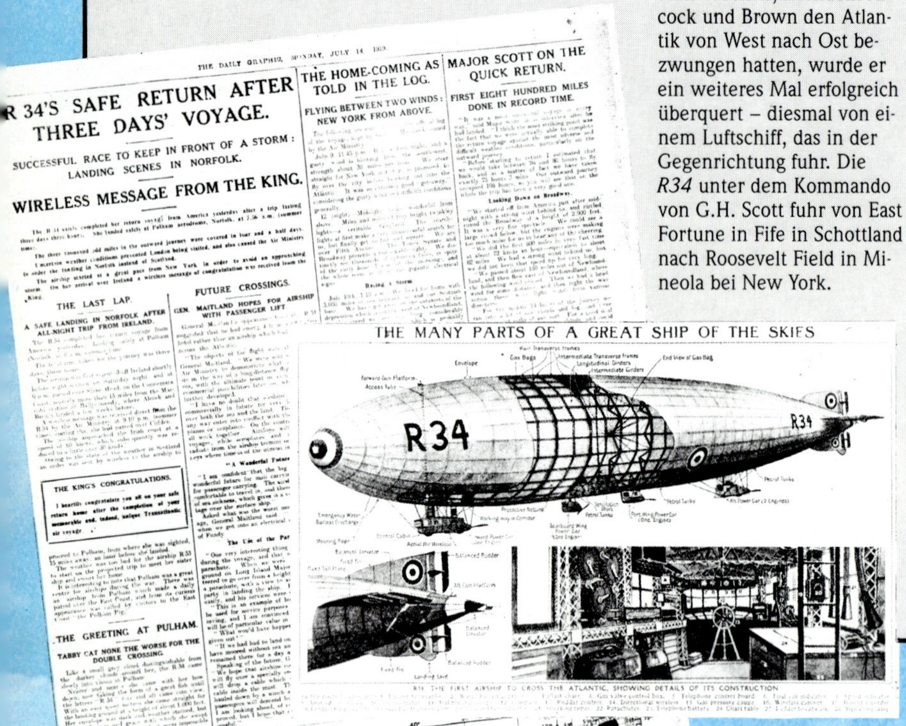
THE DAILY GRAPHIC, MONDAY, JULY 14, 1919.

R 34'S SAFE RETURN AFTER THREE DAYS' VOYAGE.

SUCCESSFUL RACE TO KEEP IN FRONT OF A STORM: LANDING SCENES IN NORFOLK.

WIRELESS MESSAGE FROM THE KING.

THE HOME-COMING AS TOLD IN THE LOG.

FLYING BETWEEN TWO WINDS: NEW YORK FROM ABOVE.

MAJOR SCOTT ON THE QUICK RETURN.

FIRST EIGHT HUNDRED MILES DONE IN RECORD TIME.

THE LAST LAP.

A SAFE LANDING IN NORFOLK AFTER ALL-NIGHT TRIP FROM IRELAND.

FUTURE CROSSINGS.

GEN. MAITLAND HOPES FOR AIRSHIP WITH PASSENGER LIFT.

THE KING'S CONGRATULATIONS.

THE GREETING AT PULHAM.

TABBY CAT NONE THE WORSE FOR THE DOUBLE CROSSING.

THE MANY PARTS OF A GREAT SHIP OF THE SKIES

R34

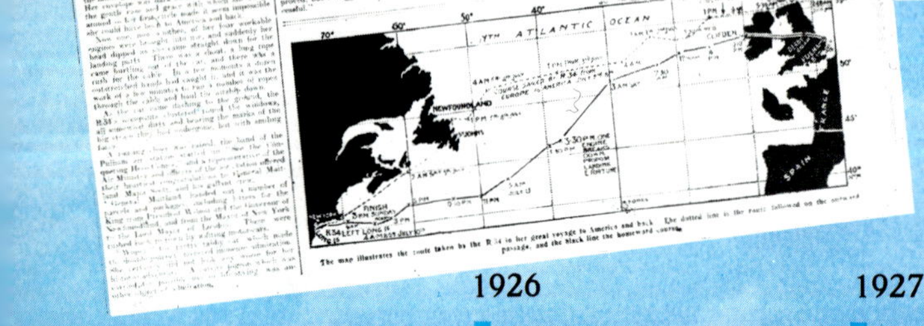

Fünf Wochen, nachdem Alcock und Brown den Atlantik von West nach Ost bezwungen hatten, wurde er ein weiteres Mal erfolgreich überquert – diesmal von einem Luftschiff, das in der Gegenrichtung fuhr. Die *R34* unter dem Kommando von G.H. Scott fuhr von East Fortune in Fife in Schottland nach Roosevelt Field in Mineola bei New York.

Nach 108 ereignisreichen Stunden landete die Besatzung in New York, wo die Männer als Helden gefeiert wurden. Nur vier Tage später, am 10. Juli 1919, brach die *R34* zu ihrer Rückfahrt zum Luftschiffstützpunkt Pulham in Norfolk auf; die Heimreise dauerte lediglich 75 h.

In Deutschland verfolgte man diese Reise bei der »Luftschiffbau Zeppelin GmbH« mit gemischten Gefühlen: Die *R34* beruhte technisch auf einem älteren Luftschiff von Zeppelin, der *L.Z.76*, und die moderneren deutschen Luftschiffe hätten diese Überquerung geradezu mit Leichtigkeit absolvieren können – aber so kurz nach dem Waffenstillstand wäre eine derartige Fahrt einfach zu provozierend gewesen.

Die Gebrüder Piccard unternahmen ihre ersten wissenschaftlichen Ballonaufstiege 1913. Während Auguste in Europa blieb, um hier die Ballonfahrt für die Wissenschaft zu erschließen, ging Jean nach Amerika, wo er und seine Frau 1934 den letzten Höhenrekord der Piccards für sich beanspruchen konnten: fast 17 500 m.

Auguste mußte 1930 allerdings einen Fehlschlag bei seinem ersten Stratosphärenversuch hinnehmen: Sein Ballon hob nicht einmal vom Boden ab.

Sein Aufstieg am 27. Mai 1931 hingegen war dann ein voller Erfolg. Piccard und sein Assistent Paul Kipfer waren danach die ersten Menschen, die bis in die Stratosphäre vorgedrungen und aus ihr auch wieder zurückgekehrt waren.

In seiner druckbelüfteten, runden Aluminiumkapsel – konstruiert nach dem Prinzip des Bierbraukessels – stieg Piccard auf 16 203 m Höhe. Um die Temperatur

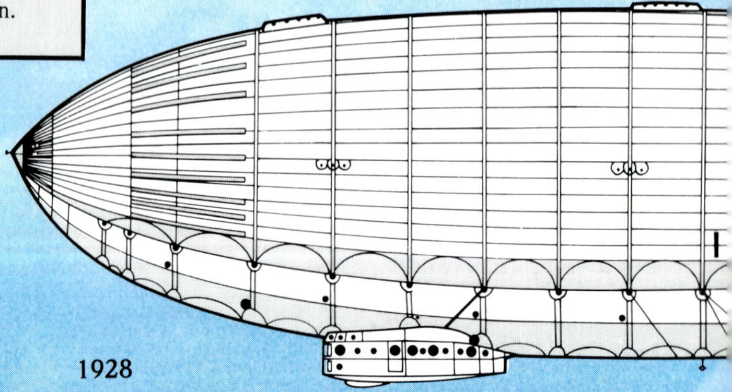

1926

1927

1928

Roald Amundsen, der als erster den Südpol erreichen sollte, war auch an Bord des ersten Luftschiffs, das den Nordpol überquerte. Die *Norge* war von Umberto Nobile gebaut worden, und er steuerte sie auch. Zwei Jahre später, als er Nobiles zweite, fehlgeschlagene Arktikexpedition suchte, kam Amundsen bei einem Flugzeugabsturz ums Leben.

Der Transatlantikflug von Charles A. Lindbergh mit seiner *Spirit of St Louis* im Mai war die allererste Soloüberquerung des Atlantik überhaupt; sie gilt als Meilenstein in der Geschichte der Luftfahrt. Nach dem Start in Roosevelt Field bei Mineola landete er in Le Bourget bei Paris – immerhin 5775 km entfernt – nach nur 33 Stunden und 39 Minuten. Durch diesen Alleinflug bleibt Lindberghs Name unvergessen. Der amerikanische Hauptmann Hawthorne C. Grey unternahm seine ersten Aufstiege in die Stratosphäre. Sein erster Versuch wurde nicht gewertet, da er seinen Ballon aufgab – und damit unbeabsichtigt einen Freifallrekord für Fallschirmspringer aufstellte, der lange ungebrochen blieb. Bei seinem zweiten Aufstieg blieb er im Ballon und stellte mit 12 945 m einen neuen Höhenrekord auf – wurde aber anschließend tot in der Kapsel aufgefunden.

1928 unternahm General Nobile seine zweite Polexpedition – mit der *Italia*, einem kleinen, halbstarren Luftschiff, das mit 16 Mann Besatzung auf Spitzbergen gestartet war. Die Fahrt zum Pol verlief problemlos, auf dem Rückweg jedoch zwang starker Gegenwind die *Italia* ins Packeis. Nach mehreren Wochen wurden neun Überlebende gerettet, darunter auch Nobile.

Als Lieblingsprojekt von Kapitän Dr. Hugo Eckener, der sieben Jahre lang für sie Geld gesammelt hatte, hob am 8. Juli 1928 – dem 90. Geburtstag des Grafen – die *Graf Zeppelin* vom Boden ab.

Dem Luftschiff, Symbol des erstarkenden Deutschland, gelang 1929 die erste Fahrt um die Erde, bei der es – von Lakehurst in seiner Kapsel steuern zu können, hatte er sie zur Hälfte schwarz und zur Hälfte weiß lackiert und auch einen Motor eingebaut, der sie drehen konnte: Mal sollte die reflektierende weiße Seite, mal die Hitze absorbierende schwarze Seite der Sonne zugewandt werden. Der Motor funktionierte allerdings nicht, und da die schwarze Seite der Sonne zugekehrt blieb, bestand – als die Temperatur sich der 40-Grad-Marke näherte – durchaus die Gefahr, daß die beiden Männer buchstäblich lebend geröstet werden würden. Verdampfung auf der kalten Seite der Kapsel rettete sie dann jedoch.

Nach einem haarsträubenden Abstieg schlug der Ballon schließlich im Schnee eines Gletschers in den italienischen Alpen auf. Piccard und Kipfer war nichts weiter geschehen, aber es dauerte noch fast ein Jahr, bis die Kapsel geborgen werden konnte.

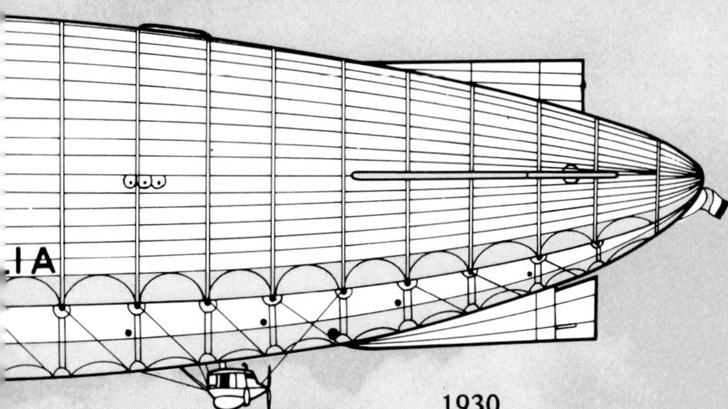

1930

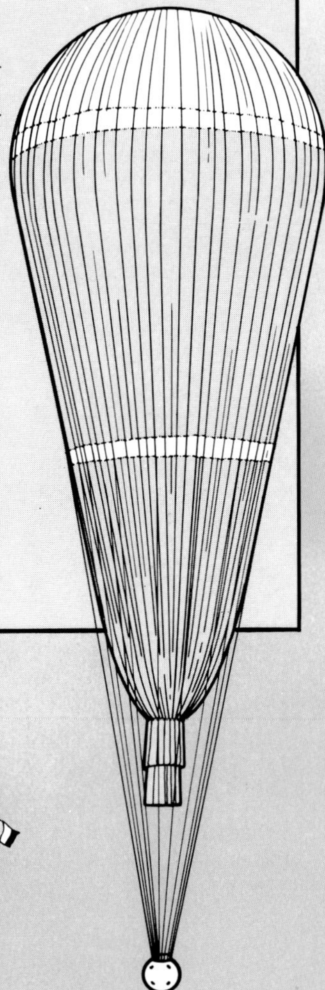

1933

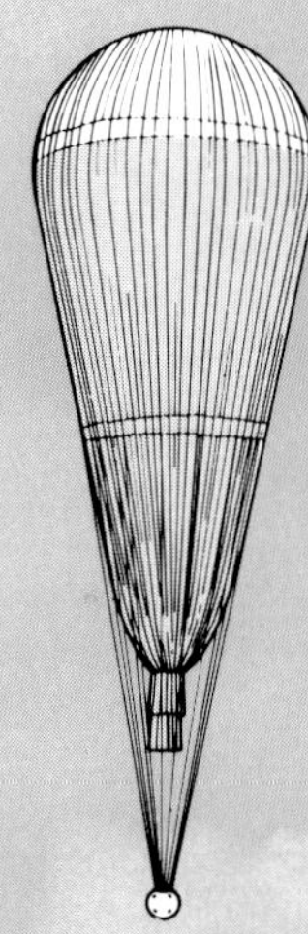

1935

über Friedrichshafen (wo Zeppelin seine ersten Luftschiffe gebaut hatte), Tokio und Los Angeles bis zurück nach Lakehurst – 39 376 km zurücklegte, 21 Tage lang 1875 km täglich, mit 20 Fahrgästen an Bord und dem Luxus eines Ozeandampfers. Danach faßte man den ersten Liniendienst über den Atlantik ins Auge.

Konstruiert von Barnes Wallis und hergestellt von Vikkers, um gegen die aus öffentlichen Mitteln gebaute *R101* anzutreten, absolvierte die *R100*, das »kapitalistische Luftschiff«, 1930 eine sichere und elegante Fahrt von England nach Kanada und zurück. Mit ihrer außergewöhnlich leichten, aber starken Rumpfstruktur war sie das fortschrittlichste Luftschiff ihrer Zeit.

In den Jahren 1933–35 gaben Amerikaner und Russen der Welt einen Vorgeschmack auf ihren späteren Wettlauf im All. Damals war die Stratosphäre der Turnierplatz, und Ballone waren die Waffen.

Am 21./22. November 1933 stiegen Major Fordney und Korvettenkapitän Settle in einem Stratosphärenballon mit Heliumfüllung auf 16 665 m Höhe. Im Januar 1934 erreichte der sowjetische Ballon *Ossoviachim* die unglaubliche Höhe von 22 000 m. Beim Abstieg allerdings löste sich die Kapsel vom Ballon, und die Besatzung, die die Ausstiegsklappe nicht öffnen konnte, kam ums Leben.
Am 28. Juni 1934 stiegen Kepner, Stevens und Anderson in der *Explorer I* über Nebraska auf 18 288 m. Beim Abstieg riß ihre Hülle waagerecht auf, und der Ballon stürzte nach unten. Als dann die Hülle völlig zerfetzt war, gelang es der Crew, nacheinander auszusteigen und sich mit dem Fallschirm zu retten.

Am 11. November 1935 schließlich waren die Sowjets endgültig geschlagen, als Stevens und Anderson in ihrer gigantischen *Explorer II* mit 84 000 m³ Volumen 22 612 m Höhe erreichten – ein Rekord, der 21 Jahre lang nicht gebrochen wurde. Ihr Startplatz war Strato-Bowl in South Dakota, später Schauplatz der ersten erfolgreichen Aufstiege moderner Heißluftballone.

Die *Hindenburg*, von ihrer Größe her eher mit einem Schiff als mit einem Flugzeug vergleichbar, war der bei weitem größte Flugapparat, der je gebaut wurde. Sie sollte den regulären Liniendienst zwischen Deutschland und New York aufnehmen, während die *Graf Zeppelin* – nur halb so groß – die Verbindung nach Brasilien aufrechtzuerhalten hatte.

Es waren dies die ersten transatlantischen Liniendienste. Die enorme Größe der *Hindenburg* beruhte sicherlich auch auf der Erwartung, daß sie mit nichtbrennbarem Helium gefüllt werden könnte – zu lebhaft war noch die Erinnerung an die Katastrophe der *R101*, bei der 48 Menschen in einem Flammenmeer von 140 000 m³ Wasserstoff umgekommen waren. Helium ist zwar sicherer als Wasserstoff, entwickelt aber weniger Auftrieb, so daß man größere Mengen davon braucht. In den dreißiger Jahren war Helium ziemlich rar, und die USA hatten praktisch das Monopol auf dieses Gas. Schließlich gaben die USA dann aus politischen Gründen das Helium nicht frei, und als die *Hindenburg* am 4. März 1936 erstmals aufstieg, sorgte Wasserstoff für den Auftrieb.

Zunächst verlief alles nach Plan. Die *Hindenburg* absolvierte insgesamt 56 Überfahrten, auf denen sie 2656 Passagiere in größtem Luxus und Komfort beförderte. Ihr Schwesterschiff *Graf Zeppelin* hatte 650 erfolgreiche Fahrten hinter sich und dabei über 18 000 Fahrgäste mitgenommen; insgesamt hatte es dabei etwa 1 000 000 km zurückgelegt.

Am 4. Mai 1937 verließ die *Hindenburg* unter dem Kommando des erfahrenen Luftschiffkapitäns Max Pruss den Frankfurter Rhein-Main-Flughafen zu ihrer ersten Linienfahrt des Jahres nach Lakehurst in New Jersey. Die Fahrt über den Atlantik verlief ohne besondere Ereignisse, und am 6. Mai um 15.30 Uhr überquerte das riesige Schiff majestätisch das Empire State Building auf seinem Weg nach Lakehurst. Örtliche elektrische Stürme verzögerten zwar ihr Eintreffen, aber schließlich näherte sich die *Hindenburg* doch dem Ankermast – 13 Stunden später, als im Fahrplan vorgesehen. Das Brummen ihrer fünf Motoren ging in ein Aufheulen über, als die Propeller auf »Voll rückwärts« das Luftschiff abbremsten. Dann wurden die Ankerseile zum Mast herabgelassen. An Bord des Luftschiffes war alles normal, und der Funker hatte sogar Kontakt mit der weit entfernten *Graf Zeppelin*, die auf dem Weg von Rio über den südlichen Atlantik nach Hause steuerte.

Und dann – urplötzlich – schlugen Flammen aus dem hinteren Teil des Rumpfes, und das Luftschiff, jetzt voll in Flammen, fiel senkrecht 20 m nach unten zu Boden. Den entsetzten Augenzeugen schien es undenkbar, daß irgend jemand diesem Holocaust entkommen könnte, aber wie durch ein Wunder überlebten 62 der 97 Fahrgäste. Wurde durch ein Elmsfeuer oder durch statische Elektrizität ausgetretenes Gas entzündet? Bis zum heutigen Tag bleibt die Katastrophe der *Hindenburg* das geheimnisvollste aller Unglücke von Luftschiffen. Eine Theorie, die gern geglaubt wird, spricht von Sabotage: Dann wäre der riesige Zeppelin unfreiwillig zum Opfer der Politik geworden. Es ist durchaus denkbar, daß die *Hindenburg* –mit den verhaßten Hakenkreuzen Nazi-Deutschlands auf dem Rumpf – einer Sabotage zum Opfer fallen sollte: mit einem Sprengsatz, der lange nach ihrer Ankunft zünden sollte, durch die 13 Stunden Verspätung dann aber zum tragischen Verlust von Menschenleben führte.

BOOTH'S OLD DRY GIN — keeps you slim!

CLOSING CITY PRICES — LATE NIGHT FINAL

Evening Standard

MARTELL'S BRANDY for AGE and QUALITY

LONDON, TUESDAY, AUGUST 18, 1931. ONE PENNY.

ZEPP WIRELESS MESSAGE to the "EVENING STANDARD"

GIANT AIRSHIP MAKING for LONDON

Dr. Eckener's Plans for His "See Britain" Excursion

Hanworth Landing To-night.

CROSSING FROM CAPE GRIS NEZ.

P.O. and "Zeppmail" Postmark.

PROFESSOR AND WOMAN PUPIL DROWNED.

"DOLE" CUT UNLIKELY.

But Abuses Are To Be Tackled.

COUNCIL OF FIVE

Struggling To Be Ready for the Cabinet.

FAREWELL NOTE ON SHORE OF A LAKE

DEVOTED COUPLE.

PLAY HAS BEGUN IN THE TEST!

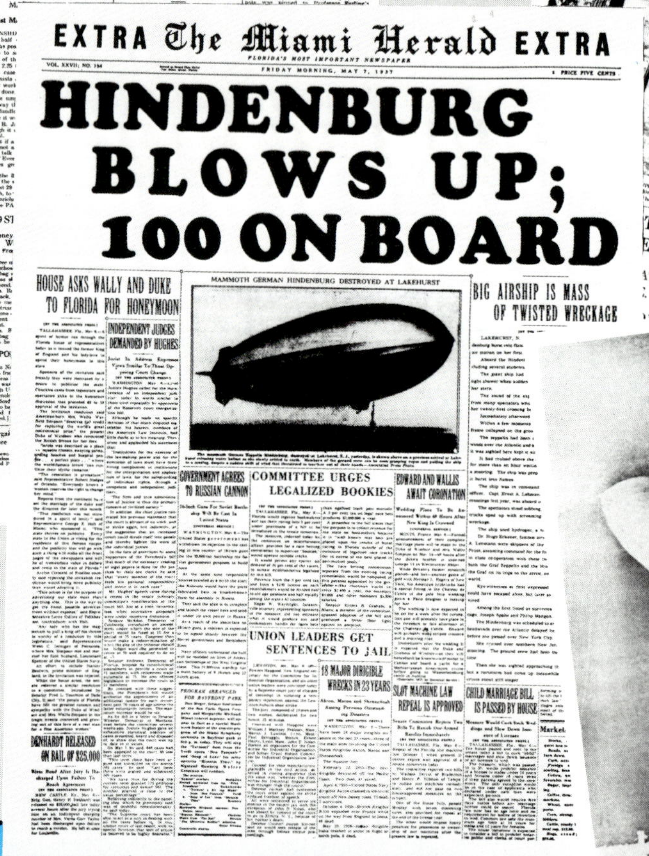

EXTRA The Miami Herald EXTRA

FRIDAY MORNING, MAY 7, 1937

HINDENBURG BLOWS UP; 100 ON BOARD

HOUSE ASKS WALLY AND DUKE TO FLORIDA FOR HONEYMOON

MAMMOTH GERMAN HINDENBURG DESTROYED AT LAKEHURST

BIG AIRSHIP IS MASS OF TWISTED WRECKAGE

GOVERNMENT AGREES TO RUSSIAN CANNON

COMMITTEE URGES LEGALIZED BOOKIES

EDWARD AND WALLIS AWAIT CORONATION

UNION LEADERS GET SENTENCES TO JAIL

CHILD MARRIAGE BILL IS PASSED BY HOUSE

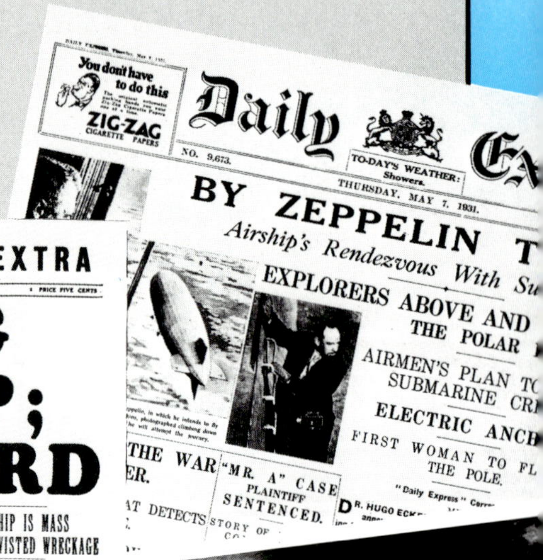

Daily Ex[press]

THURSDAY, MAY 7, 1931.

BY ZEPPELIN T[...]

Airship's Rendezvous With Su[...]

EXPLORERS ABOVE AND [...] THE POLAR [...]

AIRMEN'S PLAN TO [...] SUBMARINE CR[...]

ELECTRIC ANCH[...]

FIRST WOMAN TO FL[Y] THE POLE.

"MR. A" CASE PLAINTIFF SENTENCED.

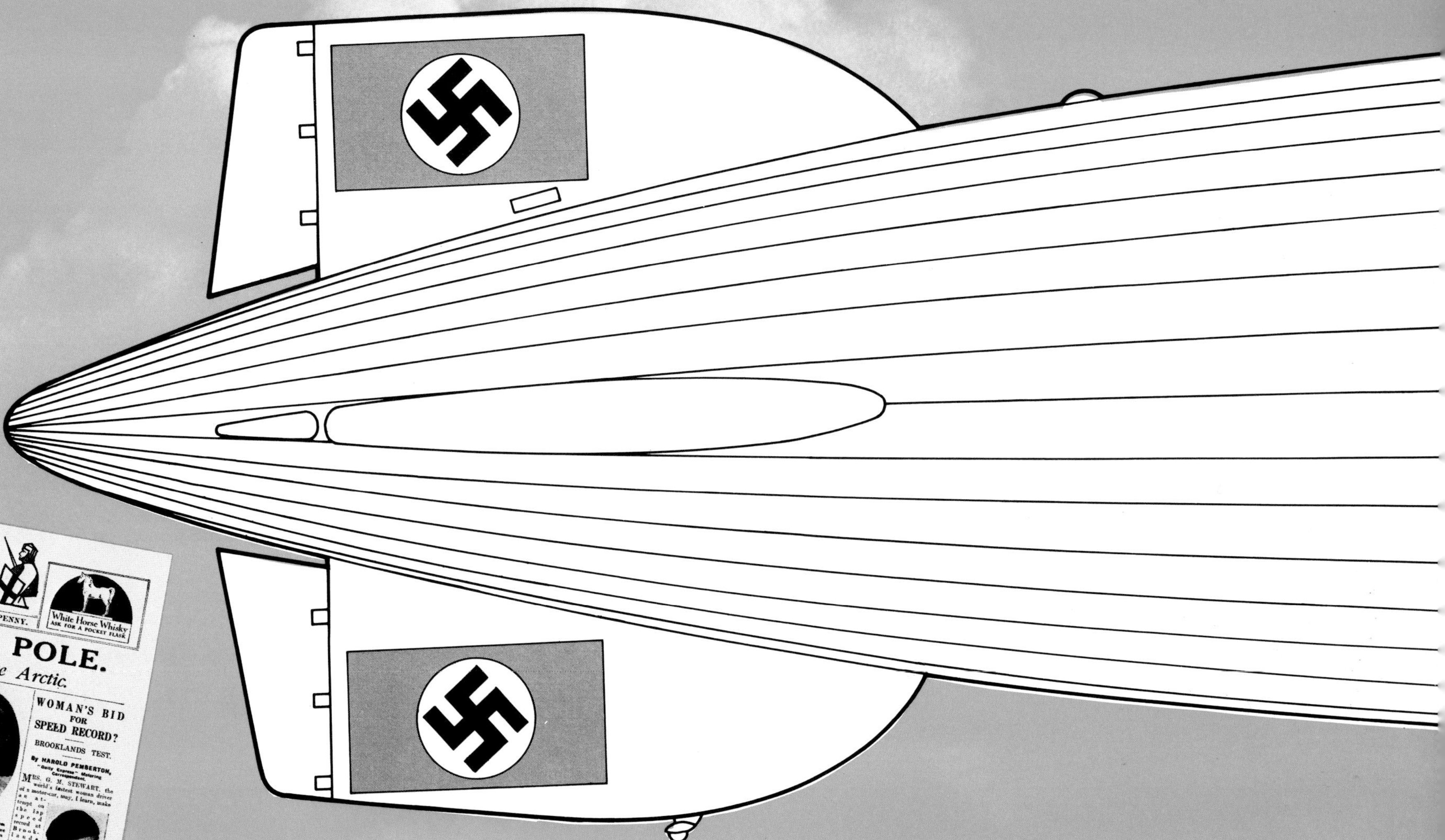

1936

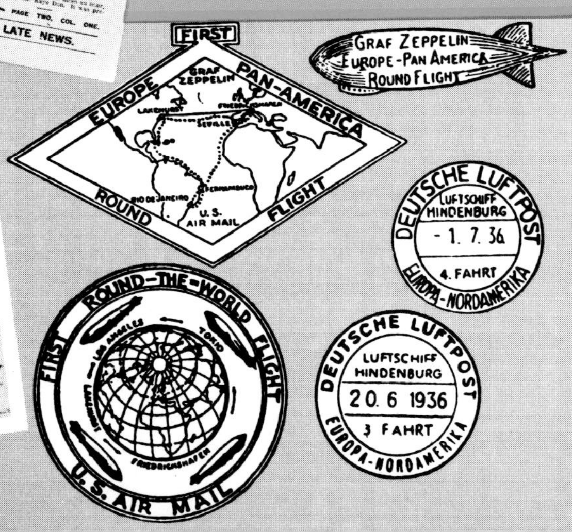

Die *Hindenburg* wurde im März 1936 mit der Baunummer *L.Z.129* als 118. Zeppelin in Dienst gestellt. Mehr als 16 km Duraluminium, eine Legierung von Kupfer und Aluminium, waren für ihre Konstruktion verbraucht worden. Die Hakenkreuze an den Heckflossen erregten weithin Widerwillen. Auf dem Ozeandampfer *Bremen* hatte es Monate zuvor bereits Proteste gegen die Naziherrschaft gegeben. Und über Amerika waren auf die *Hindenburg* Schüsse abgegeben worden, so daß ihre Außenhaut nach jeder Fahrt auf Einschüsse untersucht werden mußte. Diese Außenhaut war aus Baumwollstoff, der über das Gerippe gespannt und verschnürt und mit fünf Schichten Cellon bestrichen war. Eine Beimischung von Aluminiumpulver reflektierte die Sonnenwärme. Die Oberseite war innen rot gestrichen, um die Ultraviolett-Strahlung abzuhalten.

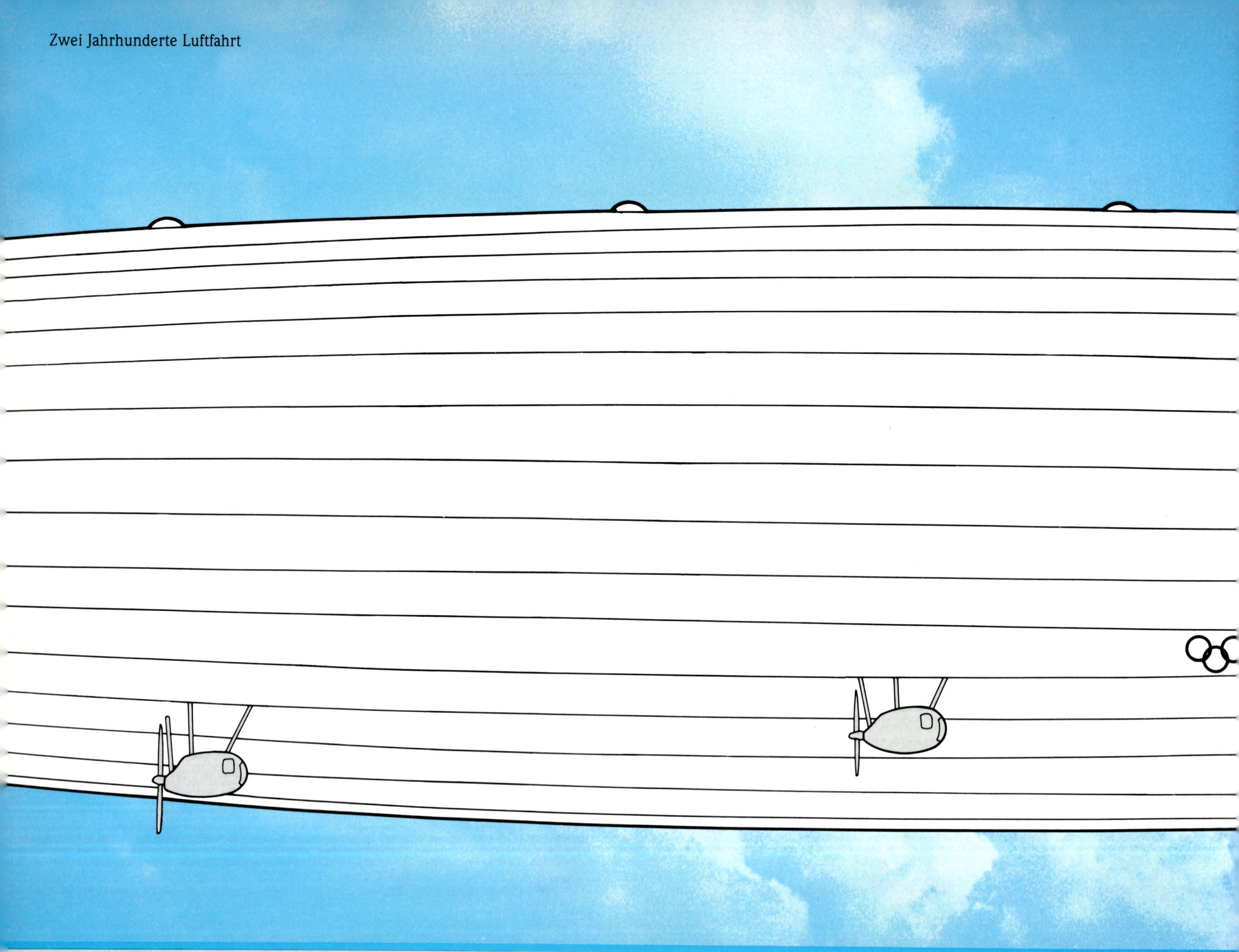

Die Motorgondeln wiesen eine eiförmige Stromlinienform auf. In diesen Gondeln trieben V-16-Diesel von Daimler-Benz vierblättrige Holzpropeller von 6,9 m Durchmesser an. Zusammen leisteten diese vier Diesel 5000 PS.
Die Besatzung trug speziell angefertigte, einteilige Overalls, die keine Knöpfe hatten, die sich in der komplizierten inneren Drahtverspannung verhaken konnten. Die Schuhe hatten Kreppsohlen und Oberteile aus Segeltuch, deren Löcher mit Stoff – nicht Metall – verstärkt waren, und sogar die Metallstifte an den Schnürbändern hatte man entfernt.
Entlüftungsklappen auf dem First des Rumpfes zwangen frische Luft in das Innere des Luftschiffs und bliesen eventuell ausgetretenes Gas ins Freie.
Sowohl die *Hindenburg* wie auch die *Graf Zeppelin* trugen die olympischen Symbole, da sie 1936 auch über dem Olympiagelände zu sehen waren.
Die Passagiere betraten das Luftschiff über das B-Deck. Ein Gang führte hier zur Bar, wo ein Steward Tag und Nacht eine doppelt verschlossene Tür bewachte, die zum Rauchsalon führte – dem einzigen Ort an Bord der *Hindenburg*, an dem das Rauchen erlaubt war.
Auf dem oberen A-Deck gab es eine Bücherei und einen großen Gesellschaftsraum, in dem ein leichtes Piano stand, außerdem noch ein Schreibzimmer. Hinter den Fenstern verlief das 40 m lange Promenadendeck. Auf der Innenseite der linken

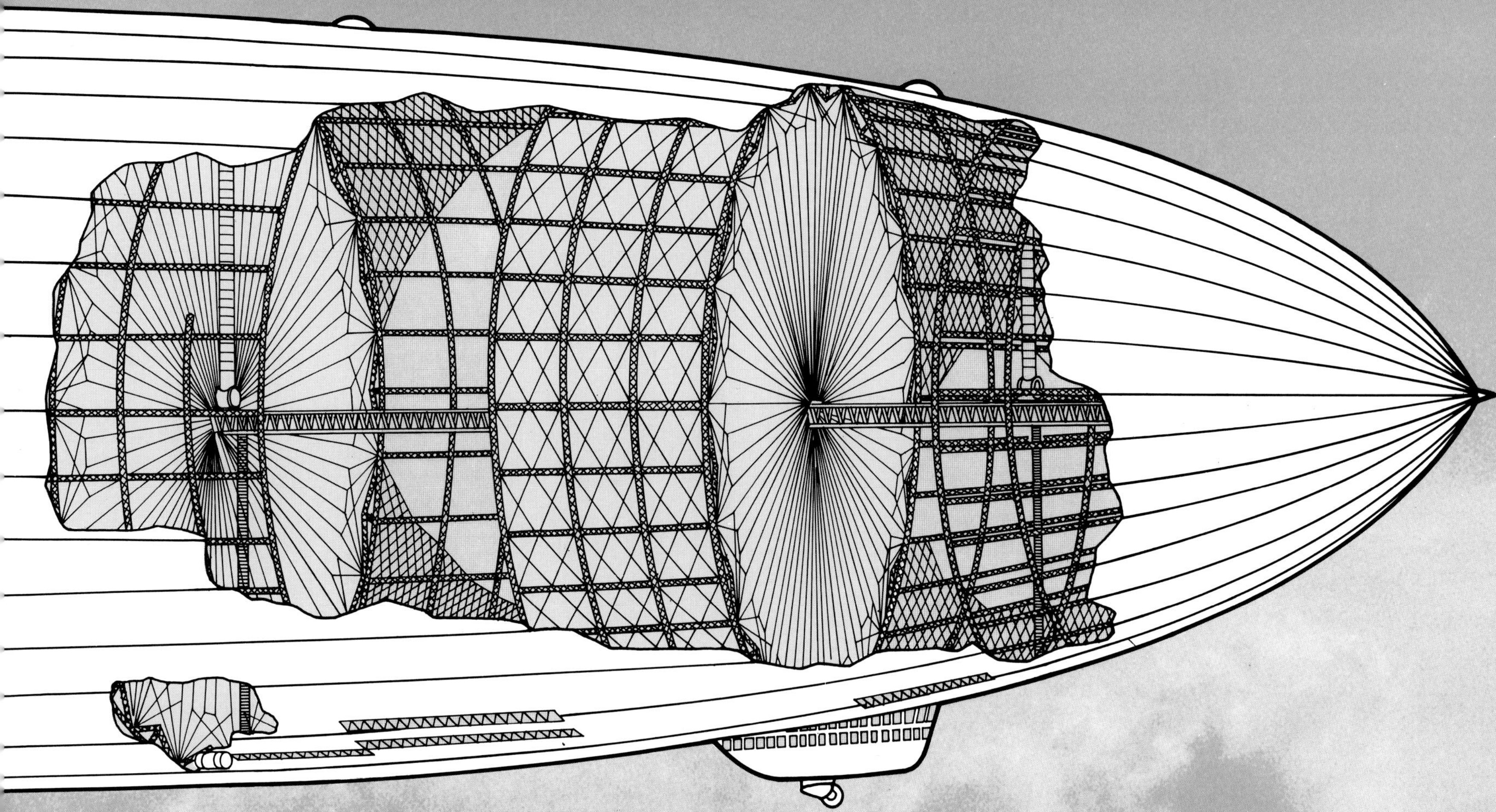

Promenade lag das Restaurant, in dem 80 Fahrgäste Platz fanden. In der Mitte des A-Decks befanden sich 25 Kabinen, die nebeneinander lagen und jede ein eigenes Bad und einen Wohnraum aufwiesen. Ein Team von acht Stewards und Stewardessen kümmerte sich um das Wohl der hier untergebrachten Gäste.
Die 16 Gaszellen – jeweils eine pro Abschnitt – bestanden aus Baumwollstoff, der mit einem chemischen Film beschichtet war. Und jede dieser Gaszellen wurde durch ein Netz von Schnüren an ihrem Platz gehalten: nach der gleichen Methode, wie sie schon beim allerersten Gasballon angewendet wurde.
Wenn alle 16 Gaszellen gefüllt waren, faßten sie 200 000 m³ Wasserstoff – genug, um 236 Tonnen anzuheben. Mit der vollen Zuladung von 20 Tonnen konnte die *Hindenburg* 12 800 km weit (oder sechs volle Tage lang) mit einer Geschwindigkeit von knapp 130 km/h fahren. Auf den beiden Decks des Luftschiffes fanden 72 Fahrgäste Platz.
Die Führergondel war 8,50 m lang und 2,75 m breit. In ihrem Boden war ein einziehbares Landerad untergebracht. In Fahrtrichtung lag der Steuerstand, dahinter befanden sich zwei große Navigationsräume. Die Kommandos wurden per Maschinentelegraph und Telefon übermittelt.

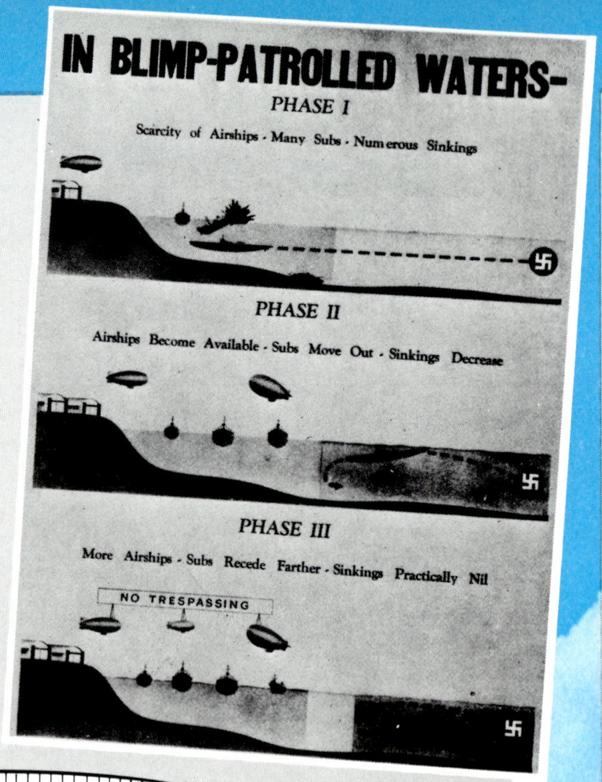

Pearl Harbor führte dazu, daß die USA ihre Verteidigungseinrichtungen überprüften, und Ende 1943 waren 200 Luftschiffe bestellt, die den geplanten 12 Luftschiffstaffeln zugeführt werden sollten. Ihr Auftrag war Luftaufklärung, während sie langsame Frachtschiffkonvois eskortierten, zudem sollten sie U-Boote aufspüren – und sie bewährten sich dabei genauso wie die 55 Luftschiffe der englischen Marine im Ersten Weltkrieg: Kein einziges Schiff wurde jemals in einem Konvoi versenkt, den Luftschiffe begleiteten. Und nur ein Luftschiff – die *K74* – ging im Einsatz verloren.

Der Erste Weltkrieg war ein Krieg der Aufklärungsballone gewesen. Im Zweiten Weltkrieg verlagerte sich der Schwerpunkt auf Ballonsperren zur Verhinderung oder Störung von Luftangriffen.

Bei Kriegsausbruch war London bereits von 450 Sperrballonen umgeben. Während der Schlacht um England waren dann 2400 solcher Ballone im Einsatz. Die V1-Angriffe der Deutschen wurden in ihrer Wirkung durch den Einsatz von 1750 Sperrballonen gemindert, die immerhin 279 davon vom Himmel holten. Schließlich wurden sie auch bei der Landung in der Normandie zur Sicherung der Brückenköpfe verwendet.

Die Sperrballone hingen in Höhen von bis zu 3000 m über dem Boden und waren untereinander durch lange Stahltrossen verbunden. Von diesen Stahltrossen wiederum hingen senkrecht Stahlkabel nach unten, die mit bloßem Auge nicht zu erkennen waren, den Himmel aber praktisch mit Netzen aus Stahl durchzogen.

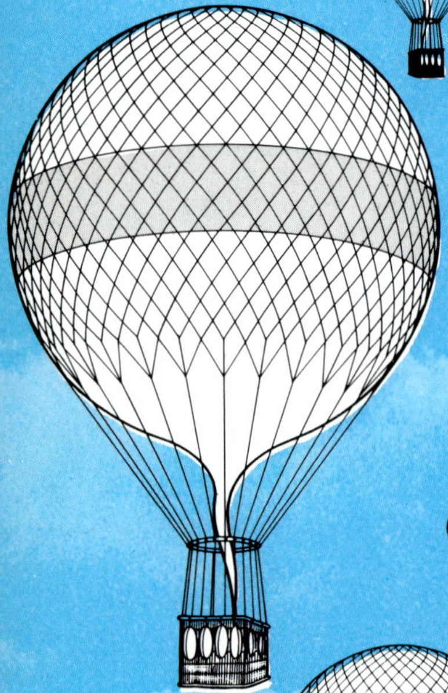

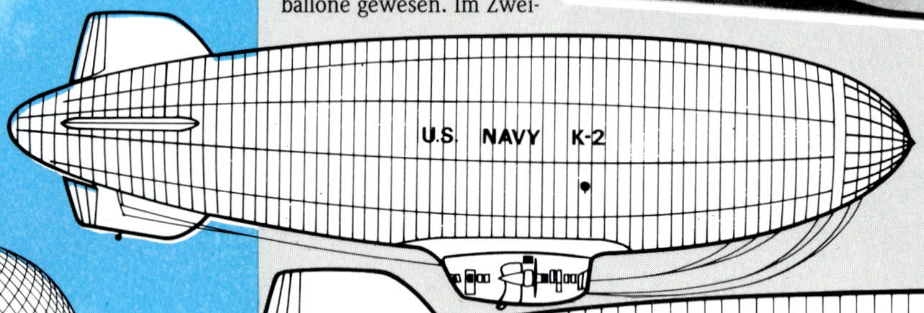

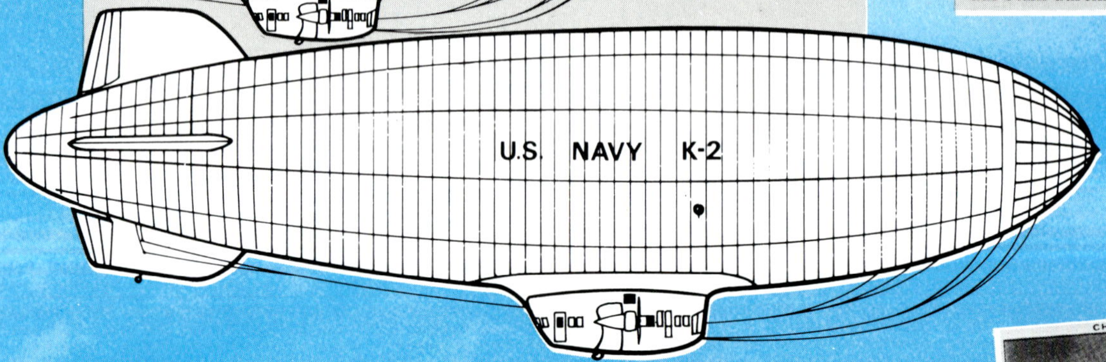

Letzter Gordon-Bennett-Wettbewerb vor dem Kriege 1938

1938 1941 1943

Seit ihrer Erfindung sind Ballone auch immer wieder vom Militär eingesetzt worden, aber im Zweiten Weltkrieg erlebten sie ihre skurrilste – und auch am wenigsten erfolgreiche – Verwendung.

Das japanische Oberkommando wollte die Bevölkerung der amerikanischen Westküste demoralisieren, indem es kleine Wasserstoff-Ballone aufsteigen ließ, die etwa 5 bis 15 kg Brand- und Explosivsätze trugen und somit willkürliche Zerstörung anrichten sollten, wo immer sie zu Boden gingen. Aus Wettergründen mußte man dabei auf die Monate zwischen Oktober und März zurückgreifen, da dann Ostwind vorherrscht.

Insgesamt wurden in den fünf Monaten ab November 1944 etwas mehr als 9000 Fu-Gos gestartet, von denen nur 285 nachweislich amerikanischen Boden trafen. Wenn man sich vor Augen hält, daß diese Ballone immerhin den ganzen Pazifik überqueren mußten, wo die kürzeste Entfernung nahezu 10 000 km beträgt, ist das noch ein verhältnismäßig hoher Prozentsatz. Auf der anderen Seite verteilten sich diese Ballone auf das gesamte Gebiet zwischen Mexiko und Alaska, wo sie nur geringen Schaden anrichteten – aber immerhin sechs Menschen töteten.

Don Piccard, Sohn von Jean und Jeanette Piccard, unternahm 1933 seine erste Ballonfahrt. Nach dem Zweiten Weltkrieg führte er einen der wenigen Fu-Gos, die Amerika erreicht hatten, einer sinnvolleren Verwendung zu und absolvierte 1947 einen Aufstieg, der vermutlich die erste Freiballonfahrt der Nachkriegszeit in Amerika war.

EINE HEISSE SACHE: HEISSLUFTBALLONE

Das goldene Zeitalter der Ballonfahrten endete abrupt im Jahre 1939, als der Himmel über Europa plötzlich vom Dröhnen todbringender Flugmaschinen widerhallte. Ironischerweise waren es dann aber auch die andauernden Feindseligkeiten des Kalten Krieges in den fünfziger Jahren, die das Interesse an der Ballonfahrt wiedererweckten und so auch den technologischen Anstoß für die Renaissance der Heißluftballone lieferten.

In den kargen Nachkriegsjahren gab es nur wenige Ballone in privater Hand, und diese wenigen wurden auch nur selten benutzt, da es schwierig war, Wasserstoff zu bekommen. Zu den wenigen, die im Europa der Nachkriegszeit noch der Kunst des Ballonfahrens frönten, gehörten der unverbesserliche Franzose Dollfus und der Schweizer Dolder. Und Don Piccard natürlich: Er bereicherte die Ballonaktivitäten seiner Familie dadurch, daß er 1947 den ersten Aufstieg der Nachkriegszeit in Amerika unternahm. Einen regelrechten Ballonsport allerdings gab es noch nicht wieder, und die Aussichten dafür waren auch recht trübe: Ballonfahren ist ein heiteres Hobby, das man sich leisten können muß – und Wasserstoff war ein ausgesprochen teures Medium.

Zu dieser Zeit arbeitete ein junger Amerikaner namens Ed Yost in Europa für die General Mills Company an Gasballonen für große Höhen, die der Wissenschaft und auch der Spionage und Propaganda dienen sollten. Die Firma war Zulieferer von Radio Free Europe und sollte – von Stützpunkten in Westdeutschland aus – Propagandaflugblätter hinter dem Eisernen Vorhang in Umlauf bringen. Yost entwarf und baute diese Höhenballone, die sich vom kriegszerstörten Westdeutschland aus wie der mythische Phönix aus der Asche in den Himmel erhoben. Es war diese politische Zweckbestimmung der Ballone, die dann – indirekt – zur Renaissance der Heißluftballone führte.

Die Heißlufttechnik hatte bereits in den ersten Jahren der Ballonfahrt an Boden verloren, weil es an geeigneten Mitteln fehlte, die heiße Luft wirkungsvoll zu erzeugen und dann auch heiß zu halten. Yost war jetzt der erste Ballöner, der diese Erfindung des 18. Jahrhunderts mit moderner Technologie ausstattete.

Seine mit Wasserstoff gefüllten Propagandaballone bestanden aus dem Kunststoff Polyäthylen, einem Produkt der Firma General Mills, das unter Erwärmung geformt wurde. Die ersten Modelle trugen eine Nutzlast von knapp 2 kg an Flugblättern sowie eine gewisse Menge an Trockeneis für den automatischen Ballastausgleich. Im Zuge seiner Experimente hängte Yost eine Klempnerlötlampe unter eine 225 m³ große Polyäthylenhülle und ließ 1953 diesen Ballon aufsteigen. Damit hatte der erste einer neuen Generation von Heißluftballonen den Erdboden verlassen.

Charles Dollfus, Gasballonpilot einer vergangenen Zeit.

Ed Yost: Heiße Luft im Kalten Krieg.

Bereits zwei Tage nach dieser ersten Fahrt hatte Yost einen doppelt so großen Ballon in der Luft, der in der Lage war, 20 kg Nutzlast, seinen eigenen Brennstoff und drei Lötlampen für den Auftrieb mitzunehmen. Und binnen weniger Wochen hatte Yosts Mannschaft dann ein Modell von 770 m³ Volumen hergestellt, das einen Durchmesser von 12 m aufwies und leicht einen Menschen tragen konnte.

Wie so viele andere Produkte der Hochtechnologie auch wäre der Heißluftballon sicherlich viel schleppender entwickelt worden, wenn nicht eine militärische Zweckbestimmung dahinter gestanden hätte. Die amerikanische Marine trug sich damals mit dem Gedanken, bemannte Ballone einzusetzen, und als Yost sich an die Forschungsabteilung der Marine (Office of Naval Research = ONR) mit der Bitte um Zuschüsse für weitere Studien wandte, wurde sein Forschungsprogramm mit 47 000 $ unterstützt.

Yost erinnert sich, daß eine Ballonhülle damals maximal fünf Aufstiege aushielt – also befaßte man sich intensiv mit der Beschichtung der Nylonhüllen. Darüber hinaus beschäftigte sich seine Mannschaft mit neuen und verbesserten Brennern, da es zu aufwendig war, Kraftstoff zu den Brennern hochzupumpen – man hatte erkannt, daß Gase wie Propangas, die unter Druck in Zylinder abgefüllt wurden, erhebliche Vorteile boten.

1956 gründete Yost mit drei Geschäftsfreunden die Firma Raven Industries für die Konstruktion von Höhenballonen und die Weiterentwicklung bemannter Heißluftballone. Dann erhielt Raven vom ONR weitere Mittel für die Entwicklung eines Zweimannballons, den die amerikanische Marine für die Ausbildung ihrer Luftschiffpiloten verwenden wollte – schließlich hatte sie bis Anfang der sechziger Jahre Kleinluftschiffe für Frühwarnung und Überwachung der Küsten im Einsatz.

Nach vier weiteren Forschungsjahren, in denen man sich mit Temperaturprofilen und Brennerleistungen beschäftigte, war dann der Prototyp des »modernen« Heißluftballons entwickelt. Seine Hülle mit einem Fassungsvermögen von 850 m³ und einem Durchmesser von 12 m war aus polyurethanbeschichtetem Nylon, und die Brenner liefen mit Propangas. Die erste bemannte freie Fahrt fand am 10. Oktober 1960 bei Bruning in Nebraska statt: die offizielle Geburtsstunde des modernen Heißluftballons.

Diese Fahrt war nur kurz, da Yost aufgrund mangelnder Brennerleistung davon überzeugt war, daß der Ballon nicht sicher genug sei. Dabei war in dem Bestreben, den Brennern so viel Gas wie möglich zukommen zu lassen, lediglich das Zuführungssystem eingefroren, was schließlich zum Ausfall der Brenner geführt hatte.

Einen Monat später hatte Yost das Problem im Griff: Er hatte über ein Rohr das flüssige Propan dem Brenner zugeführt, es dort aber zunächst in einer Verdampfungsspirale erwärmt und verdampfen lassen. Damit hatte er den Prototyp des modernen Heißluftbrenners geschaffen, der ihn dann auch – über Strato-Bowl in South Dakota – auf eine Höhe von 2850 m trug. Interessant dabei ist, daß Yost damals ungefähr die gleiche Höhe erreichte wie schon J.A.C. Charles bei seinem zweiten Aufstieg im Jahre 1783: Die Ballonfahrt war offensichtlich wiedergeboren worden.

Als er den Heißluftballon weiterentwickelte, hatte Yost Risiken hingenommen, die ein gut ausgebildeter Ballonpilot heute nicht mehr akzeptieren würde. Sein Prototyp hatte nur einen Velcroverschluß, der sich nach dem Öffnen nicht wieder schließt, sowie ein Nadelventil mit nur einer Nadel, das den Propanfluß zum Brenner steuerte – schon ein kleinerer Fehler eines dieser Systeme hätte sich katastrophal auswirken können. Wenn der Velcroverschluß mal versehentlich betätigt worden wäre, hätte es einen rasanten Abstieg gegeben – und auch, wenn der Brenner ausgefallen wäre. Beide Systeme waren nicht narrensicher, und für den Fall ihres Versagens gab es keine Notsysteme.

Im Herbst 1960 tat sich Yost mit Don Piccard, der ja schon ein erfahrener Gasballonpilot war, zusammen, um die Heißballonfahrt als eigene Sportart populär zu machen. 1963 reisten Piccard und Yost nach England, um das neueste Produkt der Firma Raven vorzustellen: einen Ballon von 1700 m³ Inhalt und 15 m Durchmesser. Bei den alten Luftschiffhallen in Cardington trafen sie auf Anthony Smith, den englischen Ballonfahrer und Schriftsteller, der ihnen dabei behilflich war, eine Fahrt über den Ärmelkanal zu arrangieren, damit sie die Vorzüge der Produkte von Raven demonstrieren konnten.

In der letzten Märzwoche 1963 überquerten Yost und Piccard dann zum allerersten Mal mit einem Heißluftballon den Kanal. Sie blieben dabei 3 Stunden und 17 Minuten in der Luft, fuhren überwiegend in 4000 m Höhe oder darüber und landeten danach mit ihrem Ballon, den sie ohne zu zögern *Channel Champ* getauft hatten, sicher in Frankreich nahe der belgischen Grenze.

Die beiden Aeronauten konnten von Glück sagen, daß sie das geschafft hatten, denn der Wind war alles andere als günstig – aber Yosts Kommentar liefert auch die Erklärung: »Wir mußten es einfach schaffen, denn wir konnten nur auf den freien Plätzen eines Militärflugzeugs nach Amerika zurückkehren – und das startete schon am Tag darauf in Paris.«

Yost leistete die Pionierarbeit, und Piccard kümmerte sich um die Werbung. Schon recht bald machten Piccards Begeisterung und sein Gespür für Öffentlichkeitsarbeit Kunden aus dem Bereich des Abenteuersports auf seine Ballone aufmerksam. Die ersten Heißluftballone, die daraufhin in England, Frankreich, Schweden, Dänemark und Südafrika verkauft wurden, trugen bereits das Emblem von Piccards eigener Firma.

Frühe Ballone von Raven in Amerika.

Während Yost und Piccard den Heißluftballon in Europa wieder populär machten, übte ein anderer Amerikaner jetzt in den USA einen starken Einfluß auf die Entwicklung dieses Ballontyps aus. Tracy Barnes, ein Physikstudent der Universität von Minnesota, hatte – auf Anregung von Bill Hutch, einem Mitglied der Entwicklungsgruppe von Raven – Interesse am sportlichen Freizeitpotential der Heißluftballone gewonnen.

1961 baute sich Barnes einen Ballon, mit dem er eine Höhe von 2500 m erreichte. Fünf Jahre später überquerte er als erster den amerikanischen Kontinent mit einem Heißluftballon. Seine Konstruktionsbeiträge – am Parachutesystem, an Brennern mit stärkerer Leistung, an den Körben – erschlossen dem modernen Ballonsport eine neue Ära. 1963 konnte der neue Sport dann bereits die ersten amerikanischen Meisterschaften austragen, und Mitte der sechziger Jahre gab es in den USA drei Ballonhersteller: die führende Firma Raven sowie Piccard und Barnes.

Ein Ballon von Piccard – *Red Dragon*, der Leslie Goldsmith gehörte – war einer von dreien, die zur Förderung des Ballonsports in England wesentlich beitrugen: Im Dunstable Gliding Club im August 1966, dem Jahr, in dem auch der British Balloon and Airship Club gegründet wurde. Die beiden anderen waren Nachbauten der alten Montgolfièren: Der eine Ballon war von Lehrlingen der Flugzeugwerke Hawker Siddeley angefertigt worden, und der andere war ein 1800 m³ großer Polyäthylenballon des Typs MK 6 Smithill, der nur ein kurzes Leben vor sich hatte.

Red Dragon half dem Ballonsport in England auf die Sprünge.

Die Smithill fand zwar ein schnelles Ende in einer Überlandleitung, aber der Pilot kam mit dem Schrekken und in dem Bewußtsein davon, daß er die erste Fahrt eines in England gebauten Heißluftballons absolviert hatte.

Im darauffolgenden Winter konstruierten Malcolm Brighton und Anthony Smith, die beiden erfahrensten Ballonführer Englands, einen herkömmlicheren Ballon. Die von einem Fallschirmhersteller in Suffolk angefertigte Hülle der *Bristol Belle* riß allerdings schon beim ersten Füllvorgang im Juni 1967 – sie war schon von der Konstruktion her zu starker Belastung ausgesetzt gewesen. Don Cameron leistete daraufhin seinen ersten von vielen nützlichen Beiträgen zur Ballonfahrt und brachte die Hülle zu einem anderen Fallschirmhersteller, RFD GQ, der waagerechte Lastgurte einzog, um ein erneutes Aufreißen zu verhindern.

MK 6 Smithill mit Kurs auf die Starkstromleitungen.

Zu diesem Zeitpunkt war die *Bristol Belle*, die der neugegründeten Hot Air Group gehörte, der einzige in England hergestellte Ballon, der zu Fahrten aufstieg. Der Wunsch, ihn zu bauen, war entstanden, als Anthony Smith in Amerika eine Raven Vulcoon geführt hatte. Er und Brighton hatten sich zuvor mehr mit dem Bau von Gasballonen und Luftschiffen beschäftigt – die *Bristol Belle* war ihr einziger Heißluftballon.

Die meisten englischen Ballonsportler kauften jetzt ihre Ballone bei Piccard. Der *Red Dragon*

Die *Bristol Belle* – mit und ohne Feueröffnung.

folgten *London Pride*, *Zumikon* und andere. Im Herbst 1968 gründeten Cameron und Goldsmith zusammen mit zwei anderen Partnern die Firma Omega, und jetzt erschienen auch Ballone aus englischer Fertigung auf dem Markt.

Omega teilte sich dann auf in Cameron Balloons und Western Balloons. Im April 1970 brachte Don Cameron *Flaming Pearl* heraus, einen Ballon von 2400 m^3 Volumen, dem er die Baunummer 11 gab und damit die alte Bezifferung der Firma Omega fortsetzte: Omegas letzter Ballon, die *Nimble Two*, trug die Baunummer 10. Westerns erster Ballon, die *Fiery Queen*, ebenfalls mit einem Fassungsvermögen von 2400 m^3, wurde im Juli 1970 an den London Balloon Club ausgeliefert.

Die Firma Thunder Balloons wurde 1972 gegründet, als ich mich mit Tom Donnelly und Kenneth Simmonds zusammentat, um den ersten Thunder

Ein amerikanischer Ballon für einen englischen Ballöner: die *London Pride*.

zu bauen – einmal aus Enttäuschung über die schleppende Auslieferung bestellter Ballone, und zum anderen, weil wir den Wunsch verspürten, unsere eigenen Vorstellungen in die Tat umzusetzen. Der 12-bahnige AX7 von 2200 m^3 Rauminhalt im patriotischen Design des Union Jack machte im Januar 1973 beim ersten British Icicle Meet seine Jungfernfahrt. Dann nahmen wir *Jumpin' Jack* im gleichen Jahr noch zu den ersten Weltmeisterschaften in die USA mit und erhielten dort unseren ersten Kundenauftrag – von einem Bürger aus Albuquerque.

Die einzigen Ballonhersteller von Bedeutung fand man in den frühen siebziger Jahren – außer in England oder in Amerika – nur noch in Frankreich: 1973 begann Robbie Noirclerc mit seiner Firma Montgolfier Moderne. Als der Wirtschaftszweig des Ballonbaues dann in den siebziger Jahren weiter expandierte, stieg Barnes' Produktion dermaßen an, daß er Raven als den größten amerikanischen Hersteller einholte. 1972 verkaufte Ed Yost seine Raven-Anteile.

In den USA machte Piccard glänzende Geschäfte, desgleichen Stokes, der auf Bestellung spezielle Luftschiffe und Kleinluftschiffe zu Werbezwecken anfertigte. Kleinere Fabrikanten wie Adams und Avian begannen jetzt mit der Fertigung von Ballonen in den gefragtesten Größen.

In Europa verschwand Western Balloons vom Markt, während Thunder als Hersteller von Qualitätsballonen immer größer wurde; Cameron allerdings beherrschte noch immer den Markt. In Frankreich ging es der Firma Montgolfier Moderne prächtig – allerdings nur für kurze Zeit.

In den frühen achtziger Jahren wurde der Markt in Europa dann von den großen Herstellern dominiert – die kleineren wurden nach und nach verdrängt. Um konkurrenzfähig zu bleiben, schlossen sich die Firmen Colt, 1977 in England gegründet, und Thunder zu Thunder & Colt zusammen; der Schwerpunkt ihrer Produktion lag in Oswestry. Cameron und Thunder & Colt lieferten sich auf dem europäischen Markt einen harten Konkurrenzkampf und entwickelten dabei Produkte, wie man sie sonst nirgendwo in der Welt bekommen konnte.

Ende der achtziger Jahre drängten Thunder & Colt und Cameron dann auf den amerikanischen Markt, wo sie auch eine Produktion hochzogen. Beide Gesellschaften zusammen hatten nunmehr einen Umsatz von über 8 Millionen Pfund. Damit war die Ballonherstellung zum Exportgeschäft geworden: mehr als 75 Prozent der englischen Ballonproduktion gingen jetzt an Kunden in Übersee.

Bei derart florierenden Märkten finden dann auch kleinere nationale Hersteller ihre Nischen. Schroeder Fire Balloons in Deutschland zum Beispiel oder Ultramagic in Spanien haben sich auf ihren heimischen Märkten durchaus ihre Anteile erkämpfen können – mit dem Export allerdings haben sie noch ziemliche Schwierigkeiten.

Was die Zukunft anbetrifft, so werden die Ballöner immer wählerischer werden, und da die Entwicklung neuer Produkte ein sehr teures Unterfangen ist, werden wohl nur die erfolgreichsten Firmen überleben können.

Ein früher Export der englischen Ballonproduktion – mit einem Brenner von Malcolm Brighton.

DIE HIGH-TECH-GENERATION

Ballone sind riesig. Eine Hülle von 1800 m³ beansprucht so viel Platz wie ein Würfel von gut 12 m Seitenlänge – das entspricht dem Rauminhalt von 25 Lastwagen, die 12 m lang sind; und das Ganze wird dann noch von 850 m² Hülle umschlossen. Um Auftrieb zu erzeugen, muß so ein Aerostat etliche Tonnen Luft verdrängen.

Die meisten Länder schreiben vor, daß Ballonhersteller ihre Produkte theoretisch und praktisch abnehmen lassen. In den USA ist das die Bundesluftfahrtbehörde Federal Aviation Administration (FAA), in England die Civil Aviation Administration (CAA), und in Deutschland das Luftfahrt-Bundesamt (LBA) in Braunschweig. In der Schweiz übernimmt diese Aufgabe das Bundesamt für Luftfahrt (BAZL) und in Österreich hat bisher die ehemalige Bundesbehörde Austro-Control diese Verantwortung getragen. Ab April 1994 soll der Österreichische Aero-Club diese Aufgabe übernehmen. Von diesen Behörden werden den Ballontypen die Muster- und Verkehrszulassungen erteilt, und in regelmäßigen Abständen – einmal jährlich oder nach 100 Betriebsstunden, was immer zuerst kommt – muß die Lufttüchtigkeit durch eine Inspektion nachgewiesen werden. Im Durchschnitt kann man mit einem Ballon 300 bis 400 Stunden lang sicher fahren, bevor die Hülle Schwachstellen aufweist.

Wie jedes andere Luftfahrzeug müssen auch Ballone in ihren Heimatländern angemeldet sein. In den USA beginnt diese Kennung mit dem Buchstaben N, dem dann mehrere Zahlen und Buchstaben folgen, in Deutschland sind die beiden ersten Buchstaben DO, denen dann drei Buchstaben eigener Wahl angehängt werden, und in England besteht diese Nummer aus einem G mit vier Buchstaben, die im Rotationssystem vergeben werden. In der Schweiz beginnt die Kennung mit den Buchstaben HB; es folgen drei weitere Buchstaben. In Österreich folgen auf OE drei Kenn-Buchstaben, wobei an der ersten oder zweiten Stelle ein Z zu stehen hat.

Heiße Luft dehnt die Hülle auf die Größe eines Hauses aus.

Dieser Hoover-Ballon fand in England eine passende Zulassung.

Regierungsbeamte inspizieren eine Hülle vor der Auslieferung.

Ein Pilot verstaut 850 m² Hülle in einem Behälter von 1 m Seitenlänge.

Heißluftballone sind größer als Gasballone, da selbst heiße Luft noch dichter ist als Wasserstoff oder Helium: Also braucht man mehr davon, um abheben zu können. Ein typischer Wasserstoff-Gasballon entwickelt aus 1 m³ etwa 1 kg Auftrieb, ein Heißluftmodell hingegen bringt es – bei 100 bis 120 °C – nur auf ein Drittel dieses Wertes, also auf etwa 0,3 kg.

Folglich wird ein 2000 m³ großer Heißluftballon (als Beispiel): 2000 × 0.3 = 600 kg Bruttogewicht anheben. Nehmen wir an, es wiegen:

Die Hülle	72 kg
Korb und Brenner	68 kg
Die 4 Gaszylinder	130 kg
Macht zusammen:	270 kg

Jetzt haben wir also einen Nettoauftrieb von 600 kg – 270 kg = 330 kg.

Das Durchschnittsgewicht des Menschen liegt bei 77 kg, also wird unser Ballon 330 : 77 = 4,28 Menschen in die Luft befördern – oder: drei Passagiere, einen Piloten und die gesamte Ausrüstung.

Hier einige Kategoriebeispiele:

Klasse	Größe (m³)	Besatzung
AX1	bis 250	-
AX2	250– 400	1
AX3	400– 600	1
AX4	600– 900	1
AX5	900–1200	2
AX6	1200–1600	2–3
AX7	1600–2200	3–4
AX8	2200–3000	5–6
AX9	3000–4000	8
AX10	4000 und mehr	8 und mehr

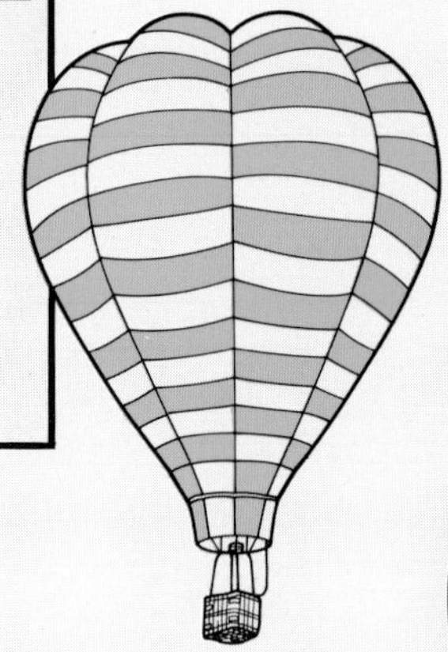

Thunder & Colt Bolt
AX6
Heute nur noch in begrenzter Stückzahl hergestellt, bot dieser Ballon früher eine preiswerte Alternative zur Cameron Viva.

Thunder & Colt Horizontal Cut A Type
Eine große Auswahl relativ schlanker Werbeballone. Dies ist das letzte Modell: mit Magnum-C3-Brenner und dem klassischen Korb.

Aerostar
AX4-AX9
Der klassische, runde Aerostar-Ballon von Raven mit 24 Bahnen. Er hat einen Velcroverschluß und das von Raven patentierte Dreh- oder Steuerventil.

The Balloon Works
AX4-AX9
Der Firefly Balloon von Balloon Works ist leicht an seinen diagonalen Bahnen zu erkennen. Die Bahnen lassen sich leicht auswechseln, und die Hülle ist einfach aufzurüsten.

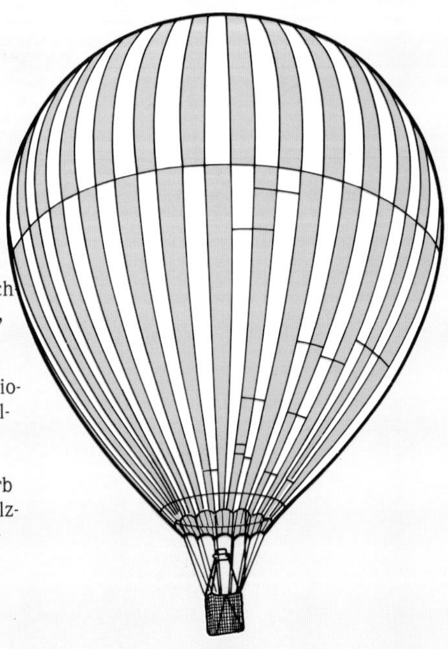

Semco
In verschiedenen Größen erhältlich, die gebräuchlichste ist AX7. Mark Semich, der mehrere Atlantik-Ballone gebaut hat, gründete die Firma Semco, einen Pionier der US-Hersteller. Ballone von Semco sind schlank und haben schmale Bahnen. Der Korb hat gewöhnlich einen Holzboden, ein Aluminiumgerippe und segeltuchgefütterte Wände.

Thunder & Colt Vertical Cut A Type
AX6-AX7
Eine begrenzte Auswahl relativ schlanker Werbeballone. Er ist dem Horizontal Cut im Entwurf ähnlich und hat auch dessen Korb.

Adams
AX7
Hersteller ist eine kleine Firma in Georgia, die formschöne Ballone mit firmeneigenem Parachute und Velcroverschluß vertreibt. Die Korbaufhängung deutet Barnes' Vorliebe für dreieckige Formen an.

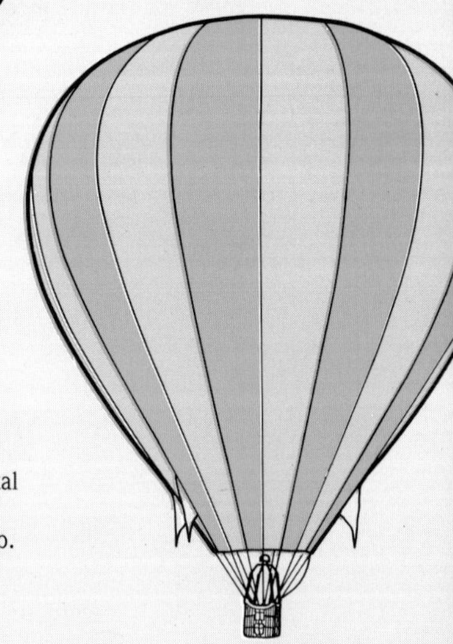

Cameron O Type
AX4-AX9
Ein 12bahniger Ballon nach dem Originalentwurf von Piccard.

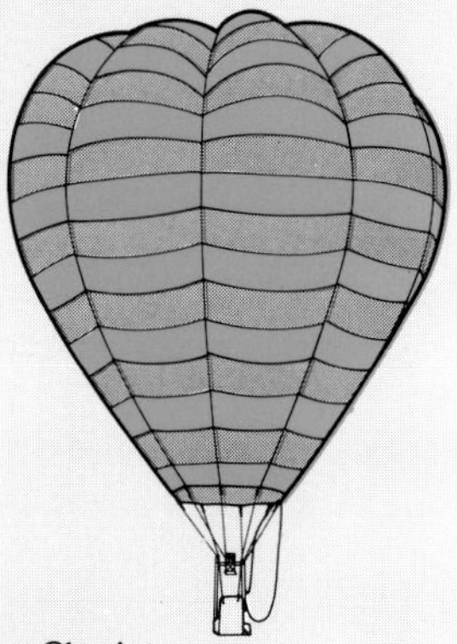

Thunder & Colt Sky Chariot
AX4
Einmannballon, dessen Pilot auf dem Gaszylinder sitzt. In den Größen 600 m^3 oder 900 m^3 erhältlich. Rotationsventile an der Seite der Hülle erlauben ein Drehen des Ballons, so daß der Pilot rückwärts landen kann.

Cameron Viva
AX3-AX7
Achtbahniger Ballon, der sich kaum für Werbeaufträge eignet. Dafür bietet er eine preiswerte Option für die Zunft der Ballöner.

Stokes Balloon
In den verschiedensten Größen erhältlich.
Einige dieser Ballone sieht man noch immer am Himmel Amerikas. Unter dem Brenner befand sich ein Gebläse, das dessen Wirkung noch verstärkte und bei starkem Wind gefesselte Aufstiege ermöglichte.

Piccard Stretch 6
AX7
Der bekannte, wulstige 12-Bahnen-Ballon, mit dem Piccard den Heißluft-Ballonsport in den USA und Europa wieder zum Leben erweckte. Dreieckiger Velcroverschluß, Steuerventil und traditioneller Flechtkorb.

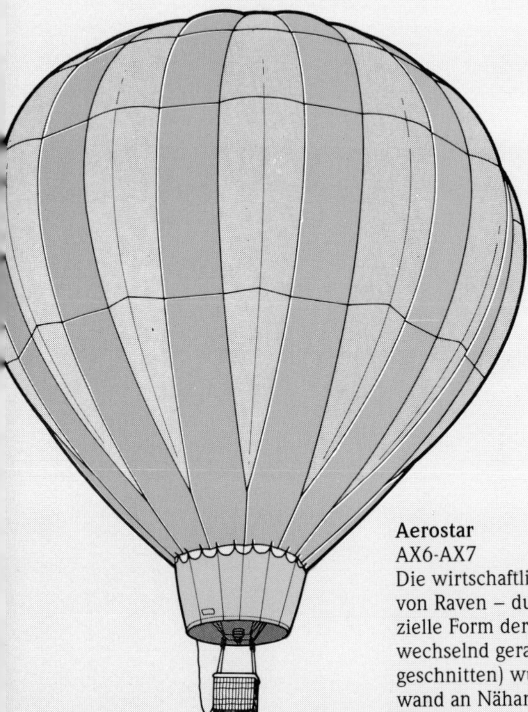

Aerostar
AX6-AX7
Die wirtschaftliche Hülle von Raven – durch die spezielle Form der Bahnen (abwechselnd gerade und ausgeschnitten) wurde der Aufwand an Näharbeiten verringert.

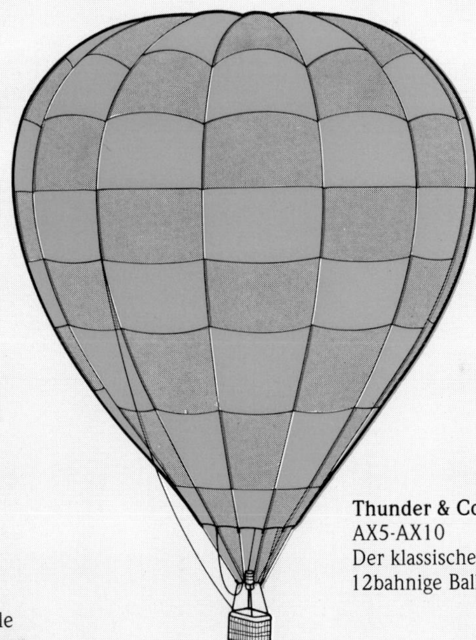

Thunder & Colt Series I
AX5-AX10
Der klassische und leichte 12bahnige Ballon.

Avian
AX7
Avian stellte eine kleine Anzahl von Ballonen her, die einige interessante Brennerkonstruktionen aufwiesen.

Schroeder Fire Balloons
AX6-AX9
Relativ neu auf dem Ballonmarkt ist die deutsche Firma Fire Balloons, die vorwiegend für den deutschen Markt produziert.

Der 20 m hohe Nordpol des Ballons äugt nur noch über die Hügelkuppe, und der Verfasser macht sich mit einem Talwind davon.

Ballone auf Modeschau: eine Vielfalt von Farben und Schnitten privater und gewerblicher Ballone aus aller Welt.

Das Innere eines Luftschiffs von Cameron. Seine Hülle ist anders konstruiert als die eines runden Ballons: Die Bahnen verlaufen waagerecht, nicht senkrecht.

Seine 2700 m³ werden von etwa 1500 m² Hüllengewebe umspannt. Den Fotografen eröffnen sich interessante Perspektiven in Licht und Farbe.

D-TELGE
G-BERR
ZS-HO

DIE STRUKTUR DER HÜLLE

Am besten kann man Gas in einer Kugel speichern, weil sich dann nämlich der Druck nach außen gleichmäßig auf den Behälter verteilt. Daher sind auch die meisten Gasballone rund – oder zumindest beinahe. Heißluftballone hingegen sind keine verschlossenen Behälter, und so können ihre Formen variieren, wovon dann auch ihr Verhalten in der Luft beeinflußt wird.

Es gibt drei gebräuchliche Arten, eine Hülle anzufertigen: mit waagerechten, senkrechten oder schrägen Bahnen. Dazu verwenden alle Hersteller ein Geflecht von Lastgurten oder Leinen, die die Nutzlast – den Korb und seinen Inhalt – tragen, mit dazwischengesetzten Gewebebahnen, die die Heißluft in der Hülle halten. Die Europäer bevorzugen dabei leichtere Gewebe und eine kräftigere Lastgurtstruktur, während die Amerikaner stärkere Gewebe vorziehen, die einen Teil der Last mittragen.

Die Hüllenstruktur wird bestimmt von den Faktoren Kosten, Langlebigkeit und Gewicht, aber das Prinzip, die Belastung des Hüllenmaterials durch eine leicht gekrümmte Form zu verringern, ist weltweit das gleiche. Dabei werden die Bahnsektionen so vernäht, wie man Spinnaker-Beisegel für Rennyachten anfertigt. Da eine gekrümmte Fläche mehr Druck aushalten kann als eine gerade, werden die Bahnen so geschnitten, daß die Mittellinie einer jeden Bahn länger ist als ihre Kanten.

Nur zwei Arten von Textur eignen sich für die Herstellung von Heißluft-Ballonhüllen: das Polyamid Nylon und der Polyester Dacron. Dacron verträgt zwar höhere Temperaturen, aber da Nylon stärker und leichter ist, entfällt bei ihm die Notwendigkeit, mit hohen Temperaturen zu fahren.

Der Disput um die bessere Eignung ist fast so alt wie die Kunstfaser selbst. Und die Auseinandersetzung wird noch erschwert durch den Umstand, daß das fertige Hüllenmaterial auch noch von der Qualität der Verarbeitung und der Beschichtung abhängig ist.

Reines Gewebe hat eine gitterartige Struktur, die die Luft durchläßt. Um die Heißluft in einem Ballon zu halten, wird die Textur mit einem Material beschichtet oder imprägniert, das sie versiegelt. Üblicherweise wird dafür heute Polyurethan genommen mit Zusätzen von Silikon, einem sehr widerstandsfähigen Mineral, oder Neopren, einem synthetischen Gummi, das die Handhabung des Materials nicht beeinträchtigt. Je mehr Schichten dabei aufgetragen werden, um so luftdichter wird das Material – aber da diese Beschichtung das Basismaterial auch brüchig macht, muß man hier einen Kompromiß finden zwischen Luftdichtigkeit und Belastbarkeit.

Die typische Hüllentextur wiegt heute zwischen 30 und 60 g pro m² und hat eine Dehnungsfestigkeit von 7 bis 18 kg pro cm. Was die Hüllenstruktur anbetrifft, so treffen die Ballonhersteller hier ihre eigene Wahl, und damit kann das Verhältnis zwischen Texturgewicht, Art und Zahl der Bahnen eine große Formenvielfalt hervorbringen, die alle die gleiche Sicherheit bieten.

Alle Beschichtungsarten enthalten einen Ultraviolett-Hemmstoff, um den durch die Sonnenstrahlung bedingten Alterungsprozeß hinauszuzögern. Viele glauben, er diene dem Schutz des Gewebes, was aber nicht stimmt: Der UV-Hemmstoff dient dem

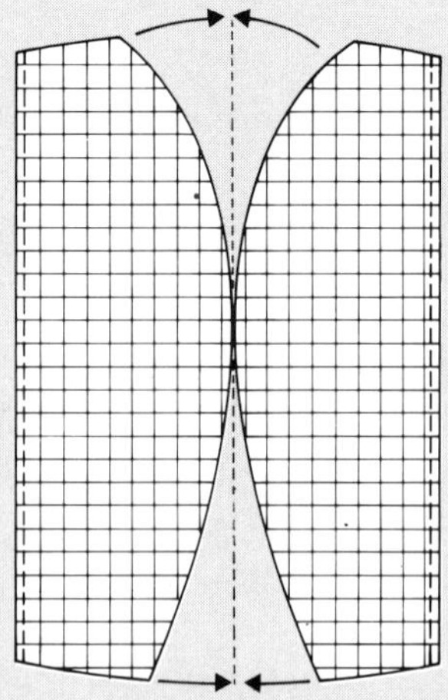

Senkrecht
Da die Form der senkrechten Bahnen von der Breite des verfügbaren Materials abhängt, kann die Anzahl der Bahnen, die ein gegebenes Volumen umschließen, variieren. Nur in der Mitte des Ballons – am Äquator – erreicht die Bahn die volle Breite des verfügbaren Materials. Reicht die Breite der Hüllenbahn hier nicht aus, setzen einige Hersteller Zwickel ein; diese Machart ist aber aufwendig und hat sich nicht durchgesetzt.

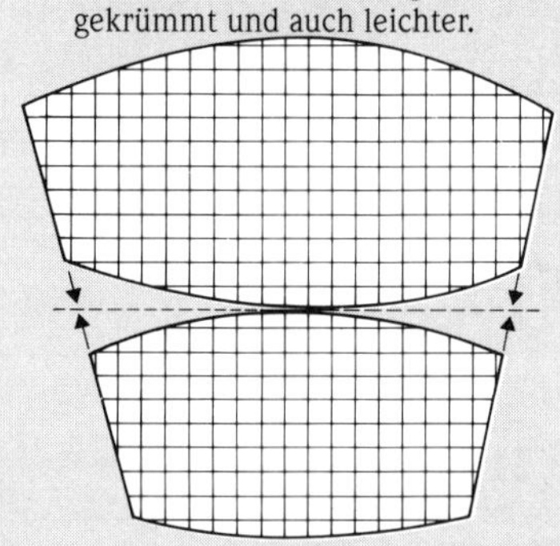

Waagerecht
Die Hüllenbahnen werden vom Computer berechnet und dann von Hand ausgeschnitten. Sie variieren in Form und Stärke, da der Innendruck von der Kuppel – dem Nordpol – bis zur Feueröffnung abnimmt: Die unteren Bahnen sind weniger gekrümmt und auch leichter.

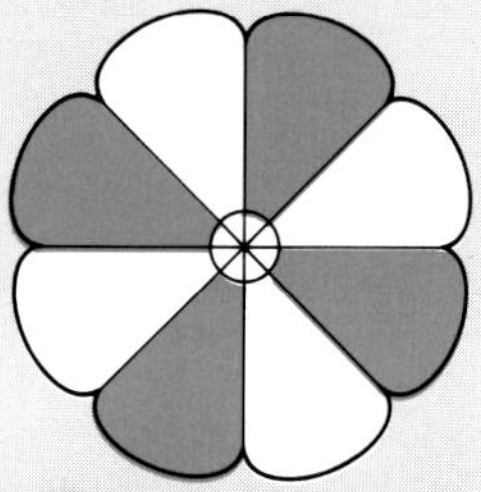

8 Bahnen

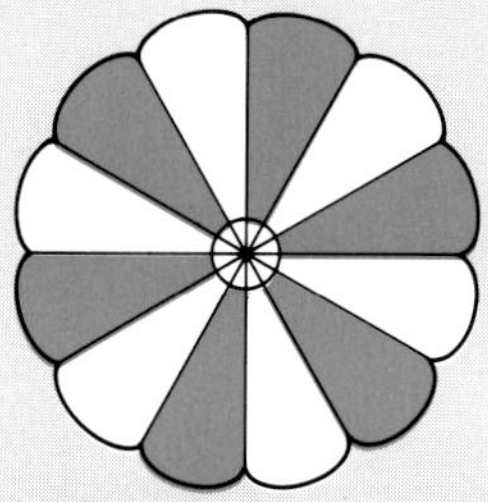

12 Bahnen

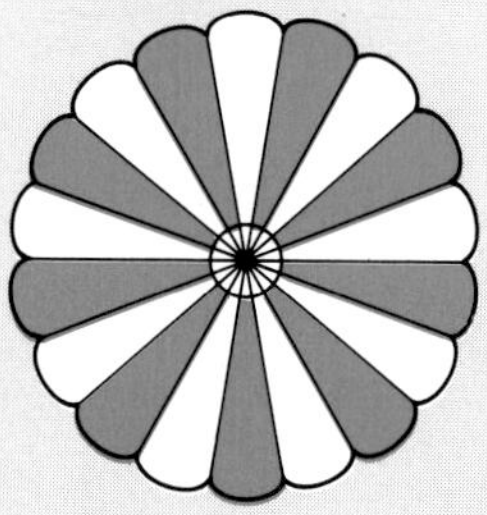

18 Bahnen

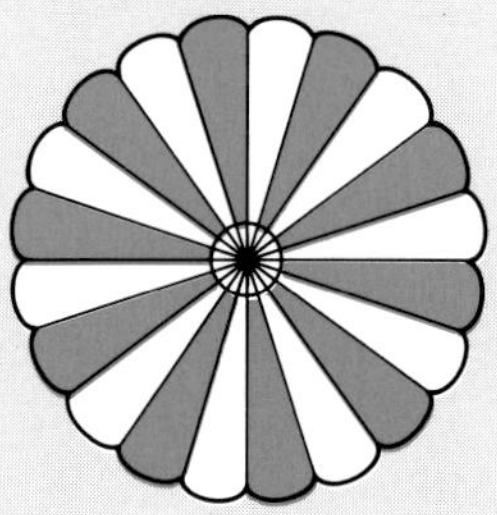

20 Bahnen

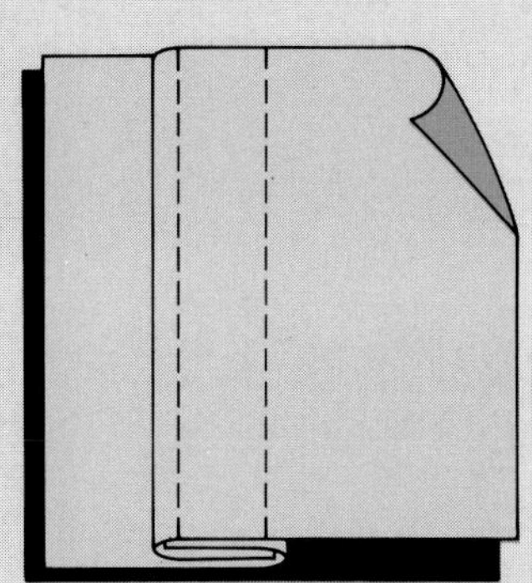

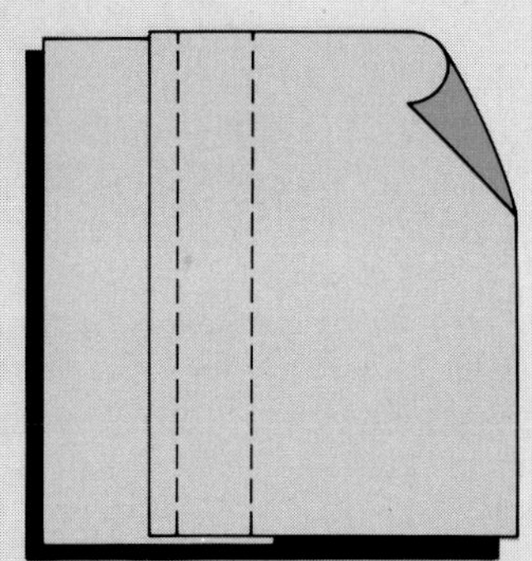

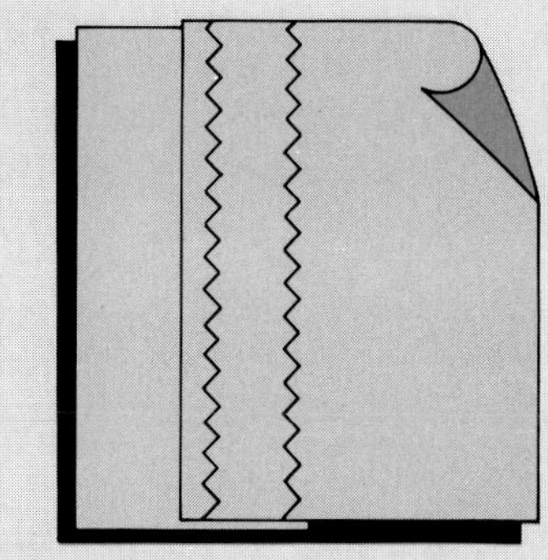

Die Nähte
Den umgeschlagenen und doppelt genähten Saum verwenden alle Hersteller, da er besonders belastbar ist; hier kommen drei Stiche auf einen Zentimeter.

Den Flachsaum mit gerader Doppelnaht verwendet nur Barnes; er kommt aus der Fallschirmproduktion, ist schnell zu verarbeiten und hat sich als völlig ausreichend erwiesen.

Den Flachsaum mit Zickzacknaht verwenden einige US-Hersteller; er ist so stark wie der umgeschlagene Saum, verbraucht aber weniger Material.

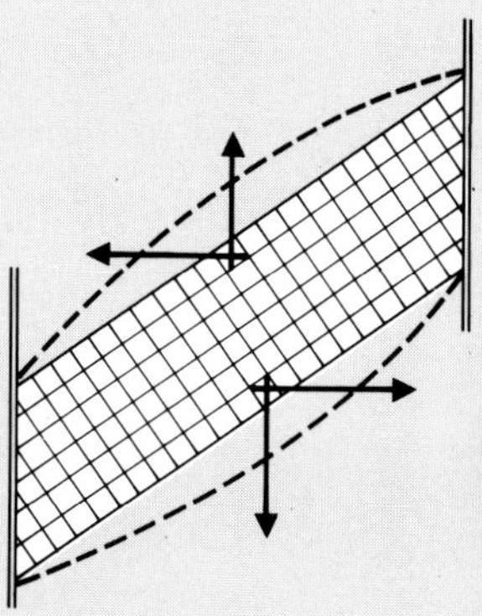

Diagonal
Schräg geschnittene Bahnen sind am wirtschaftlichsten, da hier am wenigsten Material verschwendet wird. Die Bahnen werden diagonal aus dem Material herausgeschnitten, haben aber gerade Kanten. Die Krümmung des aufgerüsteten Ballons entsteht durch die Neigung des Materials, sich entlang der langen Kanten auszudehnen – eine Eigenschaft, die die Bekleidungsindustrie und auch Fallschirm- und Segelhersteller nutzen, um bestimmte Formen zu erreichen. Nur die Firma Barnes stellt derartige Ballone her: mit 12 und 18 Bahnen und in auffälligen Mustern der verschiedensten Art. Der Hauptnachteil dieser Struktur ist, daß aufgebrachte Werbung die Belastung der Hülle verändert und zum Knittern der Textur führt. Deshalb fertigt Barnes kommerzielle Ballone aus schmalen waagerechten Bahnen.

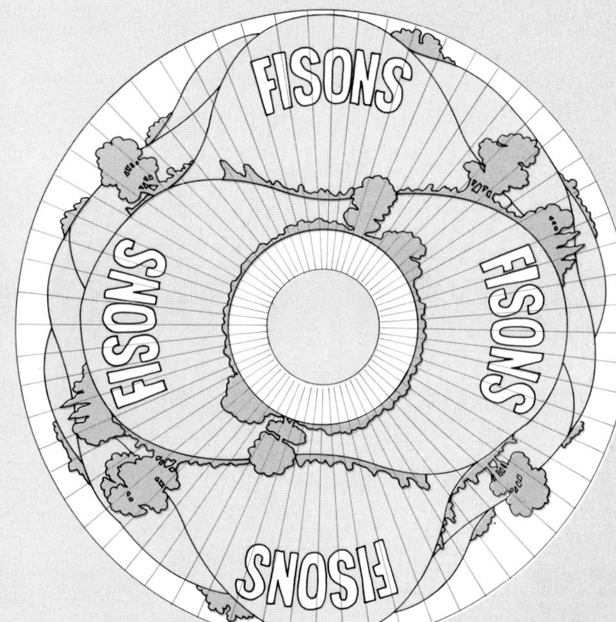

Werbung
Werbesprüche oder -bilder können in Farbe aufgetragen oder auch eingenäht oder aufgenäht werden. Die Aufbringung der Werbung ist nicht einfach und erfordert besondere Sorgfalt. Die Fison-Buchstaben oben zum Beispiel sind 1,5 m hoch. Für kurze Werbeeinsätze genügt normalerweise ein Acrylspray. Manche Firmen können heute einen Ballon – mit fertig bedruckten Klebespruchbändern – in kürzester Zeit auf eine neue Werbung umrüsten.

Jackson (rechts), »Sohn des *Jumpin' Jack*«, kommt von Thunder und hat ein Parachutesystem. Die diagonalen und die schrägen Streifen sind direkt in die Stoffbahnen eingenäht.

Ein 12bahniger Ballon von Cameron nutzt den Wind im Tal.

Eine Montgolfier Moderne wird aufgerüstet. Die straffe Kronenleine zieht den Parachute auf. Die obere Hälfte dieser Hülle enthält Aluminiumpulver, um den Wärmeverlust zu verringern.

Schutz der Beschichtung.

In dem Bewußtsein, daß der Brenner die Luft erhitzen und die Hülle die Heißluft dann auch speichern kann, kümmert sich der Ballonpilot vor allem um seine Steuerungsmöglichkeiten. Davon gibt es zwei Arten: Erhitzen der Luft zum Steigen und Ablassen von Heißluft zum Fallen oder Sinken. Für das Ablassen gibt es eine Reihe von Öffnungssystemen, am gebräuchlichsten ist mittlerweile – seit etwa 1971/72 – das Parachutesystem.

Das Grundprinzip dieses Parachutesystems ist äußerst einfach: In die Kuppel des Ballons ist ein rundes Loch eingearbeitet, das – abhängig vom Hersteller und auch von der Ballongröße – etwa 1,8 bis 5,5 m im Durchmesser mißt. Dieses Loch wird von einem »Parachute« oder Fallschirm geschlossen, der durch Klettband im Inneren des Ballons zentriert an seinem Platz gehalten wird. Aufgrund des Innendrucks in der Ballonhülle, der auch auf den Parachute einwirkt, bleibt das Loch so lange verschlossen, bis die Top- oder Parachuteleine gezogen wird und der Parachute die Öffnung freigibt. Sobald diese Leine wieder losgelassen wird, wird – durch den Innendruck – der Parachute wieder an seinen Platz zurückgedrückt, wo das Klettband für seinen korrekten Sitz sorgt.

Dieses System hat zwei Vorteile: Da es sich wieder schließt, kann es während der Ballonfahrt für eine genaue Steuerung der Höhe benutzt werden. Und da es narrensicher ist, braucht es nicht – wie andere Öffnungssysteme – mit besonderen Schutzvorrichtungen versehen zu werden. Wegen seiner Einfachheit und Betriebssicherheit ist das Parachutesystem heute das gebräuchlichste Öffnungssystem für alle neueren Ballone.

In den letzten Jahren haben besonders die Passagierfahrten mit Ballonen an Zahl zugenommen, denn nachdem heute mehr Wohlstand herrscht als früher, ist auch die Bereitschaft, Geld für Freizeitzwecke auszugeben, gestiegen. Als erste haben zu Beginn der siebziger Jahre die Amerikaner derartige »Champagner-Fahrten« aufgenommen, und seitdem hat diese Form des Ballonsports überall in der Welt ihre Anhänger gefunden. Heute gibt es in fast allen Ländern solche Passagierfahrten.

Am häufigsten ist dieser »Ballontourismus« derzeit in den Wildreservaten von Kenia, wo Ballone von bis zu 8500 m³ Größe tägliche Fahrten durchführen, die das Vergnügen einer Ballonfahrt mit dem Reiz einer Großwildsafari »von oben« verbinden.

Nachdem sich aber bei derartig großen Ballonen das Parachute-Öffnungssystem als unzureichend erwiesen hat, wurde ein kombiniertes Öffnungssystem eingeführt. Dieses kombinierte System bietet dem Piloten die Wahl zwischen einem Parachutesystem für das Manövrieren während der Fahrt und für Landungen bei schwachem Wind und dem Velcroablaßsystem, bei dem eine zusätzliche Klettbahn in der Kuppel aufgerissen wird, um bei Landungen mit stärkerem Wind eine schnelle Entladung sicherzustellen.

Obwohl der Velcroverschluß durch Hitze und Wasser altert, sind die heutigen Systeme sicher und verläßlich genug, solange die Ballone innerhalb der vorgeschriebenen Sicherheitskriterien gefahren werden.

Zwar weist die Firma Velcro mittlerweile die Ballonpiloten darauf hin, daß ihr Erzeugnis nicht für die Verwendung in Ballonen entwickelt wurde, aber die Ballonhersteller vertreten die Ansicht, daß ihre mit diesem System ausgerüsteten Ballone mit hoher Sicherheit gefahren werden können – vorausgesetzt, sie werden entsprechend gepflegt und gewartet. Der Hauptvorteil des Velcroverschlusses ist nach wie vor, daß man mit ihm den Ballon sehr schnell entleeren kann, wenn dies erforderlich wird.

An einem heißen Tag kann man mit einem normalen Ballon manchmal mehrere Minuten lang in der Luft hängen, ohne den Brenner zu benutzen. Mit einem solar erwärmten Ballon kann man diese Zeit noch ausdehnen. Solarhüllen lassen die Infrarot-Energie hinein – aber nicht wieder hinaus. Die IR-Strahlung tritt durch das transparente Segment ein und erwärmt ein »schwarzes Feld«: die gegenüberliegende dunkle Innenseite der Hülle. Sie nimmt die Wärmeenergie auf und strahlt sie auf einer Wellenlänge ab, die das transparente Segment nicht durchläßt. Bei einer anderen Konstruktion wird eine schwarze Ballonhülle von einer zweiten – transparenten – umgeben.

Da Heißluftballone mit geringerem Innendruck arbeiten und viel größer als Gasballone sind, hat es durchaus Vorteile, sie länger und schlanker zu bauen. Eine Vergrößerung des Hüllenoberteils macht den Ballon unempfindlicher gegen Turbulenzen und verringert seinen Widerstandsbeiwert, wodurch er dann mit weniger Energie Höhe gewinnen kann.

Auf dem Bild sieht man die beiden Exponenten herkömmlicher Ballonhüllen: links ein runder Ballon von Aerostar und rechts die Tropfenform von Thunder & Colt. Der Ballon von Aerostar verbraucht geringfügig weniger Material, um ein gegebenes Volumen zu umschließen; entsprechend geringer ist dann auch seine Oberfläche und damit sein Wärmeverlust. Der Ballon von Thunder & Colt steigt dafür schneller und verbraucht weniger Energie, um eine bestimmte Höhe zu erreichen.

Die Folge ist ein letztlich fast gleicher Energieverbrauch. Dafür unterscheidet sich ihr Verhalten in der Luft – das allerdings ist nur für Experten erkennbar. Der Ballon von Thunder & Colt reagiert besser auf Turbulenzen, dafür läßt sich der Aerostar-Ballon bei bestimmten Windgeschwindigkeiten besser handhaben.

Ballon-Öffnungssysteme

Die meisten Heißluftballone werden entladen, indem ein Parachute senkrecht nach unten gezogen wird. Da die Größe des Parachute jedoch durch die Zugkraft des Piloten begrenzt wird, haben große Ballone einen zusätzlichen Velcroverschluß, der den Parachute umgibt. Mit diesem Klettbahnverschluß kann ein großer Teil der Ballonkuppel nach innen gezogen werden, wenn die Heißluft schnell abgelassen werden muß, zum Beispiel bei Landungen mit stärkerem Wind.

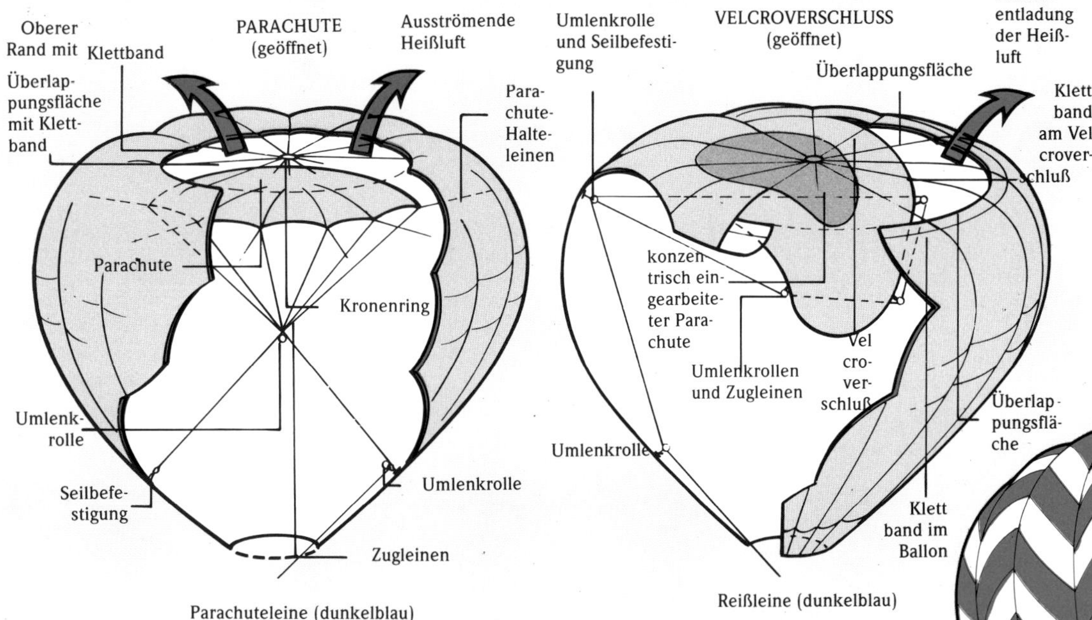

Die Feueröffnung ist unter der Hülle befestigt und hängt frei nach unten, wobei ein Stahlring die Öffnung offen hält. Mit einer Feueröffnung wird die Heißluft stets in die Hülle gelenkt, und der Pilot braucht sich um Windscherung nicht mehr zu kümmern. Zudem macht sie das Aufrüsten bei Wind einfacher, da die gesamte Heißluft in die Hülle dringt und nicht in die umgebende Atmosphäre verteilt wird.

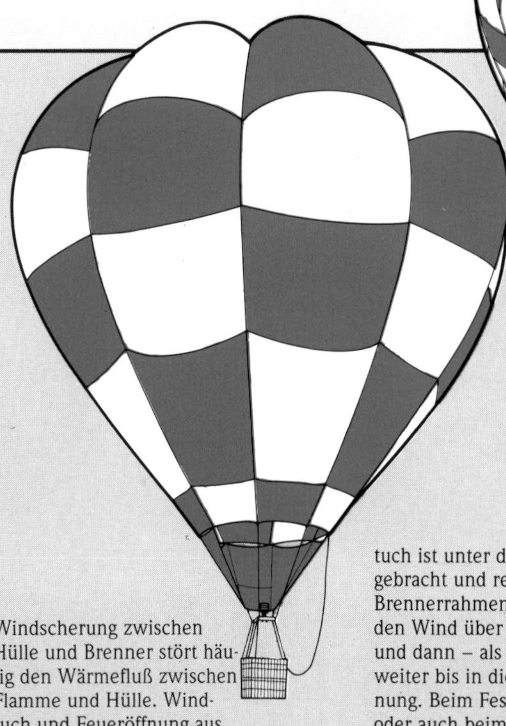

Windscherung zwischen Hülle und Brenner stört häufig den Wärmefluß zwischen Flamme und Hülle. Windtuch und Feueröffnung aus nichtbrennbarem Material wie Nomex oder Kynol lenken da die Energie in die richtige Bahn. Das Windtuch ist unter der Hülle angebracht und reicht bis zum Brennerrahmen. Es lenkt den Wind über die Flamme und dann – als Heißluft – weiter bis in die Ballonöffnung. Beim Fesselballon oder auch beim Aufrüsten sorgt es für einen Wärmestau im oberen Teil der Hülle, der den Ballon dann unempfindlicher gegen Turbulenzen macht. Manche sagen, das Windtuch sei besonders wichtig bei statischer Werbung mit dem Fesselballon, aber die Feueröffnung ist noch vielseitiger: Sie ist während der Fahrt wie am Boden hilfreich. Letztlich reduziert sich dann aber alles aufs Geld: Die Feueröffnung kostet etwa doppelt so viel wie das Windtuch.

DER AUFBAU DES KORBES

Der Weidenkorb, der dem Ballöner seinen bequemen Platz am Himmel ermöglicht, ist seit dem 18. Jahrhundert praktisch nicht verändert worden. Dem Brenner, der Hülle und der Steuerung hat man seitdem durchaus modernere Technik zukommen lassen – aber der Komfort eines Flechtkorbs ist so leicht gar nicht zu übertreffen. In den ersten Anfängen des Ballonsports hat man zwar eine Vielfalt von Gondeltypen ausprobiert, und in den letzten Jahren sind auch einige moderne Auslegungen hinzugekommen – aber der knarrende und quietschende Korb ist trotzdem aus der Ballonfahrt nicht fortzudenken.

Die ersten Körbe von Thunder waren aus Rohr und Weide und ähnelten den Körben von vor 100 Jahren.

Der Korb des Gasballons von Glaisher und Coxwell trug noch Schlepptau und Anker.

Die Konstruktion war bei vielen beliebt, nicht jedoch ihr Material: Diese frühe Gondel von Raven (ganz rechts) aus Glasfaser und Aluminium wurde später aus Flechtwerk gebaut, um der Besatzung mehr Schutz und Komfort zu bieten.

Ein typischer Ballonkorb besteht aus Peddigrohr und Weidengeflecht und hat für gewöhnlich einen Boden aus Sperrholz. Die Brüstung ist gepolstert, in Rohleder gefaßt und mit Velours umgeben, um die Fahrgäste bei harten Landungen oder Fahrmanövern zu schützen. Edelstahlseile oder feste Aufbauten verbinden den Korb mit dem Brennerrahmen.

Einer alten Ballontradition folgend hängen Piccard, Cameron und andere Hersteller den Korb an einen Korb- oder Tragring, der seinerseits an Auslaufleinen unter der Hülle hängt und den Brennerrahmen trägt. Diese Anordnung ist leicht und sehr belastbar; sie hat allerdings den Nachteil, daß das ganze System erst dann aufrecht steht, wenn der aufgerüstete Ballon den Korb anhebt. Wenn der Ballon landet, können Brenner und Rahmen auf die Fahrgäste niedergehen.

Das erste Modell von Raven war gar kein Korb, sondern eine leichte Gondel aus Aluminium und Glasfaser um einen festen Rahmen. Bei der Weltmeisterschaft von 1973 vertraten europäische Ballonfahrer allerdings die Ansicht, die Gondel sei zu zerbrechlich und eigne sich nicht für den Ballonsport. Einige amerikanische Piloten wiederum gaben ihr den Vorzug – Denny Flodden zum Beispiel gewann damit eine Meisterschaft. Trotz ihrer scheppernden Landungen, bei denen sie nur wenig Schutz gewährte, und der Tatsache, daß man Zeit und auch Werkzeug brauchte, um sie zu zerlegen oder zusammenzubauen, hatte die Gondel von Raven einen klaren Vorteil: Der Brenner konnte die Fahrgäste bei der Landung nicht am Kopf treffen.

Eine wichtige Neuerung kam von Barnes: eine Auswahl dreieckiger Flechtkörbe mit einigen interessanten Merkmalen. So ruht beispielsweise der Brenner auf Federn und läßt sich beim Aufrüsten und während der Fahrt leicht zur Seite schwenken. Das Prinzip, den Korb an Seilen aufzuhängen, ist beibehalten worden, aber dafür halten starke Bambusrohre den Brenner an seinem Platz.

Trotz vieler Bestrebungen, Körbe aus moderneren Materialien herzustellen, konnte der herkömmliche elastische Flechtkorb nicht verdrängt werden. Die meisten haben heute jedoch biegsame Nylonstangen zwischen Korb und Brenner, die Pilot und Crew bei der Landung vor dem Brenner schützen.

Der halbstarre Viermannkorb von Cameron.

Das Rohrgeflecht des Barnes-40-T-Korbs für drei bis vier Personen.

Der Raven Classic für vier Personen.

Der traditionelle Korb eines Gasballons.

Leichte Kohlefaser und Kevlar führten zu Julian Notts Höhenrekord.

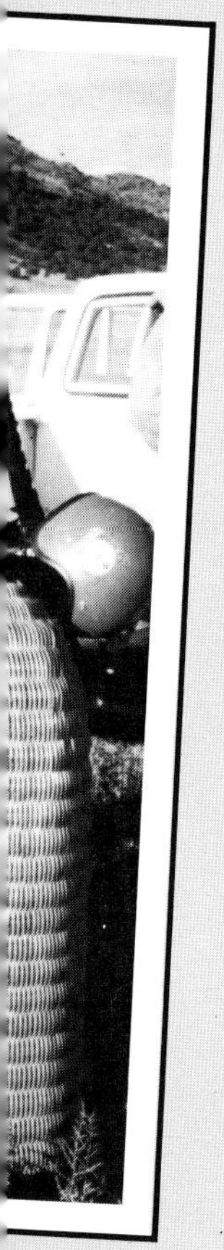

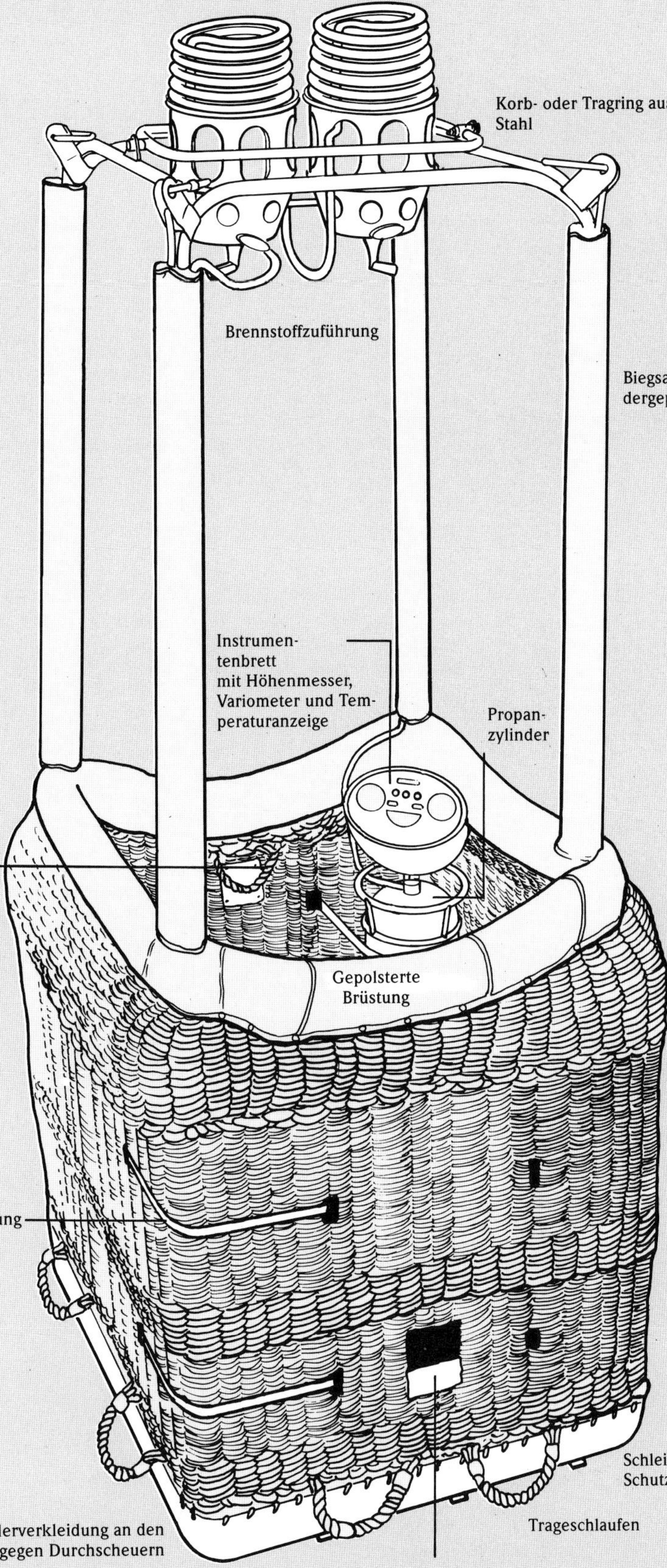

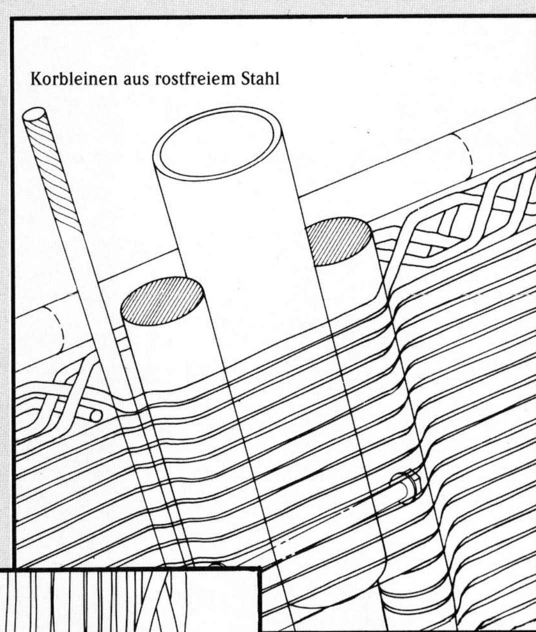

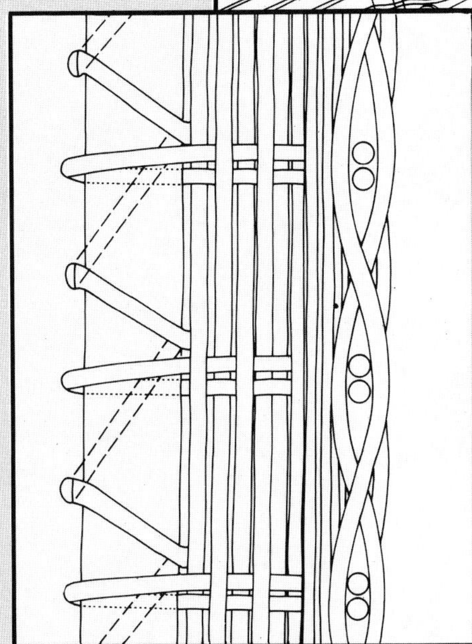

Geflochtene Körbe geben unter Belastung nach. Die meisten Hersteller verwenden einen Sperrholzboden, auf den sie einen Rahmen aus bis zu 2,5 cm dickem Rohr stellen. Um diesen Rahmen werden dann Peddigrohr oder Weide geflochten. Das fertige Produkt wird nun mit Lack versiegelt, der dem Ganzen Halt und Dauerhaftigkeit verleiht. Bei vernünftiger Behandlung kann so ein Korb etwa 800 Einsatzstunden überstehen – doppelt so viel wie eine Hülle.

Karabiner

DIE KONSTRUKTION DES BRENNERS

Heißluft ist nicht nur mal eben warm: Die Temperatur in der Kuppel der Hülle eines aufsteigenden Ballons liegt bei rund 100 °C – und das ist der Siedepunkt des Wassers. Um diese Hitze zu erzeugen, verbraucht der Brenner eines typischen Heißluftballons für vier Passagiere in der Stunde etwa 800 Megajoule Wärme pro Stunde, und das sind rund 10 Pfund Propangas. Heutige Brenner haben eine Leistung von 2 Megawatt und werden bei einer Fahrt zu etwa 11 Prozent der Fahrzeit eingesetzt.

Die Leistung eines Propanbrenners kann von der Spiegelei-und-Speck-Sparflamme bis zu hüllenfüllendem Fauchen aufgedreht werden. Das Material würde zerstört werden, wenn die Mannschaft die Hülle nicht – während der schwierigsten Phase des Aufrüstens – weit offen halten würde.
Die Spitzentechnik (rechts) eines Brenners, ohne die es keine Wiedergeburt der Heißluftballone gegeben hätte.

Das Kraftwerk eines jeden Ballons ist sein Propanbrenner, und der ähnelt im Prinzip dem Butanbrenner im Küchenherd. Aber wenn das Gas dem Brenner so zugeführt würde wie im Herd, würde die Menge Propan, die man braucht, um einen Ballon in die Luft zu bringen, Rohre, Ventile und Zylinder einfrieren lassen, bevor es überhaupt warm genug geworden wäre, um an der Luft zu verdampfen.

Daher arbeitet ein Ballonbrenner mit flüssigem Propan, das sich in einer rostfreien Verdampfungsspirale erwärmt und verdampft, bevor es an den Düsen durch die Pilotflamme gezündet wird. Übrigens würde auch flüssiges Propan brennen – aber mit einer rußigen und unkontrollierbaren Flamme, die der Besatzung gefährlich werden könnte.

Die Brennerleistung kann man heute jeder Ballongröße anpassen. Viele der Unfälle, die früher mit Brennern passierten, hatten ihre Ursache in zu geringer Leistung. Aber man hat – wie bei den normalen Verbrennungsmotoren auch – inzwischen die Leistung erhöhen und das Gewicht beträchtlich senken können. Brenner werden heute meist in Modulbauweise hergestellt, und wer mehr Leistung wünscht, kauft sich eher noch weitere Module hinzu und nicht einfach einen größeren Brenner – so hat man Leistungsreserven für den Notfall und ein betriebsfähiges zweites System, wenn eines ausfällt.

Der Brenner von Barnes allerdings ist anders ausgelegt als die meisten Brenner: Er hat drei getrennte Verdampfungsspulen um drei Düsen, aber nur eine einzige Zuführung für flüssiges Gas. Dieses System kann nur schwer mit anderen Brennermodulen gekoppelt werden, denn die Technik von Barnes kennt noch eine weitere Düse, die »Fire Two« genannt wird und nur Flüssiggas verbrennt – als Zusatzbrenner für Manöver während der Fahrt.

Alle Hersteller – bis auf Stokes mit seinem elektronischen Zündsystem – arbeiten mit einer ständig brennenden Pilotflamme, die entweder mit verdampftem oder mit flüssigem Gas gespeist wird.

Einer der größten Unterschiede zwischen amerikanischen und europäischen Brennersystemen besteht in den Zuführungen, die den Gaszylinder mit dem Brenner verbinden. Die meisten Amerikaner bauen feste Verbindungen ein, die man nur mit Werkzeug zerlegen kann – so wird eine amerikanische Anlage im Schnitt nur einmal pro Jahr, eine europäische hingegen nach jeder Fahrt auseinandergenommen.

MAGNUMBRENNER VON THUNDER & COLT

Die Verdampfungsspule aus rostfreiem Stahl kann pro Minute 3 bis 5,5 kg Propan verarbeiten. In dieser Spule wird flüssiges Propan verdampft und dann den Düsen am Fuß des Brenners zugeleitet, wo es gezündet wird.

Der kardanisch aufgehängte Brennerrahmen erleichtert das Aufrüsten, zudem kann so die Brennerflamme während der Fahrt mitten in die Feueröffnung der Ballonhülle gerichtet werden.

Durch die von Thunder & Colt patentierten Magnumfahrventile steigt flüssiges Propan in die Verdampfungsspulen. Die Ventile werden etwa sechsmal pro Minute für insgesamt 10 bis 12 Sekunden geöffnet, um den Ballon auf Null zu fahren.

Der bewehrte Schlauch führt dem Brenner Flüssigpropan aus dem Fahrzylinder zu.

Das Manometer zeigt den Druck des Flüssiggases an, sobald der Zylinder geöffnet wird.

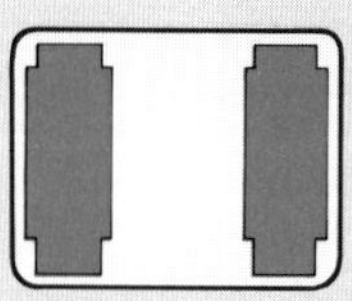

Raven verstaut zwei 90-Liter-Behälter – einen für jede Seite des Brenners – waagerecht im Korb.

Die typische, senkrechte Anordnung von drei 45-Liter-Zylindern in einem rechteckigen Korb. Dabei können zwei Zylinder den einen Brenner und der dritte den anderen speisen.

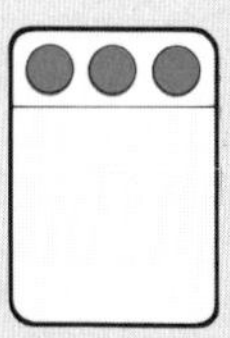

Ein dreieckiger Korb von Barnes mit den üblichen 45-Liter-Behältern.

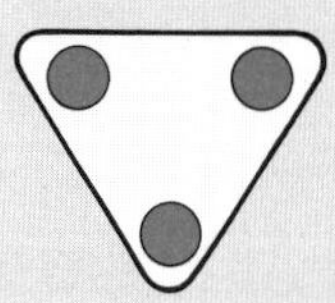

Derzeit sind im wesentlichen zwei Zylindertypen gebräuchlich. Der Worthington (rechts) ist aus Aluminium und faßt 18 kg Propan. Modernere Brennstoffbehälter sind aus rostfreiem Stahl und enthalten entweder 18 oder 27 kg Propan. Der Edelstahlzylinder ist nahezu feuerfest und macht damit sein etwas höheres Gewicht mehr als wett.

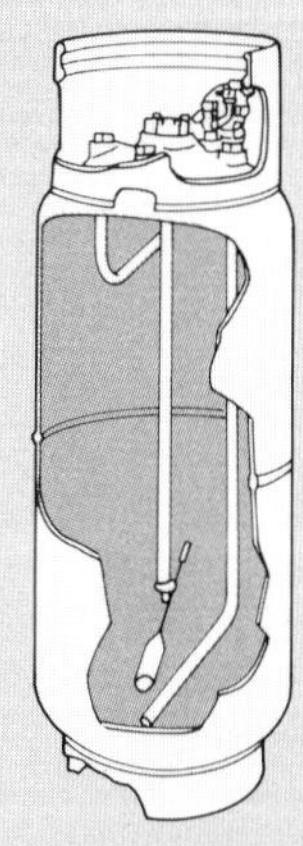

DIE INSTRUMENTE

Das Variometer mißt Steig- und Sinkgeschwindigkeit des Ballons; es ist in mechanischer oder in elektrischer Form erhältlich. Es zeigt in Fuß pro Minute (ft/min) oder in Metern pro Sekunde (m/s) an und kann auch ein akustisches Signal erzeugen, um den Piloten vor dramatischen Änderungen der Steig- oder Fallgeschwindigkeit zu warnen.

Variometer arbeiten nach dem Prinzip des mit zunehmender Höhe abnehmenden Luftdrucks. Man benutzt sie hauptsächlich dazu, extreme Steiggeschwindigkeiten zu vermeiden und bei der Landung die Sinkgeschwindigkeit zu überwachen. Üblicherweise werden Vertikalgeschwindigkeiten von 0 bis 1500 ft/min oder 0 bis 7 m/s angezeigt.

Ein Temperaturfühler mißt die Temperatur im Dom der Hülle. Dieses elektronische Thermometer ist über einen langen Draht mit der Temperaturanzeige im Korb verbunden. Die wiederum warnt den Piloten vor einer Abkühlung der Temperatur in der Hülle – denn wenn die Temperatur in der Hüllenkuppel abfällt, beginnt der Ballon zu sinken.

Auch der Höhenmesser arbeitet nach dem Prinzip des mit zunehmender Höhe abnehmenden Luftdrucks, zeigt aber die absolute Höhe über Normalnull (Seehöhe) an, wenn er auf Standarddruck eingestellt ist. Da im kontrollierten Luftraum alle Luftfahrzeuge mit der gleichen Einstellung fliegen oder fahren, halten sie auf diese Weise in der ihnen zugewiesenen Höhe immer den vertikalen Sicherheitsabstand untereinander ein.

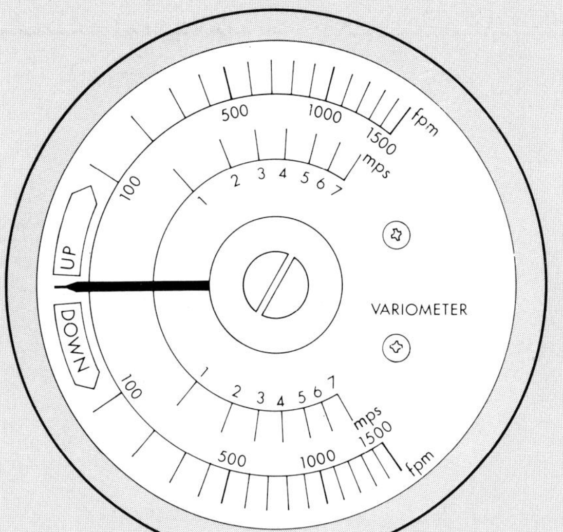

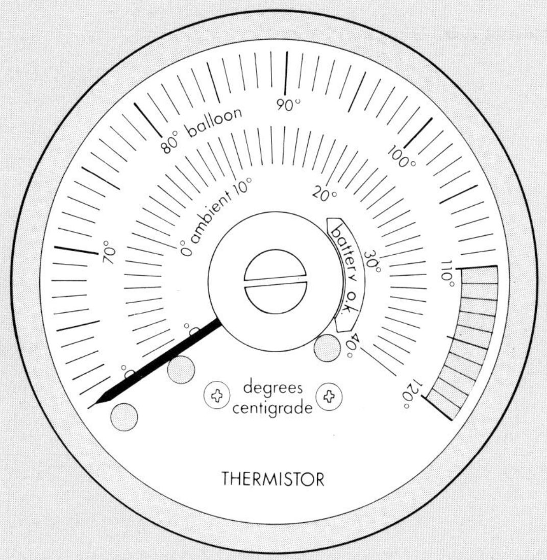

Die Anzeige hat drei Nadeln, die die Höhe in Hunderten, Tausenden und Zehntausenden Fuß angeben.

Das Variometer mißt die Vertikalgeschwindigkeit

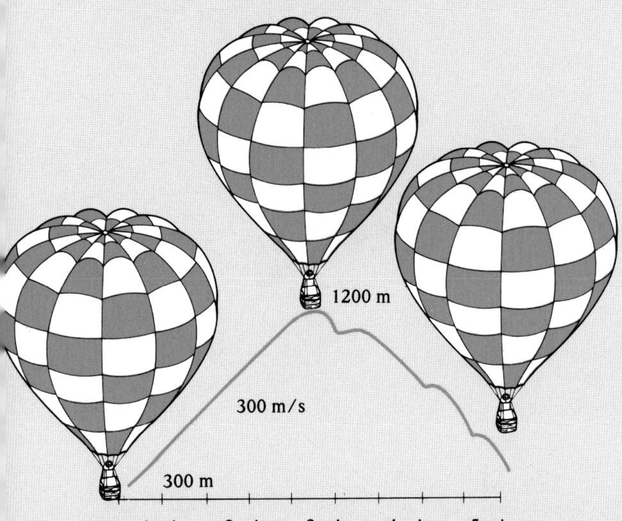

Temperatursonde in der Kuppel des Ballons

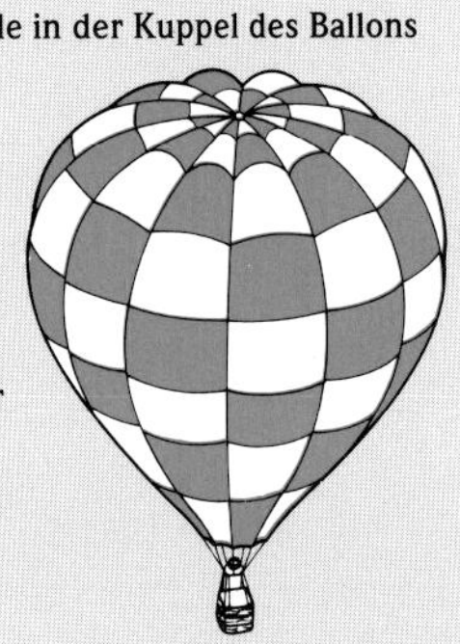

Optimale Temperatur in der Hülle: etwa 100 °C

Der Höhenmesser mißt die absolute Höhe über Seehöhe (NN)

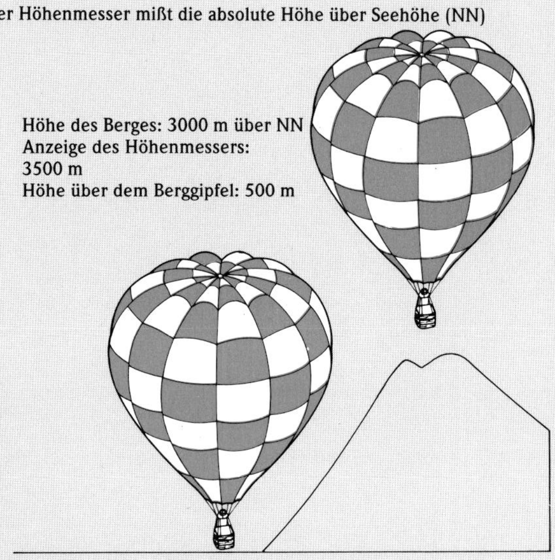

Höhenmesser auf Seehöhe eingestellt

SCHLAGZEILEN AM HIMMEL

Ist das ein Vogel? Oder etwa ein Fluzeug? Was ist denn das für eine Skulptur da oben? Natürlich: Da hängt ein Sonderformballon am Himmel.

Die moderne Werbung nimmt häufig surrealistische Techniken zu Hilfe, um zu überraschen, aber Werbefachleute wissen schon lange, daß ein vertrautes Objekt in unvertrauter Umgebung die Blicke der Leute auf sich zieht. Und wenn solch eine Skulptur am normalerweise freien Himmel entdeckt wird, erregt diese Besonderheit Interesse.

Reklameballone mit besonderen Formen sind schon seit den frühesten Tagen der Ballonfahrt in den Himmel gestiegen. Zwar zielt das vorrangige Interesse der Ballonhersteller darauf ab, flug oder fahrtüchtige Luftfahrzeuge zu bauen, aber schließlich hebt jede Ballonform vom Boden ab, wenn sie mit Wasserstoff gefüllt wird. Schon wenige Jahre nach 1783 kam es in Paris in Mode, gasgefüllte Figuren in den Himmel steigen zu lassen, unter ihnen so ausgefallene Gestalten wie fliegende Pferde oder Damen in Reifröcken. Bis vor kurzen hat man allerdings Werbeballone meist gefesselt aufsteigen oder aber völlig frei entschweben lassen.

Frank Prells Clown winkt bei der Fiesta von Albuquerque den Menschen zu.

Peter Mason mit seiner *Financial Times* über dem Schweizer Ferienort Château d'Oex. Im Text sind die Namen all derer versteckt, die den Bau des Ballons unterstützt haben.

Zu Beginn des 20. Jahrhunderts hatte Salmon's Tea einen sprungbereiten Löwen und einen Elefanten unter Vertrag, die bei großen Veranstaltungen in England über den Köpfen der Menge schwebten.

Ein Ballon in Form eines Golfballs mit Abschlag (»Tee«) sucht mitten in Jamaika nach einem Golfplatz, auf dem er landen kann.

Virgin Atlantics *G-UMBO* steigt bei der Texas Balloon Fiesta in Plano über *Tony the Tiger* in die Höhe.

Keine Sonderform ist zu absonderlich: Dieses Karottenbündel wird von der Airship & Balloon Company eingesetzt.

Der erste einer Reihe von japanischen Puppenballonen schwebt über Saga auf der Insel Kiuschu.

Die Reklame am Himmel wurde erst Mitte der siebziger Jahre wirklich revolutioniert, als die erste bemannte Sonderform dort ihre Bahn zog. Dieser Heißluftballon in Form einer grotesken Puppe, der für Marmelade von Robertson warb, war ein echter Freiballon und konnte schon deshalb beträchtliche Aufmerksamkeit erregen, weil er nach einem festen Fahrplan vor Öffentlichkeit und Medien aufkreuzen konnte.

Die Zunft der Ballonfahrer reagierte auf diese Entwicklung zwiespältig: Einige begrüßten den neuen Ballontyp als eine logische Erweiterung der Werbung, mit der gerade berufsmäßige Ballonfahrer ihr Geld verdienen konnten, andere wiederum waren der Meinung, die neuen Formen verstießen gegen das Prinzip der Einfachheit von Ballonen.

Die Reaktion der Öffentlichkeit allerdings war positiv, und so folgten bald neue Auftraggeber – besonders in England, wo Champion eine Zündkerze und Osram eine Glühlampe erscheinen ließen. In Holland sah man Jeans von Levi, und in Amerika stiegen Ballone für Kentucky Fried Chicken und Greenpeace in die Höhe.

Obwohl Jeans wie Zündkerze kaum noch Ähnlichkeit mit der traditionellen Ballonform hatten, erinnerten die meisten der Sonderformballone doch noch stark an den Standardtyp – es waren schlichte, dreidimensionale geometrische Abwandlungen einer einfachen, lastentragenden Struktur mit meist großer Feueröffnung.

Sonderformballone brauchen – wie alle anderen Ballone auch – ein Zeugnis, das ihnen die Lufttüchtigkeit bescheinigt, und oft bezieht sich die einzige Einschränkung, die man ihnen auferlegt, auf die Windgeschwindigkeit, bei der sie noch fahren dürfen. Die tolerante Haltung der englischen Luftaufsichtsbehörde CAA hat mit Sicherheit den Ballonsport in England entscheidend gefördert, und noch immer gibt es dort enge und auch freundschaftliche Beziehungen zwischen Piloten, Herstellern und Luftfahrtbehörden.

Der Buzby-Ballon, Teil eines sicherlich überflüssigen Werbefeldzugs für den englischen Fernsprechdienst, verdeutlicht recht gut die im Prinzip einfachen Bauteile, die – zusammengesetzt – dann die trickfilmähnlichen Comicfiguren ergeben.

Der Grundkörper ist unverkennbar der eines Ballons mit einem klar definierten Netz waagerechter und senkrechter Lastgurte in einer schlanken Hülle mit vielen Bahnen. Dabei endet der Hauptballon nicht in einem Kronenring oben am Kopf, sondern an der Nahtstelle zwischen Kopf und Brust. Der Kopf selbst ist eine einfache Halbkugel, die auf herkömmliche Weise zusammengenäht wurde.

Arme, Hände und Telefonzubehör haben keine tragende Funktion, sondern werden durch einfache Luftöffnungen stramm gehalten. Wenn diese Anhängsel entfernt werden, werden die Luftöffnungen zugenäht und der Ballon fährt nackt: besser noch als mit all seinen Ausbauchungen.

Tatsächlich berichteten Piloten, die den Buzby gesteuert hatten, von alarmierenden Fahreigenschaften. Schnelle senkrechte Aufstiege führten zum Schlagen und Schütteln, und beim Abstieg verstärkten Arme und Telefon noch die Neigung zur Eigenrotation. Als ein Pilot einmal von einem Vorführgelände aus schneller als beabsichtigt in die Höhe stieg, sah er plötzlich einen künstlichen Horizont aus rotem und gelbem Tuch vor sich – die Hülle hatte den Korb waagerecht hinter sich hergezogen.

Die kommerzielle Nutzung der Ballone ist so alt wie das Ballonfahren selbst. Von Anfang an hatten Männer wie Jean-Pierre Blanchard und Thaddeus Lowe versucht, den Ballonsport zu Geld zu machen, indem sie Gönner suchten oder für die Teilnahme am Start des Ballons Eintritt verlangten. Verkaufsstrategen hatten schnell erkannt, daß Ballone eine

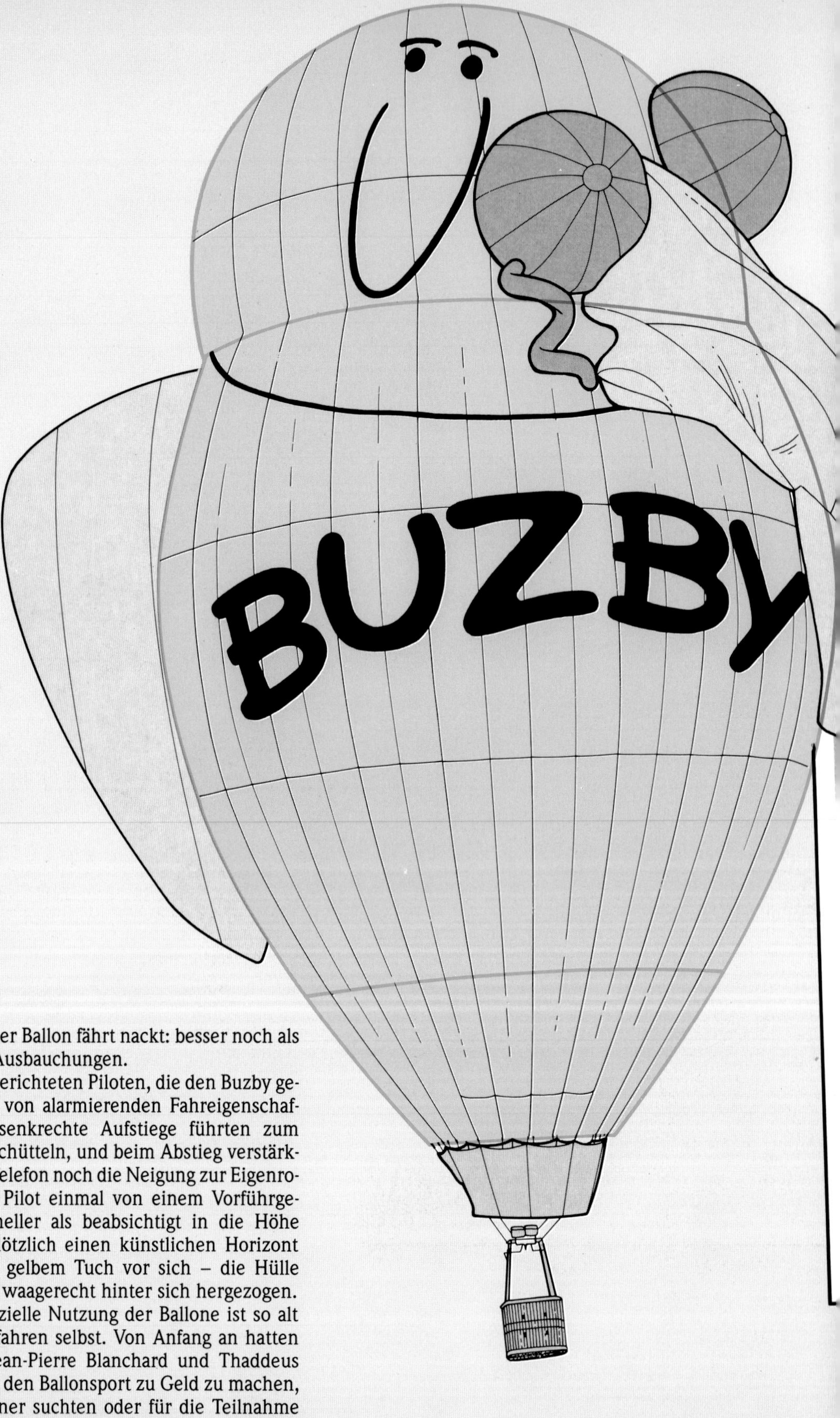

Flamme
Die Konstrukteure bei Colt hatten sich große Mühe gegeben, daß der Ballon genauso asymmetrisch wurde, wie die Originalflamme im Symbol von Segas.

Hose
Eigentlich sollte ja unter jedem Bein ein Korb mitfahren, aber nur ein Korb erwies sich dann als praktischer. Die Lastgurte erstrecken sich etwa bis zum Knie, und oben in der Taille ist ein Velcroverschluß.

Eiskrem
Der von Thunder für einen holländischen Kunden gebaute Ballon hat eine halbkugelförmige Kuppel mit 12 Bahnen und ist unten langgestreckt und konisch. Aufgrund seiner Form steigt dieser Ballon wie eine Rakete.

hervorragende Werbefläche am Himmel abgaben. Und da in den sechziger Jahren Rauchschriften am Himmel und Reklameschleppflüge in England verboten waren, hatte sich die neue Generation von Ballonen bald als kostengünstiges Mittel erwiesen, einen Firmennamen bei einer größtmöglichen Anzahl von Leuten bekanntzumachen.

Die ersten Werbe-Heißluftballone in England stellte die Firma Omega her, als sie für Brot von Nimble Reklame machte, und der Erfolg zeigte sich dadurch, daß man den Ballon später mit dem Produktnamen gleichsetzte: Noch Jahre, nachdem die Kampagne von Nimble längst eingestellt war, konnte es Ballönern passieren, daß sie mit der Frage begrüßt wurden: »Sagen Sie – ist das ein Nimble, den Sie da fahren?« Und das, obwohl ihr Ballon überhaupt keine Werbeaufschrift trug! In Amerika setzt die Zigarettenfirma Lark noch immer auf Ballonwerbung – Ergebnis eines äußerst erfolgreichen Werbefeldzugs der sechziger Jahre.

Als dann in den siebziger Jahren der Ballonsport immer mehr Anhänger fand, stieg auch die Zahl der Werbeaufträge. 1974 wurde die erste Überquerung der Alpen von Minolta finanziert – nicht, weil die Fotofirma irgendein spezielles Interesse an diesem Vorhaben gehabt hätte, sondern weil die Piloten sie überzeugt hatten, daß der Ballon in der Zeitschrift *Times* abgebildet werden würde.

Diese Unterstützung durch Werbeaufträge kam sowohl Berufs- wie auch Amateurpiloten zugute. 1972 und 1973 hatte die Brauerei Heineken Ballontreffen als eine Form der Öffentlichkeitsarbeit eingeführt und gab daraufhin – ermutigt durch die positive Reaktion – die *Gerard A. Heineken* in Auftrag, die dann eine Zeitlang der größte Heißluftballon der Welt war. Neben anderen Erfolgen stellte sie auch einen neuen Weltrekord auf, als sie 33 Fahrgäste in die Luft entführte. Mit mehr als 18 Stunden hält sie auch noch immer den Weltrekord für Dauerfahrten von Heißluftballonen. Ihr letzter Auftritt kam 1979, als sie ausgedient hatte und für ein Pfund an die beiden Männer verkauft wurde, die sie am meisten gefahren hatten: Cameron und Davey, die Bezwinger des Atlantik. Sie hatte viel für Heineken getan – wenn die Firma Bier verkaufen wollte, schickte sie den Ballon in die Höhe.

Wenn ein Auftraggeber seine Werbebotschaft nicht durch einen Berufspiloten an den Mann bringen will, kann er auch einen Amateurpiloten als Werbeträger benutzen. Wenn zum Beispiel Phillip Hutchins mit seinem Ballon aufsteigt, macht er nebenbei auch noch Reklame für J & B Rare Scotch Whisky. Hutchins ist ein Anwalt aus Buckinghamshire, dessen erster Ballon in den Farben von J & B im englischen Fernsehen 1974 auftauchte, als er Hängegleiter absetzte, um Höhenrekorde aufzustellen. Danach folgte eine von der Öffentlichkeit stark beachtete Ballonwettfahrt über den Ärmelkanal mit

VODKA
VODKA
G-BIDV
COLT 12
COLT 12

einem anderen Werbeballon, der *Motorway Tyres*. Hutchins' Ballon machte auch Schlagzeilen, als er bei der Alpenwettfahrt von Château d'Oex in der Schweiz an den Start ging. Bei J & B sind jetzt drei Ballone im Einsatz: *Senior*, *Baby* und *J & Big* – und jeder von ihnen eignet sich für bestimmte Wettfahrten. Ballonposter von J & B kann man an so weit entfernten Orten wie Mexico City antreffen, und ihre Ballone sind auch in Kalifornien bekannt. Pilot und Auftraggeber sind mit der Aktion hochzufrieden, und trotzdem hat J & B nur sehr wenig Geld dafür aufwenden müssen.

Schon Mitte der siebziger Jahre wurden viele Firmenschriftzüge und Produktnamen bei Ballontreffen zahlreichen Zuschauern »vor Augen geführt«, und weitere Millionen, die sie im Fernsehen verfolgt hatten, kamen noch hinzu. Diese Entwicklung ermutigte dann etliche Piloten, den Ballonsport endgültig professionell zu betreiben. Um ihren Auftraggebern die notwendige Beachtung zu sichern, gingen manche von ihnen hier neue Wege. Eine englische Firma zum Beispiel versuchte es mit Rekordfahrten: mit Dauerfahrten im Ballon von Fisons und Höhenweltrekorden für Frauen im Ballon von Wrangler. Ein Versuch der Teefirma Typhoo, die Nordsee zu überqueren, endete damit, daß der Pilot Julian Nott und sein Ballon kläglich an einem Baum an der windigen Küste Schottlands scheiterten. Aber die Fahrt – und der Tee von Typhoo – machten Schlagzeilen, und genau darauf kam es an. Und ein weiterer Ballon – mit dem Emblem von British Bacon – überquerte ganz langsam Loch Ness und zog dabei einen Riesenschinken durch das dunkle Wasser: als Köder für das Monster »Nessie«. Das Seeungeheuer tauchte nicht auf, dafür aber der Ballon: in den Meldungen von Presse, Radio und Fernsehen. Ende der siebziger Jahre schließlich gelang Zanussi ein Bombenerfolg mit dem Versuch einer Atlantiküberquerung: Der Ballon verfehlte zwar sein Ziel um hundert Meilen, traf mit seiner Werbeaktion aber voll ins Schwarze.

In den USA nahm der Einsatz von Werbeballonen nur zögernd zu, vielleicht, weil die meisten amerikanischen Piloten sich ihre eigenen Ballone leisten konnten, ohne auf Förderer angewiesen zu sein. Unter den Werbefirmen, die heute in den USA mit Ballonen arbeiten, macht allerdings eine immer wieder Schlagzeilen: World Balloons aus Albuquerque, die für viele Auftraggeber fährt, so auch für Budweiser und Anheuser Busch. Ihre Budweiser Road Show ist geradezu spektakulär: Es wird Freibier ausgeschenkt, und Ballone, Bierdosen und Lastwagen entsprechen einander in Form und Aussehen. Paul Woessner und Sid Cutter, die 1979 die Weltmeisterschaft beziehungsweise die amerikanische Meisterschaft gewannen, haben im Ballonsport ein Ansehen, das schon allein dafür sorgt, daß World Balloons und ihre Auftraggeber überall Beachtung finden. Nachdem sie bei den Weltmeisterschaften in Schweden die ersten beiden Plätze belegt hatten, wurden sie in Albuquerque überschwenglich mit einer Konfettiparade empfangen.

Aber es sind mehr die Ballone als ihre Piloten, die die Zuschauer wie die Auftraggeber begeistern. Die Schriftzüge, Embleme und Motive, die am Himmel dahingleiten, gehören zu einer Vielzahl von Firmen – von multinationalen Konsortien über verstaatlichte Betriebe bis hin zur Provinzwäscherei. Bei den Weltmeisterschaften in Schweden wurden der englische Meister von der Schroder Life Insurance Company und die anderen beiden englischen Mannschaften von der General Electric Company und Debenhams Stores unterstützt. Sie gewannen nicht, und es gab auch keine Konfettiparaden – aber die Namen ihrer Firmen waren 45 Minuten lang auf allen Fernsehschirmen zu sehen.

In Deutschland sind Werbeballone noch nicht so zahlreich. Auftraggeber sind hier vor allem Brauereien, die einen Ballon kaufen und ihn dann dem örtlichen Ballonverein zum Gebrauch überlassen; die laufenden Kosten werden von ihnen dabei größtenteils übernommen.

Ein anderer Zweig der Ballonfahrt, der immer mehr an Beliebtheit gewinnt, sind »reguläre« Fahrten, die Passagieren gegen Entgelt malerische Landstriche erschließen. Am bekanntesten in dieser Branche ist wohl die Balloon Ranch in Colorado. Sie ist das ganze Jahr über geöffnet, bei Schnee wie bei glühender Hitze, und Piloten wie Feriengäste genießen die Ballonfahrten wie die exzellenten Einrichtungen der Ranch. In Europa ist das Wetter zu unbeständig, um Fahrten »nach Fahrplan« aufzunehmen, obwohl einige Ferienorte – wie Château d'Oex in der Schweiz – ein derartiges Abenteuerprogramm anbieten. Der Ballon in Château d'Oex wird von einem ehemaligen Skilehrer gesteuert und entführt seine Gäste in die faszinierende Welt des Hochgebirgs-Ballonsports.

Den wohl erfolgreichsten Passagierdienst bieten zwei ostafrikanische Safarifirmen an, mit deren Ballonen – jedes Jahr neun Monate lang – bis zu 24 Fahrgäste pro Tag über den kenianischen Busch schweben können. Diese Ballonfahrten sind allerdings eine ziemlich rauhe Angelegenheit. Kultiviertere Fahrten bietet hier die Bombard Society of Los Angeles über Frankreich an: zu Winzern, Weinkellern und Châteaux – und dem unvermeidlichen Champagner.

BMW
77A
42
PARACHUTE RIP PANEL
THUNDER
56A
International Class AX6
Volume 56,000 cu.ft.
1,590 cu. mtre.
Lift 940 lbs
2 or 3 man lift option.
Type AX6/56A24
Construction No.
CAISSES D'EPARGNE
MARCHE LIMOUSIN
77A
FISONS
56A
BUSY
BODIES
56A
Wrangler
56A
J&B
RARE
77
TYCZKA
PROPAN
90
GREENHAM
GROUP
77
USE ONLY
IF PINK
IS NOT
AVAILABLE
DESIGN FOR PARACHUTE
DEFLATION PANEL
abc
THUNDER AX7-77Z
GANTER
BIER
90
Rollei
Progrès en photographie
77A
St Ivel
prize
YOGURT
77A
X-tra
WASHING POWDER
EXTRA WHITENESS
56A

CHARLIE BALLOON
Charlie
HONG KONG BALLOON AND AIRSHIP CLUB
SMIRNOFF CLOUDHOPPER
SMIRNOFF
VODKA
"Well they said anything could happen".
CLUB D'INTERVENTION AEROSTATIQUE
CIA
AUT PROGREDERE AUT MORE RE
CATHAY BALLOON
CATHAY PACIFIC
HONG KONG BALLOON AND AIRSHIP CLUB
MILTON KEYNES
BALLOON TEAM
GOLDFINGER BALLOON
Twilley's GOLDFINGER
G-BERD
No ordinary balloon
STATE EXPRESS
OF LONDON
555
LAMBERT & BUTLER
BALLOON TEAM
L+B
COKE BALLOON
Coca-Cola
HONG KONG BALLOON AND AIRSHIP CLUB
FLY AWAY WITH US...
...TO A WORLD WHERE ALL IS GOLD
TERRY'S
ALL GOLD
SHELL BALLOON
蜆殼
HONG KONG BALLOON AND AIRSHIP CLUB
CLUB AEROSTATIQUE DE L'ILE DE FRANCE

GOODYEAR
Twilley's
GOLDFINGER
C I A
EPD
Sprite
Tejas
My second favorite sensation
Ballooning
THUNDER
BUSCH GARDENS
STELLA
PEGASUS
ECLIPSE
VERTEGO
Schrader Life
Holker Hall

BALLONE AUS DEM BASTELRAUM

Die Experimente der Gebrüder Montgolfier aus dem 18. Jahrhundert können – im Kleinformat – leicht wiederholt werden. Modellballone aus Papier verdeutlichen am besten das simple Prinzip des statischen Auftriebs. Man kann sie auch fertig kaufen, aber es macht entschieden mehr Spaß, wenn man sie sich selbst zusammenbaut. Am meisten Abwechslung hat man allerdings, wenn dann mehrere um die Wette fahren und man sie jagt.

Das Prinzip der Heißluftballone könnte gar nicht einfacher sein. Man braucht sie nur mit warmer Luft zu füllen, und schon gleiten sie davon – bis die warme Luft abkühlt. Zwei Personen sind durchaus in der Lage, einen Papierballon in wenigen Stunden anzufertigen. Was man dazu braucht: 48 Bögen Seidenpapier von 30 cm Kantenlänge, Klebstoff, Scheren und Draht. Um das Modell dann steigen zu lassen, braucht man viel Platz, den man zum Beispiel draußen auf dem Land findet, und eine einfache Wärmequelle. Das Wetter bestimmt dann, wie weit der Ballon fliegt (oder fährt). Einer dieser Ballone brachte es auf vier Aufstiege, und er legte dabei bis zu 80 km zurück – bei einer Fahrt.

Am besten füllt man den Ballon mit einem Heizgebläse, man kann aber auch eine Lötlampe, einen Campingkocher oder sogar offenes Feuer dafür nehmen. Damit der Ballon länger in der Luft bleibt, kann man zusätzlich Wattebäusche mit Spiritus tränken und in das Drahtgitter in der Ballonöffnung stekken; man entzündet sie dann erst kurz vor dem Start. Diese Methode kann allerdings auch Brände auslösen, also beschränkt man sich besser auf die Originalfüllung mit Heißluft.

Hat der Ballon abgehoben, geht es darum, mit ihm Schritt zu halten. An einem windstillen Tag kann das zu Fuß sehr reizvoll sein, aber unter anderen Bedingungen kann die »Kugel« viele Kilometer zurücklegen – und dann ist es besser, zumindest ein Fahrrad dabeizuhaben.

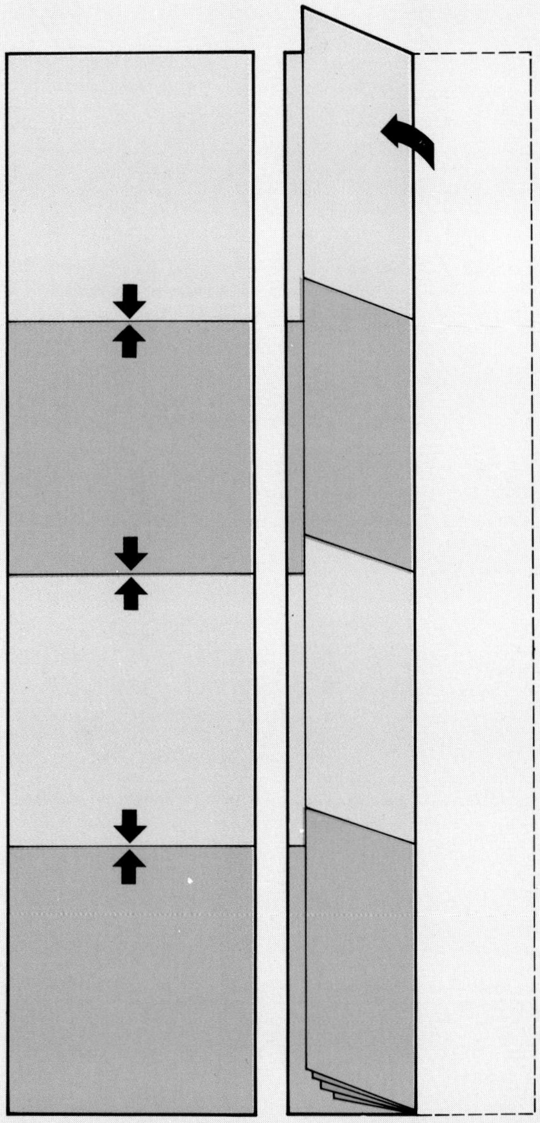

Zunächst fertigt man 12 lange Bahnen, indem man jeweils 4 Bögen Papier mit 1,5 cm Überlappung zusammenklebt. Dann knickt man die Bahnen der Länge nach in der Mitte, steckt sie ineinander und hält sie an der Knickstelle mit Klammern fest (s. Bild). Wenn man die Papierbögen unterschiedlich färbt, kann man sein Muster selbst bestimmen.

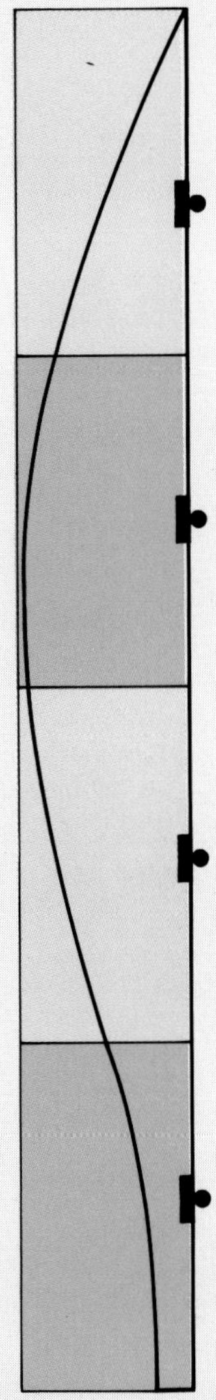

Jetzt zeichnet man eine Schlangenlinie auf die oberste Bahn und schneidet alle Bahnen danach aus. Mit den noch immer befestigten Klammern legt man die Bahnen dann auf eine ebene Fläche – mit der Schnittkante zum Körper.

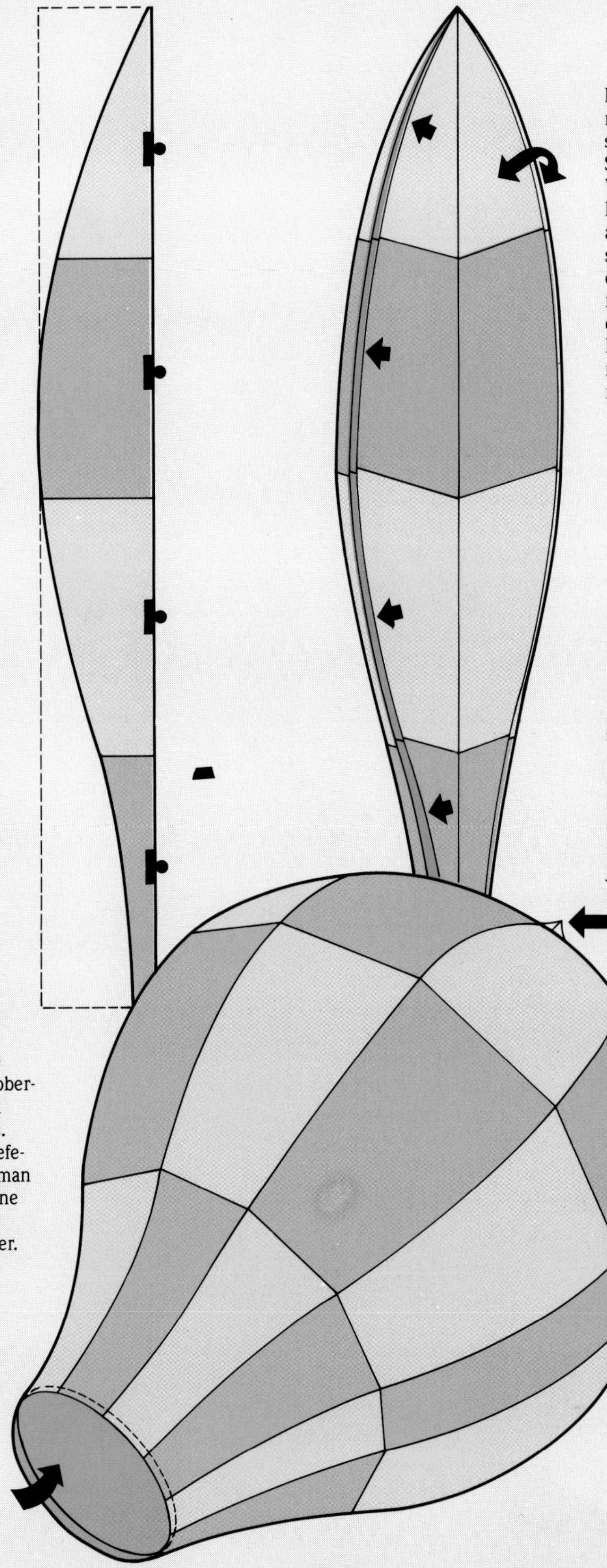

Die oberste Bahn drückt man jetzt beiseite und bestreicht die nächsten zwei Schnittkanten mit Klebstoff. Wenn nur noch eine halbe Bahn übrigbleibt, klebt man auch die Schnittkante der ersten mit der Schnittkante der letzten Halbbahn zusammen. Nun bestreicht man die Spitzen der Bahnen mit Klebstoff, preßt sie zusammen und verschnürt sie fest mit einem Bindfaden.

Zum Schluß formt man aus starkem Draht einen Ring und klebt ihn in die Öffnung des Ballons, quasi als Saum. Dann verschließt man die Öffnung mit einem Gitter aus feinem Maschendraht. Jetzt ist die Montgolfière startbereit.

AERO-PHILATELIE

Den ersten Luftpostbrief beförderte 1785 Blanchard auf seiner Ballonfahrt von England nach Frankreich. Den Brief hatte William Franklin verfaßt, der königstreue Sohn von Benjamin, der als ehemaliger Postangestellter in London im Exil lebte, und er war an ein jüngeres Mitglied der Familie gerichtet: an William Temple Franklin.

Viele der frühen Ballöner hatten Briefe als Erinnerung an ihre Fahrten an Bord, und sie warfen sie auch häufig ab – aber die wetterbedingte Unzuverlässigkeit der Ballone ließ die Einrichtung eines regelmäßigen Postdienstes nicht zu. Die einzige wirkliche Ausnahme war die Belagerung von Paris im Deutsch-Französischen Krieg von 1870/71, als Ballone als Blockadebrecher Millionen von Briefen aus der Stadt herausbrachten.

Der erste planmäßige Luftpostdienst fand am 23. September 1870 statt, als ein mit Briefen beladener Ballon die französische Hauptstadt verließ und nach drei Stunden Evreux erreichte. Nach der Landung ließ der Pilot Brieftauben aufsteigen, die die Nachricht seiner sicheren Ankunft nach Paris zurückbrachten. Die Tauben ihrerseits trugen Briefe und Zeitungsberichte mit sich, die fotografisch verkleinert auf Miniaturglasplatten übertragen worden waren: der erste Einsatz des Mikrofilms.

In einer späteren Phase des Krieges plante der französische Innenminister einen Durchbruch durch den Belagerungsring mit Hilfe von Soldaten aus der Provinz. Dieser Plan, zwei Angriffe auf die Belagerungstruppen – einen aus der Stadt heraus und einen zweiten durch 250 000 Soldaten von außerhalb – zu koordieren, mißlang jedoch: im wesentlichen vermutlich deswegen, weil die Briefe mit den Einsatzweisungen ihre Empfänger nicht rechtzeitig erreichten.

In den dreißiger Jahren wurde Luftpost planmäßig auf den Linien der Luftschiffe befördert, aber heute fällt am meisten Ballonpost an, wenn zum Gedenken historischer Ereignisse der Ballonfahrt Sonderbriefumschläge herausgegeben werden. Diese Sonderkuverts werden in der Regel gar nicht vom regulären Postdienst befördert, sondern meist im Ursprungsland abgestempelt und dann am Ziel der Ballonfahrt an Liebhaber und Sammler verkauft oder verschenkt.

Ballonpost
„För Sverige - i tiden"
No. 111 of 600
CARRIED ON BOARD
60. BALLONPOST
MIT BALLONPOST
BALLOON MAIL
ALPINE TROPHY BALLOON RACE
FILZMOOS AUSTRIA 1979
Bischofmütze
PUCH BEI WEIZ
BORDSTEMPEL
HOT AIR BALLOON POST
CARRIED BY PH-ARA
PILOT: HANS ZOET
START:
HISTORICAL FIRST FLIGHT BY HOT AIR BALLOON OVER NEPAL
Rollei
HELVETIA
D-ERGEE VI
BALLONPOST
CHRIST KINDL
75 JAHRE MOTORFLUG
Postkarte
PRO JUVENTUTE
FLOWN BY HOT AIR BALLOON

WETTKAMPF ZWISCHEN DEN WOLKEN

Nachdem sie erst einmal die Grundzüge der Ballonfahrt zu meistern gelernt hatten, strebten die Ballöner des 18. und des 19. Jahrhunderts alsbald nach Rekorden: als erste in einem bestimmten Land oder am schnellsten, am höchsten oder am weitesten gefahren zu sein. Die meisten Rekorde wurden dabei von Artisten oder Wissenschaftlern aufgestellt, und die Ballonsportler mußten sich damit begnügen, die Grenzen eigenständig zu erweitern: Direkter Wettbewerb war äußerst selten.

Ballontreffen waren zwar in vielen Ländern an der Tagesordnung, aber sie waren meist geselliger Natur und nicht auf Wettkämpfe ausgerichtet. Die Öffentlichkeit war an Ballonen zwar ausgesprochen interessiert und strömte auch zu Tausenden zu Starts und Vorführungen, aber es gab nur wenige Ansätze, das Ballonfahren auch als Zuschauersport zu organisieren.

Leistungen konnte man nur messen, indem man die Entfernung oder die Dauer einer Fahrt als Maßstab nahm. Aber eine Veranstaltung größeren Ausmaßes zu organisieren, zu überwachen, die Ballone zurückzuholen und dann die Ergebnisse auszuwerten und zu veröffentlichen hätte hohe Investitionen und Fernmeldeeinrichtungen über große Entfernungen vorausgesetzt. 1906 allerdings setzte ein amerikanischer Zeitungsverleger mit dem Gespür für außergewöhnliche Sportereignisse ein bleibendes Zeichen, indem er die erforderlichen Einrichtungen für eine allererste internationale Ballonwettfahrt zur Verfügung stellte.

James Gordon Bennett – ein Millionär großen Stils – war selbst Sportler; er beteiligte sich an Segelregatten und Reitsport und stiftete Trophäen für Motorboot- und Autorennen. Zudem brachte er das Polospiel in die USA und förderte Tennisturniere. Bennett war ein Mann der Tat, der sich nicht davon abhalten ließ, die Nachrichten, die er bringen wollte, auch vorzubereiten. Es war Bennett, der Stanley nach Afrika schickte, um Dr. Livingstone aufzuspüren, und er war auch der erste, der Wetterberichte in die Tageszeitungen brachte.

Nachdem er die Förderung von Autorennen eingestellt hatte, wandte Bennett sein Interesse – und sein Geld – dem Ballonsport zu und richtete eine Reihe internationaler Weitfahrten aus: Sieger war der Pilot, der die größte Entfernung zurückgelegt hatte, die in gerader Linie vom Startplatz aus gemessen wurde.

Die erste Wettfahrt um den Gordon Bennett Aeronautic Cup fand am 30. September 1906 in Paris statt, wo die Teilnehmer in Intervallen starteten. Ein Bericht über den Wettbewerb, der im darauffolgenden Monat im *Scientific American* erschien, beschrieb die Leistungen der 16 Teilnehmer aus sieben Ländern, die an diesem historischen Tag gestartet waren.

Santos-Dumont, der Pionier der Lenkluftschiffe, gehörte zur amerikanischen Mannschaft. Er fuhr einen runden Ballon mit einigen Neuerungen, wie zum Beispiel einem 6-PS-Motor mit horizontalen Propellern, der die Höhe halten sollte. Allerdings verletzte er seinen Arm an dessen Antrieb und mußte nach kurzer Fahrt landen. Santos-Dumont – selbst Millionär – war nicht nur Teilnehmer, sondern hatte auch einen Preis gestiftet; seine Trophäe für die erste Fahrt von mehr als 48 Stunden Dauer wurde allerdings von niemandem beansprucht.

Die Wettfahrt wurde schließlich von einem anderen Mitglied der amerikanischen Mannschaft – dem Kavallerieoffizier Frank P. Lahm – gewonnen: Er hatte einen Großteil Englands überquert und war dann bei Whitby in Yorkshire gelandet; für die 632 km hatte er 22 Stunden und 28 Minuten benötigt. Und Lahm war auch nur zu Boden gegangen, weil er die Nordseeküste erreicht hatte.

Die meisten der Ballone waren speziell für diese Wettfahrt angefertigt worden, was das Interesse der Aeronauten widerspiegelt. Auch die Öffentlichkeit war von dem Ereignis fasziniert gewesen: 250 000 Menschen hatten den Berichten zufolge den Start beobachtet, und Millionen hatten in der Presse davon gelesen – auch die Leser von Gordon Bennetts *New York Herald*.

Entsprechend seinen Bestimmungen fand der nächste Wettkampf in den USA statt, der Heimat des Siegers, und da er von einem Deutschen gewonnen wurde, startete man 1908 in Berlin. Diesen Wettbewerb gewann ein Schweizer Pilot, der nach 43 Stunden vor der norwegischen Küste eine Wasserlandung machte. Da die Ballone häufig lange unterwegs und dabei völlig dem Wind ausgeliefert waren, mußten etliche der Piloten die eigenartige Gastfreundschaft fremder Länder über sich ergehen lassen. Im Jahre 1912, als ein Franzose mit 2392 km einen neuen Rekord aufstellte, wurde ein Amerikaner, der in Rußland gelandet war, ins Gefängnis geworfen. Und 1934 waren zunächst fünf Ballone in der UdSSR verschollen; nach einer Woche allerdings wurde dann gemeldet, sie seien alle in Sicherheit.

Die dramatischen politischen Tagesereignisse jener Zeit ließen das Interesse der breiten Öffentlichkeit am Ballonsport allerdings nicht erlahmen: Die Wettbewerbe wurden 26mal – bis zum Ausbruch des Zweiten Weltkriegs – abgehalten, und der Name Bennett war nunmehr weltweit mit Ballonen verknüpft, und nicht mehr mit Autorennen. 1938 fand die letzte große Veranstaltung der Ära der Gasballone statt. Im Jahr darauf sollte wieder eine Wettfahrt stattfinden, aber eben abermals – wie von den Statuten vorgesehen – in der Heimat des letzten Siegers. Und der Sieger von 1938, Antoni Yanusz, war Pole; seine Wettfahrt war für September 1939 anberaumt. Am 1. September 1939 jedoch überfiel Hitler Polen...

1979 – nach 41 Jahren – wurden der Geist, die Leistungen und der Name der Gordon-Bennett-Wettfahrten noch einmal in Erinnerung gerufen, als in Long Beach in Kalifornien endlich wieder eine Wettfahrt für Gasballone stattfand. Es kann nicht verwundern, daß das Ereignis einige der erfahrensten Gasballonpiloten der Welt anlockte. 17 der 18 Teilnehmer wurden dann allerdings auf die hinteren Plätze verwiesen: von *Double Eagle III* mit den Piloten Abruzzo und Anderson, den Bezwingern des Atlantik. Ihre Strecke von 933 km muß ihnen im Vergleich zu ihrer Ozeanüberquerung wie ein Picknickausflug vorgekommen sein. Sie landeten in Colorado, und es fehlten ihnen gerade 52 Minuten an den 48 Stunden, die Santos-Dumont bei der ersten Wettfahrt 1906 ausgesetzt hatte.

Die alten Wasserstoffballone brauchten zum Füllen bis zu 12 Stunden. Bei großen Wettbewerben oder Treffen wurden sie in Reihen ausgelegt und über einen Füllschlauch versorgt. Die Zuschauer durften dabei nur aus sicherer Entfernung zu dem hochbrennbaren Gas zusehen. Diese kleinen Wasserstoffballone kann man selbst an windigen Tagen ohne schützende Halle startklar machen.

English Rose Kitchens

Viele fragen sich, wie man eigentlich mit Ballonen Wettbewerbe austragen kann – schließlich sind sie ja praktisch nicht zu steuern, sind nur so schnell wie der Wind und haben nur eine begrenzte Menge Gas an Bord. Um zu verstehen, wie Ballonsportler gegeneinander antreten, muß man sich zunächst einmal von dem Gedanken lösen, daß Sieger nur derjenige sein kann, der als erster im Ziel ist. Da Ballone der Gnade der Atmosphäre ausgeliefert sind und sich alle im gleichen Luftstrom mit der mehr oder weniger gleichen Geschwindigkeit bewegen, kann ein Ballonsportler im Wettkampf nur bestehen, wenn er besser ist als die anderen – nicht schneller. Sieger ist zum Beispiel der Ballöner, der einem Ziel am nächsten kommt – entweder mit seiner Landung oder mit dem Abwurf eines Zielkörpers, der seine fiktive Landung markiert.

Wie bei Segelregatten oder im Skisport ist es für den Zuschauer auch bei Ballonwettbewerben oft unmöglich, den Stand des Rennens abzuschätzen, weil es häufig gar nicht um die relative Plazierung zueinander geht, sondern um die Gesamtwertung.

Auf der nördlichen Halbkugel der Erde dreht der Wind mit zunehmender Höhe nach rechts, das wird schon jedem angehenden Ballonpiloten eingebleut: »Right with Height«! Und damit ist die Theorie der Wettbewerbe denn auch schon recht einfach. Das Ziel liegt – vom Startplatz aus gesehen – in Windrichtung, und wenn der Ballonpilot den Kurs nach rechts ändern will, steigt er auf Höhe, will er nach links, sinkt er nach unten. So fährt er im Zickzack durch die Lüfte, während er sein Ziel anpeilt.

In der Praxis ist die Atmosphäre in ihrem Verhalten oft recht launisch. Und dann sind es Können, Erfahrung und Gespür des Piloten für die Unwägbarkeiten des Windes, die ihm den Preis einfahren.

Während das Bodenpersonal gelassen dem neuen Tag entgegenblickt, stecken die Piloten ihre geplanten Kurse ab: ein Auge auf der Karte, das andere auf dem Windsack.

Fuchsjagd: In diesem Wettbewerb versuchen die Teilnehmer, so nahe wie möglich am Fuchsballon zu landen oder ihren Marker abzuwerfen. Dabei wird ihnen die geschätzte Fahrzeit des Fuchsballons mitgeteilt, der seinen Start selbst bestimmt. Die Teilnehmer starten etwa 10–15 min später vom selben Startplatz.

Vorgegebenes Ziel: Der Pilot fährt mit dem Wind das Ziel an und wirft dort seinen Marker ab; es gewinnt, wer am dichtesten beim Ziel liegt. In den Anfängen der Wettfahrten wurde nur ein Ziel vorgegeben; diese Version wurde jetzt aber weitgehend ersetzt durch mehrere vorgegebene Ziele (auch Hesitation Waltz genannt). Der Pilot wählt das ihm genehme Ziel erst, wenn er in der Luft ist. Die Folge dieser Variante sind manchmal erstaunlich präzise Fahrten. Könner wie der Weltmeister Paul Woessner haben ihren Marker sogar schon direkt in die Mitte des Zielkreuzes geworfen – ohne jede Ablage.

FIFO (Fly In – Fly On): Oft in Verbindung mit dem »Vorgegebenen Ziel«, um die Wettfahrt zu verlängern: Der Pilot wählt in der Luft ein zweites Ziel und vermerkt dessen Koordinaten auf dem Marker, den er am ersten Ziel abwirft. Dann fährt er zu seinem selbstgewählten zweiten Ziel und wirft dort für die Wertung einen zweiten Marker ab.

Selbstgewähltes Ziel: Ähnlich dem »Vorgegebenen Ziel«, nur wählt der Pilot sein Ziel selbst. (Wenn er vorher einen heliumgefüllten Kinderluftballon beobachtet, unterstützt ihn das bei der Wahl des Ziels.) Danach sind die Piloten sich selbst überlassen: obwohl der Wind noch drehen kann, dürfen sie ihr Ziel nicht mehr ändern, und der Pilot kann auch Nachbarballone nicht zur Bestimmung des Windes heranziehen, da er deren Ziele nicht kennt. Eine äußerst schwierige Form der Wettfahrt!

Fly In: Eine für Zuschauer interessante Form der Wettfahrt. Die Konkurrenten suchen sich einen Startplatz aus, der eine bestimmte Mindestentfernung zum vorgegebenen Ziel haben muß. Wie beim »Selbstgewählten Ziel« ist hier derjenige Pilot im Vorteil, der seinen Kurs am präzisesten vorausplanen kann. Die Zuschauer am Ziel können dabei – während die Ballone von allen Seiten einschweben – die Richtungsänderungen des Windes in den verschiedenen Höhen beobachten.

Barographen-Rennen: Bei den ersten beiden Weltmeisterschaften wurden noch Barographen-Rennen gefahren, sie erwiesen sich allerdings als schwer zu organisieren und zudem als gefährlich. Ein Hauptproblem ist das Geld für die benötigten Barographen – Instrumente, die Zeit und Höhe festhalten. Jeder Pilot bekommt einen dieser Höhenschreiber mit einer rußgeschwärzten Aluminiumplatte, die ihm sein Profil vorgibt. Während der Fahrt muß er die Nadel seines Höhenschreibers auf den vorgegebenen Höhen halten – bewertet wird nach der Anzahl von Sekunden, in denen er diese Höhen eingehalten hat. Diese Wettkampfart ist heute nicht mehr üblich.

Ellbogen: Bei diesem Wettbewerb müssen die größtmöglichen Kursänderungen erzielt werden. Nach dem Start legen die Ballone eine festgelegte Minimumentfernung – 5 km zum Beispiel – zurück, dann wirft der Pilot einen Marker ab, der seine Position markiert, und fährt seine zweite Teilstrecke, bei der er so weit wie möglich vom alten Kurs abweicht. Für Zuschauer ist diese Wettfahrt ziemlich uninteressant, da sich die Ballone über ein weites Gebiet verteilen. Für die Piloten hingegen ist er spannend: manchmal steigen sie in Höhen von 4000 m und mehr, nur um einen rechtsdrehenden Wind zu erwischen.

Schnellfahrt zu einer Linie: Sie ist die einzige Ausnahme von der Regel – hier geht es um Geschwindigkeit. Die Piloten versuchen, eine vorgegebene Linie zu erreichen; Sieger ist der schnellste Ballon. Durch Steigen kann man Fahrt gewinnen, aber weiter oben kann auch die Windrichtung falsch sein. Hier muß der Pilot herausfinden, wie er am schnellsten zum Ziel kommt – diffizil besonders dann, wenn die Ziellinie schräg zum Wind liegt. Die gefahrenen Zeiten liegen manchmal nur um Sekunden auseinander – aber oft auch um Minuten.

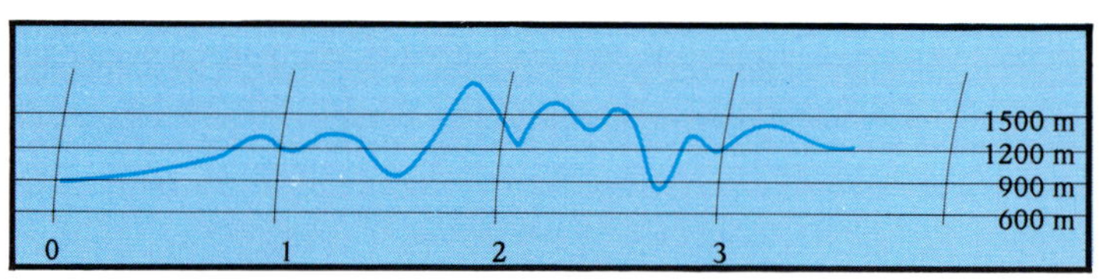

Das Problem bei Barographen-Rennen ist, daß die Piloten mogeln können, indem sie das Gerät anzapfen und die Nadel ausschlagen lassen; zudem kann es zu Kollisionen kommen, wenn ein Pilot – den Vorgaben folgend – schnell steigen und sein Nachbar schnell fallen will. Äußerst gefährlich wird es, wenn die Piloten – wiederum der Nadel folgend – in gesperrten oder kontrollierten Luftraum eindringen, ohne sich dessen bewußt zu sein.

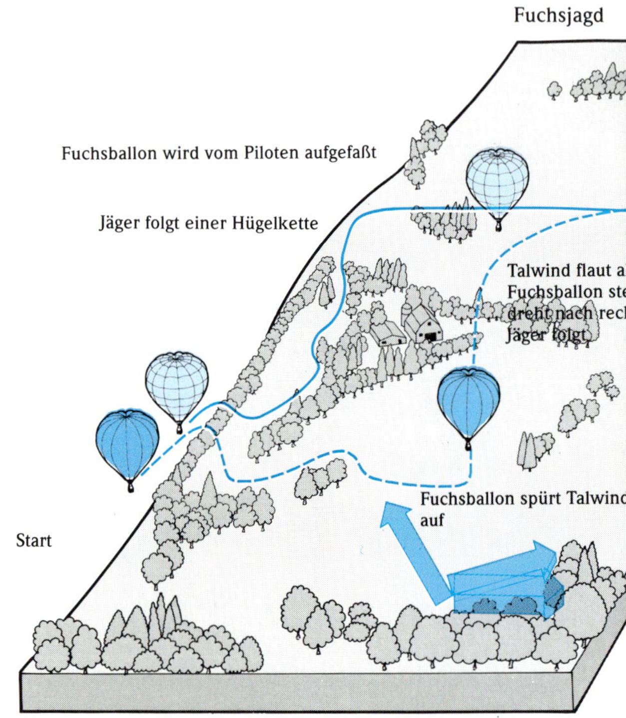

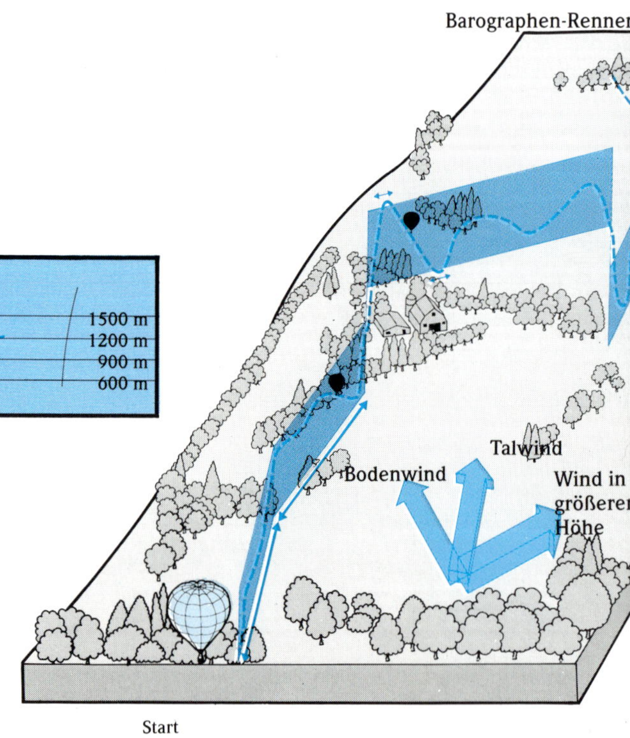

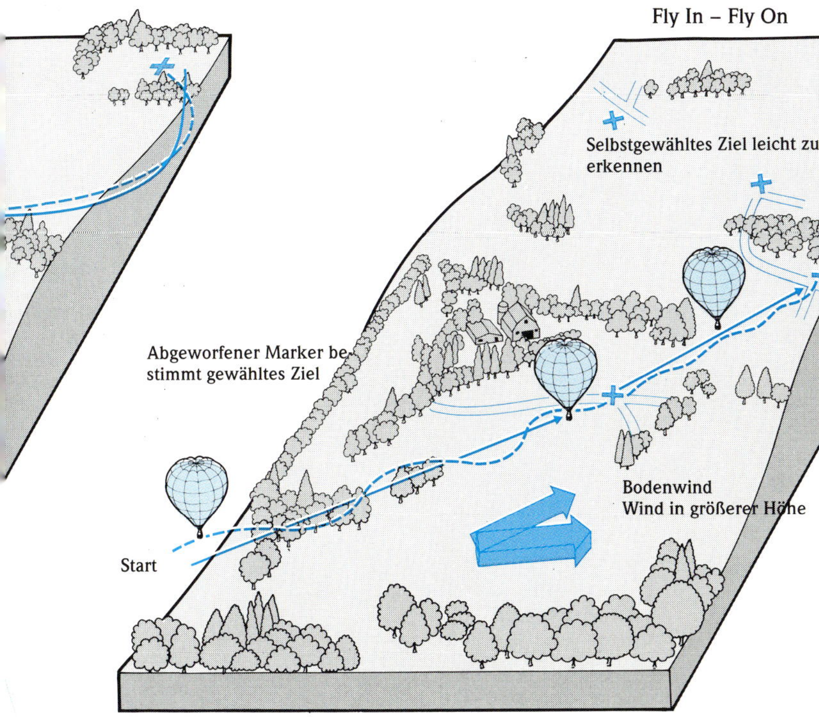

Fly In – Fly On
Selbstgewähltes Ziel leicht zu erkennen
Abgeworfener Marker bestimmt gewähltes Ziel
Bodenwind
Wind in größerer Höhe
Start

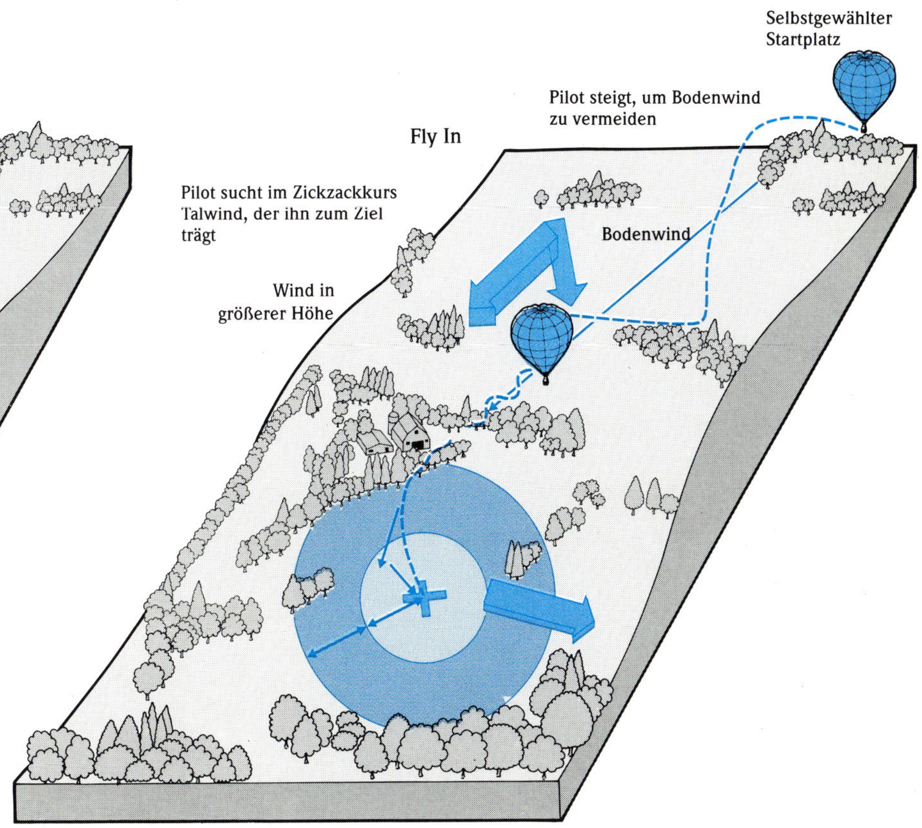

Selbstgewählter Startplatz
Pilot steigt, um Bodenwind zu vermeiden
Fly In
Pilot sucht im Zickzackkurs Talwind, der ihn zum Ziel trägt
Bodenwind
Wind in größerer Höhe

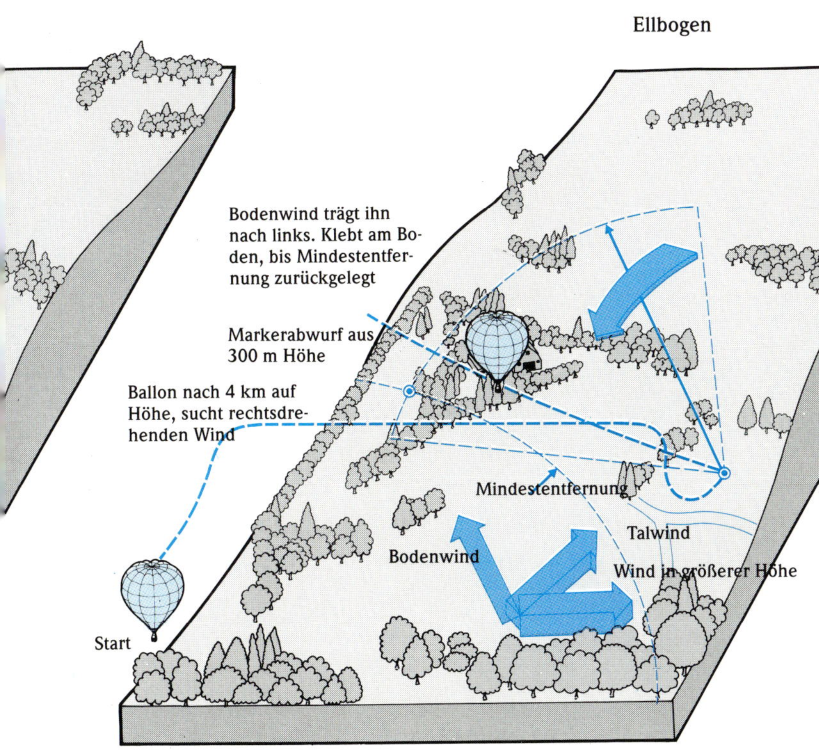

Ellbogen
Bodenwind trägt ihn nach links. Klebt am Boden, bis Mindestentfernung zurückgelegt
Markerabwurf aus 300 m Höhe
Ballon nach 4 km auf Höhe, sucht rechtsdrehenden Wind
Mindestentfernung
Talwind
Bodenwind
Wind in größerer Höhe
Start

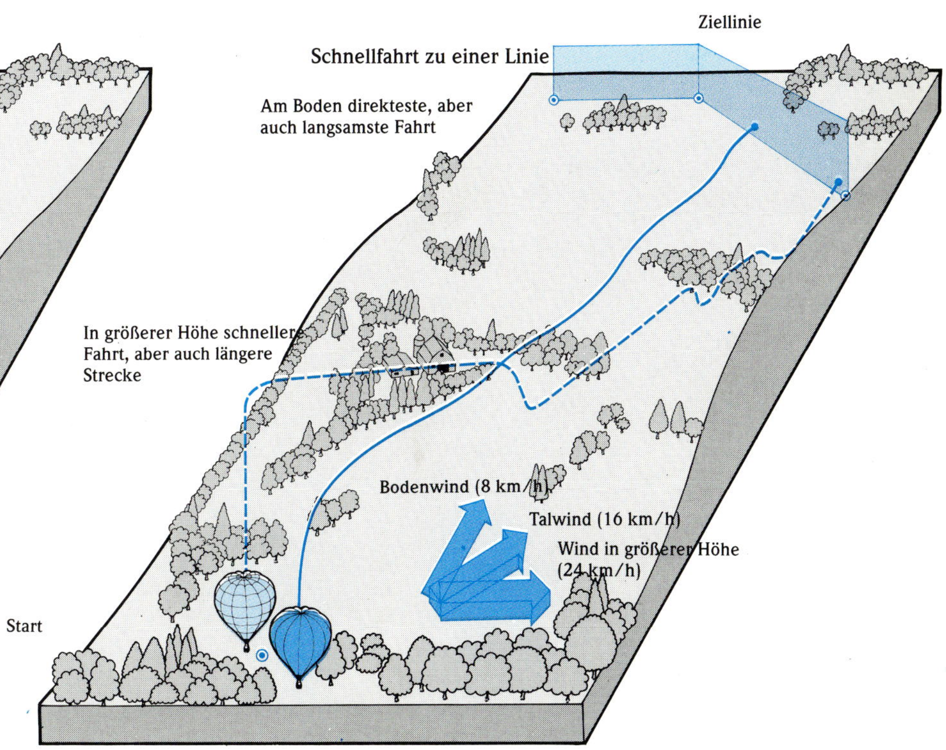

Ziellinie
Schnellfahrt zu einer Linie
Am Boden direkteste, aber auch langsamste Fahrt
In größerer Höhe schnellere Fahrt, aber auch längere Strecke
Bodenwind (8 km/h)
Talwind (16 km/h)
Wind in größerer Höhe (24 km/h)
Start

Ballonfahren – und hier besonders der Ballonsport bei Wettbewerben – steht und fällt mit dem Verständnis und der Nutzung des Wetters; hierfür gibt es eine ganze Reihe verschiedener Methoden. Zum Beispiel:

Wetterballone am Start

Um die Windrichtung festzustellen, läßt auch ein erfahrener Pilot gern einen heliumgefüllten Kinderballon aufsteigen, der ihm anzeigt, was ihn weiter oben erwartet. Da er die Steiggeschwindigkeit seines Ballons – zum Beispiel 150 m/min – kennt, kann er die Windrichtung in den verschiedenen Höhen berechnen.

Rauchsignale am Ziel

Gute Piloten sind in der Lage, ihren Ballon einigermaßen genau in einer engen Windströmung zu halten, und die meisten Wettkampfpiloten können auch innerhalb von 200 m um das Ziel landen. Die meisten Probleme treten in der letzten Phase der Annäherung an das Ziel auf, weil hier der Wind unbeständig ist – er kann gleichmäßig dahinfließen, aber auch turbulent sein, wenn er über Bäume, Häuser und Hügel dahinströmt. Viele gelungene Fahrten wurden schon durch eine kleine Unachtsamkeit in der letzten Minute verdorben, und der Pilot kann ja schließlich nicht umdrehen und einen neuen Versuch starten. Im Ballonsport hat man jede Chance nur ein einziges Mal.

Unterhalb 80 m ist der Wind oft launisch, und viele Piloten planen ihre Annäherung an das Ziel dann so, daß sie in mehr als 80 m Höhe in der Nähe des Ziels ankommen und dann »wie ein Stein« nach unten fallen, wobei sie den Marker so dicht wie möglich am Ziel abwerfen. In der letzten Phase sind Windrichtungsanzeiger – wie Rauch aus Schornsteinen – äußerst hilfreich, darüber hinaus kann auch die Crew am Boden noch eine Rauchfackel zünden, um die örtlichen Turbulenzen anzuzeigen.

Hier eine kurze Vorstellung des Personals, das einen solchen Wettbewerb auszurichten hilft:

Die **Wettkampfleitung** ist die oberste Instanz. Sie plant die Aufgaben, »brieft« die Piloten, überwacht Startleitung und Auswertung. Wenn ein Pilot mit seiner Wertung nicht einverstanden ist, führt sein erster Weg stets zum Wettkampfleiter.

Die **Sportzeugen** oder **Observer** stellen sicher, daß die Piloten nicht mogeln. Sie sind entweder selbst mit an Bord oder beobachten sie vom Boden aus; zudem geben sie Informationen über den Stand des Wettbewerbs an die Auswertung durch.

Der **Meteorologe** sammelt die Vorhersagen umliegender Wetterstationen, wertet sie aus und berät die Leitung in der Frage, welche Wettkampfart am besten zum Wetter paßt.

Der **Sicherheitsbeauftragte** und die **Startleitung** sind für den sicheren Ablauf des Starts und die Überwachung der Zuschauer verantwortlich.

Die **Auswertung** und die **Meßtrupps** berechnen die Endergebnisse. Entfernungen – etwa zum Zielkreuz – werden per Meßband oder auch mit Laser gemessen. Die genauen Werte in Metern und auch Millimetern werden dann vom Computer weiterverarbeitet.

In den siebziger Jahren entwickelten sich Ballonwettbewerbe zu einem gutorganisierten Sport mit internationalen Regeln, bei dem die Piloten sich bewähren konnten. Zunächst hatten amerikanische Aeronauten ein ganzes Bündel grundsätzlicher Regeln aufgestellt, die 1963 bei den ersten US-Natio-

In der Mitte über dem gelben Kreuz steht ein Laser-Entfernungsmesser. Der Helfer im Vordergrung mißt noch mit dem Band. Die roten Marker im Gras sind von Ballonen abgeworfen worden.

Bei einer Fuchsjagd vom Ballon eines Jägers aus aufgenommen (rechts): Die Mannschaft des Fuchsballons legt das gelbe Zielkreuz aus; ihr Ballon ist noch halb gefüllt. Die anderen beiden Ballone aus der Meute werden am Ziel vorbeitreiben.

Der französische Meister Michel Bergounioux läßt sich zur Erinnerung von einem Mitglied der amerikanischen Mannschaft ein Autogramm geben. Die rote Flagge zeigt an, daß der Brenner nicht von Anfang an zum Aufrüsten benutzt werden soll, da der Wind zu kräftig bläst.

nalmeisterschaften in der Praxis angewandt wurden. Zehn Jahre später fand dann in Albuquerque in New Mexico das erste internationale Treffen statt.

Das Ereignis wurde von der Familie Cutter, im besonderen Bill und Sid, mit Hilfe von Ed Yost und anderen aufgezogen und als Erste Heißluftballon-Meisterschaft der Welt angekündigt. Sieger war Dennis Flodden, ein Amerikaner. Den 2. Platz belegte Bill Cutter selbst, und den 3. Janne Balkedal aus Schweden. Die Hälfte der Gesamtpunktzahl entfiel auf das Barographen-Rennen, eine Disziplin, mit der sich nur die Amerikaner auskannten – und viele Europäer kehrten mit dem Gefühl nach Hause, daß diese Auslegung die Amerikaner begünstigt hätte.

In England wurde die erste Nationalmeisterschaft im Mai 1975 abgehalten. Sie sollte die englische Mannschaft für die nächste Weltmeisterschaft bestimmen, die für September vorgesehen war – aber wiederum wurde ein Amerikaner Weltmeister: Dave Schaffer mit seinem in den USA gebauten Ballon landete als unbestrittener Sieger. Den 2. Platz errang Janne Balkedal, den 3. Peter Vizzard aus Australien, und das vierköpfige englische Team belegte die Plätze 4, 5 und 7.

Der nächste wichtige Meilenstein unter den Ballonwettkämpfen war die englische Nationalmeisterschaft von 1976, bei der erstmals neue Regeln – erarbeitet von den englischen Piloten Nigel Tasker und Martin Moroney – angewandt wurden. Diese neuen Regeln sahen auch den Einsatz von unabhängigen Beobachtern – den Sportzeugen – vor, die über Maßnahmen und Verhalten der Piloten zu berichten hatten, sowie die Einführung von Zielkörpern oder Markern, die von den Piloten abzuwerfen waren und eine Landung ersetzten.

Mit nur wenigen Abänderungen wurden diese Prototyp-Regeln auch bei den Weltmeisterschaften von 1977 beibehalten, die auf Antrag des British Balloon and Airship Club (BBAC) in England in Castle Howard abgehalten wurden. Trotz aller Vorbereitungen der englischen Mannschaft wurde es wieder ein überwältigender Sieg der Amerikaner: Der 1. Platz ging an Paul Woessner aus Albuquerque, der 2. an Bruce Comstock aus Michigan.

Die vierte Weltmeisterschaft richteten dann die Schweden 1979 in Uppsala aus – es war der kälteste Winter in Europa seit vielen Jahren. Einmal mehr war der Wettbewerb ein Ringen zwischen Woessner und den restlichen Rivalen: Sid Cutter, Sohn von Bill, belegte danach den 2. Platz, der Franzose Roux-Devillas den 3., und der Engländer Alan Dorman wurde Vierter.

Zwischen 1973 und 1993 hat es bislang elf Weltmeisterschaften gegeben, von denen die Amerikaner neun für sich entscheiden konnten. Allerdings wird der Abstand zu ihren Rivalen von Jahr zu Jahr geringer. 1983, als die amerikanische Mannschaft aus politischen Gründen nicht antrat, gewann Peter Vizzard die Weltmeisterschaft.

1985 wurde bei der Fédération Aéronautique Internationale (FAI), der internationalen Körperschaft für Flugsport, beantragt, eine umstrittene Entscheidung der Wettkampfleitung hinsichtlich der letzten Disziplin zu berichtigen. Dem Antrag wurde stattgegeben und die Entscheidung der Jury korrigiert. Zwar blieb trotzdem David Levin Weltmeister, aber Crispin Williams, bisher zweiter, war jetzt der Pilot mit der höchsten Punktzahl.

1989 deklassierte Benedikt Haggeney aus der Bundesrepublik Deutschland alle anderen Mitstreiter und gewann die Weltmeisterschaften von Saga in Japan. 1991 und 1993 wurden zweimal hintereinander Amerikaner Weltmeister: Al Nells und Alan Blount.

Denny Flodden, Weltmeister von 1973.

Der Deutsche Benedikt Haggeney, überlegener Weltmeister von 1989.

Paul Woessner (Bildmitte links) empfängt bei der Weltmeisterschaft von 1977 seinen Preis.

Die Windrichtungen können sich in den verschiedenen Höhen stark unterscheiden. In Albuquerque in New Mexico, wo bisher zwei Weltmeisterschaften ausgetragen wurden, haben die Ballonsportler ein Phänomen entdeckt, das inzwischen »Albuquerque Box« genannt wird – eine Windstruktur, in der ein Ballon durch Steigen oder Fallen um nur 15 m seine Fahrtrichtung im rechten Winkel ändern kann. Selbst Neulinge können ihren Ballon hier ohne Schwierigkeiten manövrieren. Manchmal landen sie – nach einer immerhin zweistündigen Fahrt! – nur wenige Meter neben ihrem ursprünglichen Startplatz.

Diese einzigartigen Wetterbedingungen haben zu einer Reihe von Wettkampfdisziplinen geführt, die nur in Albuquerque anzutreffen sind. Eine der spannendsten unter diesen Aufgabenstellungen ist der »Albuquerque Blackjack« – eine Luftfahrtversion des Glücksspiels Siebzehnundvier: Quadrate am Boden haben den Wert von Spielkarten, und die Piloten können mehrmals aufsetzen, um die Zahl 21 zu erreichen – oder alles zu verlieren.

Für diese Form äußerst akkuraten Ballonfahrens braucht man natürlich die dort vorhandenen, besonderen Windbedingungen, die es sonst nirgendwo auf der Erde gibt. Und es ist wahrscheinlich kein Zufall, daß diese Stadt absolute Experten des Ballonsports hervorgebracht hat: einen Weltmeister, einen Landesmeister und die ersten Männer, die mit einem Ballon den Atlantik überquerten.

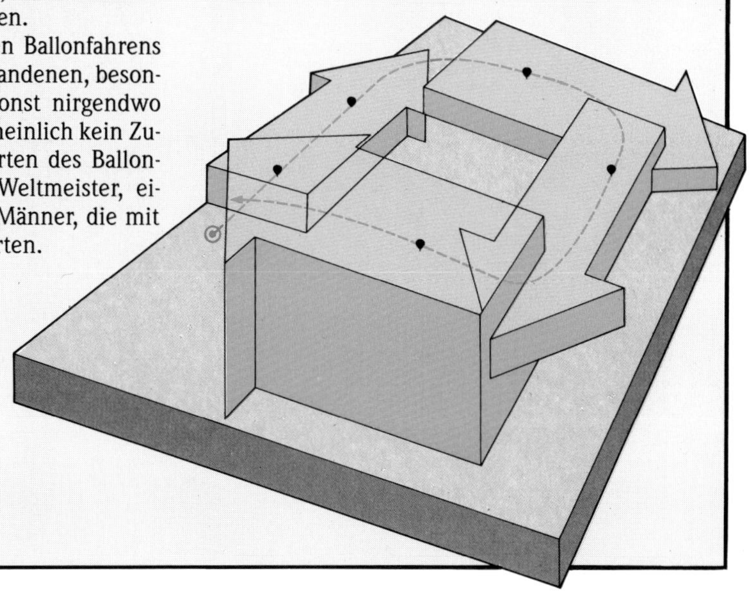

Per Lindstrand und Chris Kirby, Hersteller von Ballonen und Luftschiffen.

Chris Davey, Atlantikpilot.

Michel Bergounioux, französischer Meister von 1978.

Richard Branson kennt sich auf dem Atlantik aus.

Mike Kendrick, Vorstandsvorsitzender der englischen Firma Airship & Balloon Co.

Alan Noble, Herausgeber von *Aerostat*.

Don Cameron, Ballonhersteller.

Bob Sparks versuchte zweimal, den Atlantik zu überqueren.

Nigel Tasker als Leiter von Titelkämpfen.

Philip Porter stellte als Pilot von Heißluft-Luftschiffen schon Rekorde auf.

Crispin Williams gewann vier englische Meisterschaften und – 1985 – die Weltmeisterschaft.

Robbie Noirclerc, Ballonfabrikant.

Dick Wirth, englischer Meister von 1976, und Tom Dennelly stellen Ballone her.

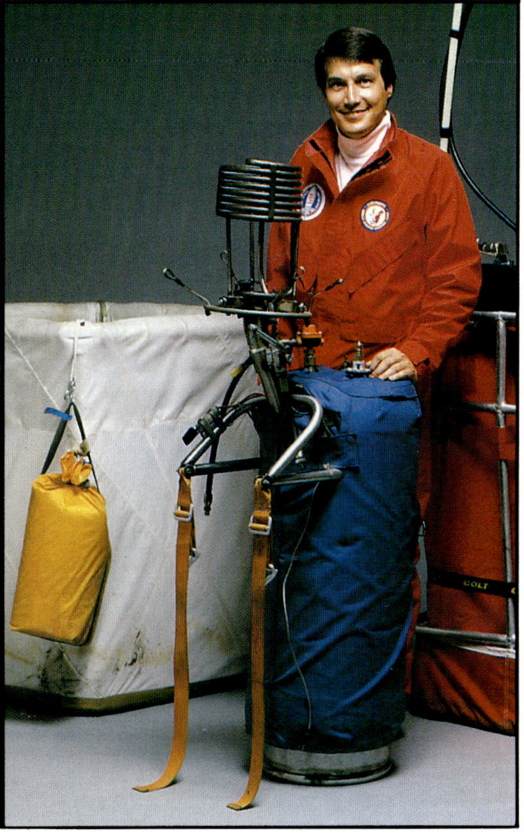

Coy Foster hält etliche Heißluftballon-Rekorde.

START FREI FÜR SOLISTEN

Eines Tages im Jahre 1977 meldete sich der amerikanische Aeronaut Brian Boland bei Thunder Balloons – bei sich hatte er lediglich einen Koffer und einen Rucksack. Im Koffer lag eine vakuumverpackte Ballonhülle, im Rucksack ein Miniaturbrenner.

Brian war aus den USA mit einem flugfähigen Ballon als Handgepäck angereist. Binnen einer Woche hatte er sich einen Einmannkorb geflochten und trat dann mit diesem Flugapparat bei den Weltmeisterschaften in Castle Howard an. Die Ballone von Boland gehören zu den kleinsten überhaupt, und Brian und seine Frau Kathy halten mittlerweile Höhen und Dauerrekorde in den Klassen AX1, AX2 und AX3.

Diese Ballone für Einzelgänger – auch »Solo Stats« genannt – gewähren ihren Piloten einen erstaunlichen Grad an Freiheit. Mit ihnen kann man eine komplette Fahrt – vom Start bis zur Landung einschließlich Rückkehr – ohne jegliche Hilfe durchführen: Bolands *Piccolo* hat ein Startgewicht von nur 40 kg.

Wenn man sich die Mobilität dieses Ballons und seine geringen Kosten vor Augen hält, scheint es unverständlich, daß sich diese Miniballone noch nicht durchgesetzt haben – aber bisher ist für die breite Öffentlichkeit noch kein Markt entstanden.

Der erste Ballon von Raven – die Vulcoon, die die Heißluft-Renaissance auslöste – war ein Einsitzer von 880 m³; ein einfacher Stuhl aus Stahlrohr hatte zwei Gaszylinder zwischen den Beinen, und die Luft wurde mit einer verbesserten Lötlampe erhitzt.

Bobby Sparks setzte dann die Entwicklung der Kleinen mit seiner *Baby Lark* fort, unter der er – mit einem kleinen Gaszylinder auf dem Rücken – im Gurtzeug hing. Der erste Ballon, den Maurice Chaize baute, war der Vulcoon ähnlich, verfügte aber über die technische Bereicherung, daß man den Pilotensitz drehen konnte.

Unlängst erst hat Colt die Cloudhopper für Smirnoff-Wodka angefertigt, deren 340 m³ polyesterumgebene Heißluft einen drehbaren Ring mit dem Piloten tragen. Als Vorsichtsmaßnahme kann der Pilot den Fallschirmgurt öffnen, der ihn mit seinem Ballon verbindet.

Die Sky Chariot von Thunder – das erste Solomodell auf dem Markt – war zwar von früheren Minis beeinflußt worden, weist aber dennoch etliche eigenständige Merkmale auf. Über vier Steuerventile kann sie in beide Richtungen um die Hochachse gedreht werden, und die Brennstoffanzeige wird über einen Spiegel abgelesen. Mit ihren 480 m³ ist die Chariot groß genug für eine längere Fahrt, aber auch handlich genug, um sie auf einem Autodach zu verstauen. Ihre Marktchancen stehen gut, und ihre ersten Käufer kommen meist aus dem Lager der herkömmlichen Ballone.

Bolands *Piccolo*, ein AX2 von 340 m³ Volumen, wird von der FAA noch als »Versuchsballon« eingestuft. Mit 22 Litern Brennstoff kann er höchstens 30 Minuten in der Luft bleiben. Nach dem Start auf seinem Grundstück in Connecticut und der anschließenden Landung fährt Boland gewöhnlich per Anhalter zurück. Die Autofahrer bestaunen dann meist seine ungewöhnliche Ausrüstung und den »Raumanzug«.

Mit dem von XXUS geförderten AX3-Ballon (links) stellten Brian Boland und seine Frau Kathy 1978 Höhenweltrekorde für diese Klasse auf.

Die Colt Cloudhopper, die für Smirnoff-Wodka hergestellt wurde, gleitet über das Wasser; hier wird sie der englischen Presse vorgestellt. Ihr Gurtzeug sieht fremd aus – gewöhnlich sitzt man bei Ballonen dieser Größe auf dem Tank. Die Sky Chariot dagegen (rechts) bietet dem Solopiloten mehr Komfort und auch mehr Schutz.

FAHRTEN IN DIE FERNE

The

Thursday, Aug. 17, 1978

Americ

Menagerie Comes to

Amsterdam Board
For Expansion of

Settlement Reported N
In Bitter Memphis Strik

President Mov

Ballöner sind immer darauf aus, Neues zu erschließen, das ihre Freude an der ältesten Form der Luftfahrt noch erhöht. Manchmal, und das trifft auf Fahrten über Afrika zu, ist man ihnen – zumindest gedanklich – bereits zuvorgekommen: Jules Vernes *Fünf Wochen im Ballon*, schon über 100 Jahre alt, handelt von einer Ballonfahrt über Afrika. Seine Piloten wollten die Passatwinde nutzen, und ihr Ballon war – im Vorgriff auf manch spätere Versuche, den Atlantik zu überqueren – eine Kombination von Heißluft- und Wasserstoffballon.

Für die meisten Ballonfahrer liegt der Reiz des Abenteuers einfach darin, fremden Luftraum zu erobern, politische Grenzen und kulturelle Barrieren zu überwinden; das Ziel selbst spielt nur eine untergeordnete Rolle. Das wirklich Faszinierende ist dann die so ganz andere Lebensart. Wenn sich diese andere Lebensart allerdings vor allem in bürokratischem Ungemach manifestiert, bewirkt sie beim Ballöner höchstens Groll und Grimm.

Die erste Ballonfahrt in Nepal hatte deren Initiator, der holländische Journalist Hans Zoet, praktisch schon aufgegeben, als er zufällig den Hubschrauberpiloten des Königs traf, der den gordischen Knoten durchschlug und die Fahrt doch noch ermöglichte. Ohne derartige Gunstbeweise des Schicksals hätte so manche Fahrt in die Ferne gar nicht vom Boden abgehoben.

HERAUSFORDERER: DER ATLANTIK

»... unsere Freunde aus Paris werden uns durch die Luft besuchen, anstatt den Ozean zu durchpflügen.«

George Washington, 1784

Bis zum Jahre 1978 hatte die Ballonfahrt der Vision George Washingtons von einer Luftverbindung zwischen Amerika und Europa nichts entgegenzusetzen. Selbst heute noch ist der Atlantische Ozean die ganz große Herausforderung für die Ballonfahrt. Schon zu Zeiten des amerikanischen Bürgerkriegs traf Thaddeus Lowe Vorbereitungen für eine Überquerung, aber danach tat sich nur noch wenig – bis in den fünfziger Jahren vier Engländer, Colin Mudie und seine Frau Rosemary sowie Bushy Eiloart und sein Sohn Tim, den Plan wieder aufgriffen und sich dabei auf ihre Erfahrungen als Transatlantiksegler stützten. Sie starteten zu ihrem Ost-West-Versuch in Teneriffa vor der Küste Nordwestafrikas in der Nacht des 12. Dezember 1858, gerieten mit ihrer *Small World* in die südlichen Passatwinde und hatten bald den Dauerrekord für Ballone überboten. Ein fürchterlicher Sturm zwang dann allerdings die Crew zur Notwasserung auf dem Atlantik, und sie mußten den Rest ihrer Reise – weitere 2700 km – in der Gondel des Ballons zurücklegen; am 5. Januar 1959 trafen sie auf Barbados ein.

Dabei hatten sie nicht nur versucht, den Atlantik von Ost nach West zu überqueren, sondern hatten dieses wagemutige Vorhaben auch zu einer Zeit geplant, als den Ballonsport außer einer kleinen europäischen Clique noch kaum jemand kannte. Zudem hatten diese Abenteurer ihren Ballon selbst konstruiert, gebaut und dann fahren gelernt – weitgehend ohne fremde Hilfe. In England gab es damals noch nicht einmal einen zugelassenen Prüfer der Luftaufsichtsbehörde CAA: Eiloart bekam seine Lizenz von einem Prüfer, der seiner Examensfahrt auf dem Fahrrad folgte.

Mudies wesentlicher Beitrag zur Transozean-Ballonfahrt bestand darin, daß er eine Gondel entwarf, die auch einen Aufprall mit hoher Geschwindigkeit auf das Wasser überstehen konnte. Und als seine Besatzung 94¹/2 Stunden später dann in Kumulonimbus-Bewölkung geriet, trennte sie sich vom Ballon und schlug relativ weich auf das Wasser auf. Die robuste und fortschrittliche Konstruktion der Gondel der *Small World* sollte noch zwei Jahrzehnte lang als Modell dienen – Prototyp und Vorbild für kommende Versuche.

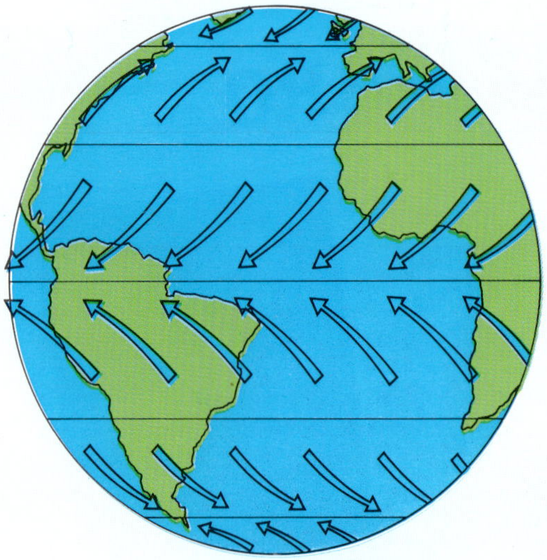

Der Passat bläst im Südatlantik von Ost nach West, im Nordatlantik von West nach Ost. Die Jet-streams in größeren Höhen, die John Wise schon um 1860 entdeckt hatte, verleiteten Gatch und Forbes später dazu, diese »Himmelsströme« für eine Überquerung nutzen zu wollen. Aber schließlich waren es doch – wie schon bei den alten Segelklippern – die Passatwinde, die den ersten Ballon von der Neuen Welt zur Alten trugen.
Im Gegensatz zum eher instinktiven Vorgehen der Mannschaft von *Small World* nutzte die satellitenüberwachte und erfolgreiche *Double Eagle II* 20 Jahre später die westlichen Passatwinde und vermied so die atlantischen Tiefdruckgebiete, an denen *Small World* gescheitert war.

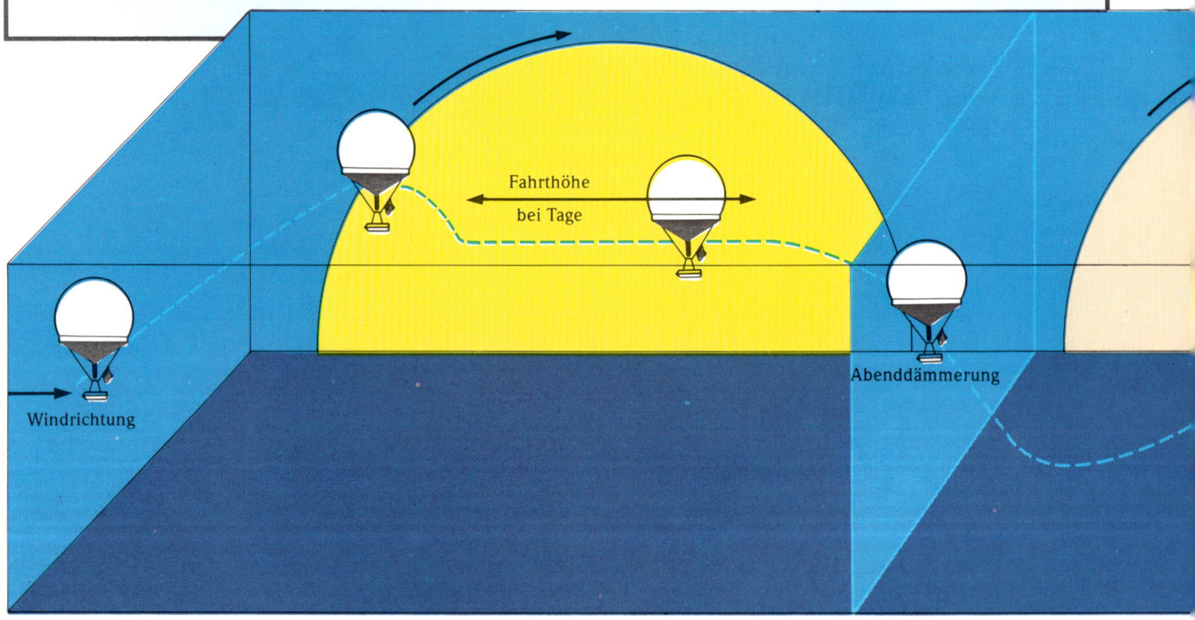

Am Tage
Erwärmung durch die Sonne dehnt das Gas aus und verringert seine Dichte: Der Ballon steigt. Die Fahrthöhe stabilisiert sich, sobald der Innendruck dem Außendruck entspricht, was der Pilot auch durch Ablassen von Gas herbeiführen kann. Der Ballon hat jetzt seine Tageshöhe erreicht.

Bei Nacht
Beim Abkühlen wird das Gas dichter: Der Ballon sinkt.
Der Pilot läßt Ballast ab, um dem Sinken entgegenzuwirken. Der Ballon steigt wieder etwas höher und erreicht damit seine nächtliche Fahrthöhe. Die *Small World* winschte bei Tagesanbruch Meerwasser an Bord, das nachts als Ballast wieder abgelassen wurde.

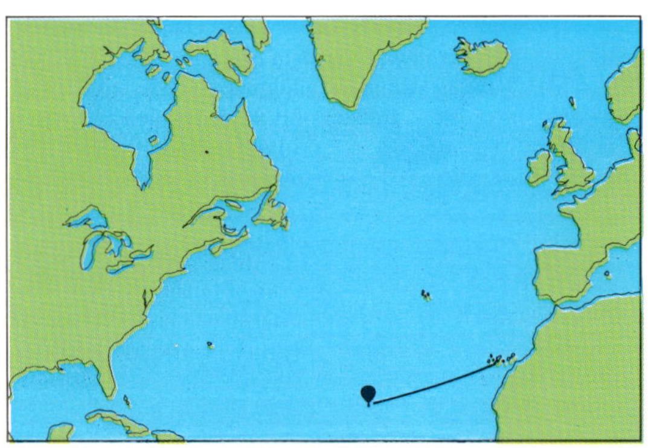

Die Luft-Fahrt der *Small World* endete nach 2225 km. Für die restliche Strecke wurde sie zum Boot.

Wasserballast wurde an einem 900 m langen Seil hochgewinscht. Ein weiteres, kürzeres Seil wurde dabei zur Stabilisierung der Höhe eingesetzt.

Die neoprengefütterte Terylenhülle faßte 1500 m³ Wasserstoff, beim Start hatte sie einen Durchmesser von 14 m.

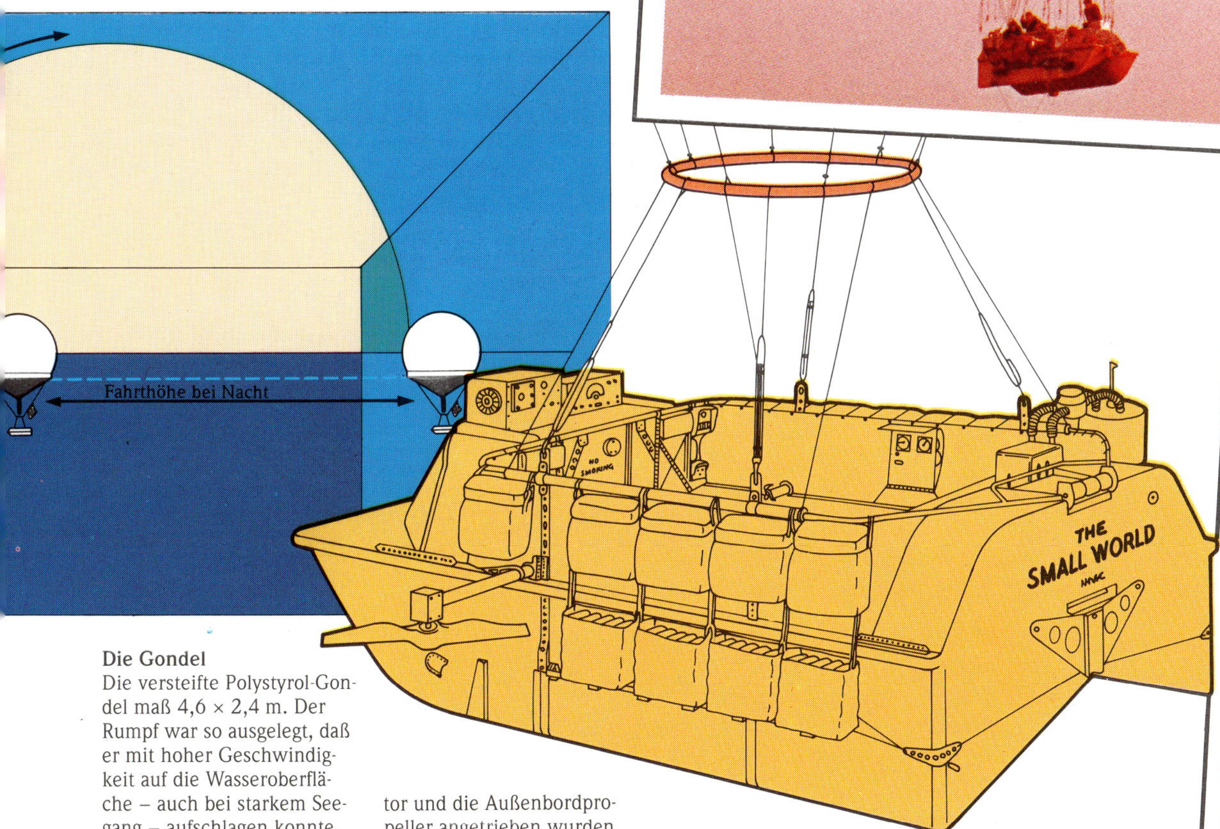

Tim Eiloart (links) und Rosemary Mudie bei meteorologischen Arbeiten am vierten Tag der Fahrt.

Die Gondel
Die versteifte Polystyrol-Gondel maß 4,6 × 2,4 m. Der Rumpf war so ausgelegt, daß er mit hoher Geschwindigkeit auf die Wasseroberfläche – auch bei starkem Seegang – aufschlagen konnte. Mit der Hülle war er durch Schnelltrennkupplungen verbunden. Zuvor hatte Mudie Modelle halber Größe getestet, indem er sie von den Brücken Londons in die Themse warf.

Zur Ausstattung gehörte auch eine Tretkurbel, mit der Meerwasser hochgewinscht sowie der Generator und die Außenbordpropeller angetrieben wurden, die bei Bedarf zusätzlichen Auftrieb liefern sollten. Das Wasserballastsystem bewährte sich nicht: Entweder klemmte das Seil, oder der Eimer kam leer oben an. Während des schnellen Abstiegs aus 9000 m wurde dann ein Großteil des Zubehörs ohnehin abgeworfen. Das 25 kg schwere Funkgerät, der Generator und die Batterien waren außen angebracht, so daß sie problemlos abgeworfen werden konnten. Die Gondel hatte auch einen Wasserdestillierapparat und ein Gerät, das Wasserstoff aus Meerwasser herstellen konnte. Obwohl ein Großteil der Ausrüstung seinen Zweck nicht erfüllte, überstand die Gondel den Aufprall problemlos; sie bewährte sich anschließend auch voll als Boot.

Free Life
20. September 1970

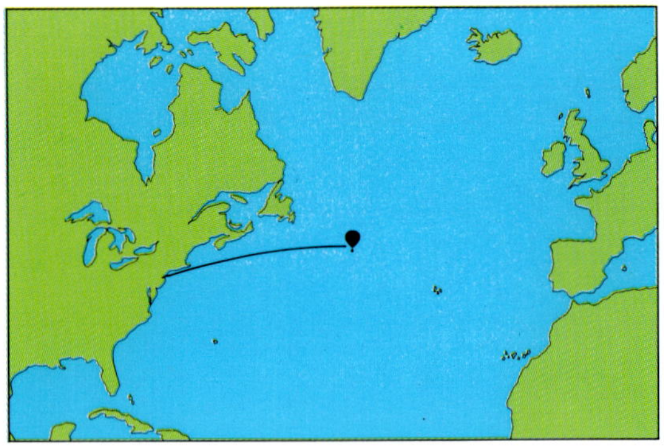

1970 tat sich Malcolm Brighton, ein englischer Ballonpionier, mit dem amerikanischen Ehepaar Anderson zusammen, um eine West-Ost-Überquerung zu versuchen. Das Unternehmen nahm eine Methode vorweg, die später Standard wurde: Es war die erste Kombination eines Heißluftballons mit einem Heliumballon (Hersteller: Mark Semich von Semco Balloons). Sie starteten am 20. September und schlugen 30 Stunden später in einem Unwetter vor Neufundland auf dem Wasser auf. Alle drei Menschen an Bord verloren ihr Leben. Wrackteile wurden nie gefunden.

Yankee Zephyr
7. August 1973

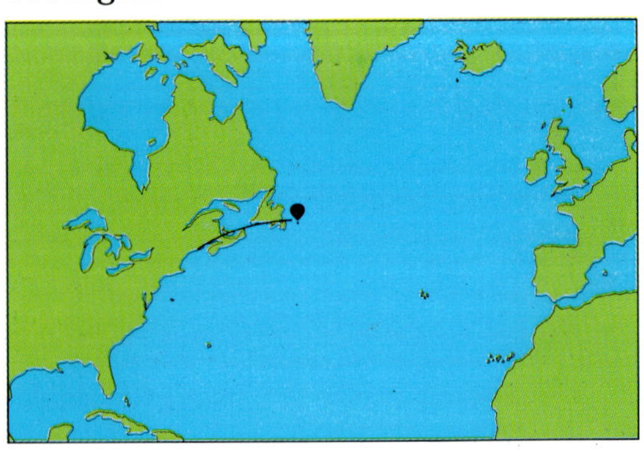

Am 7. August 1973 hob Bobby Sparks in der *Yankee Zephyr* ab; auch dieser Ballon war eine Kombination von Heißluft und Helium. Seine Gondel beruhte auf dem Prinzip der *Small World*. Es war der erste Versuch, der in Bar Harbor in Maine begann. Die Fahrt endete 23 Stunden später in einem heftigen Sturm. Sparks wurde gerettet.

Light Heart
18. Februar 1974

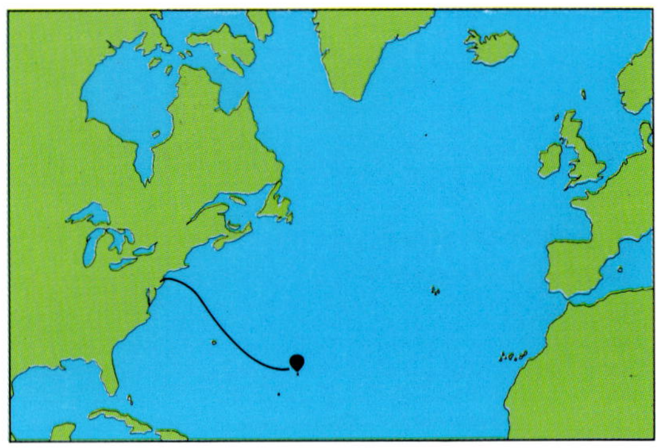

Thomas Gatch war der erste, der den Jet-stream zu nutzen versuchte. *Light Heart* bestand aus einem Bündel von zehn Hochdruck-Heliumballonen der Firma Raven. Gatch folgte den Theorien von John Wise, und er hätte eigentlich Erfolg haben müssen, denn die Ballone waren bei wissenschaftlichen Experimenten oft erprobt worden und hatten sich bewährt. Gatch stürzte trotzdem in den Ozean; das Wrack blieb unauffindbar.

Windborne
6. Januar 1975

Malcolm Forbes bot eine eindrucksvolle Mischung von Geld, Planung und Konstruktion auf, als er im Januar 1975 zum zweiten Versuch in großer Höhe startete. Der Wettergott ließ sich allerdings davon nicht beeindrucken: *Windborne* erwies sich nach dem Start als nicht steuerbar, und so wurde das Bündel Heliumballone freigelassen, um das Leben der Piloten zu retten.

Odyssey
21. August 1975

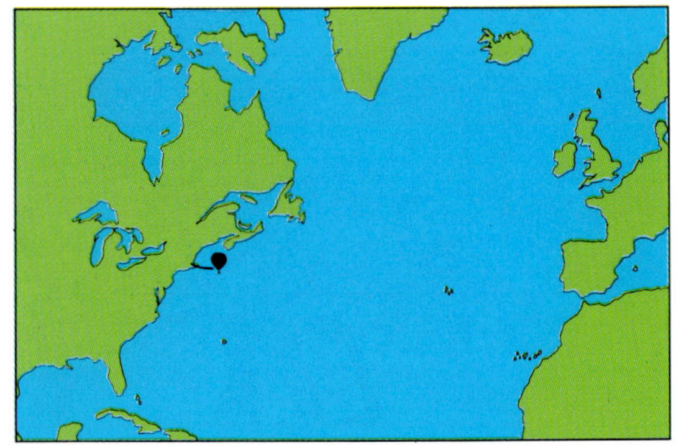

Unbeeindruckt von seinem ersten Fehlschlag startete Bobby Sparks am 21. August 1975 erneut: mit der *Odyssey* von Semich. Diesmal begleitete ihn ein blinder Passagier: der Leiter seines Bodenpersonals. Da der Ballon auf dieses Gewicht nicht eingerichtet war, landete Sparks nach nur 2 Stunden und 5 Minuten wieder auf dem Ozean.

Spirit of '76
25. Juni 1976

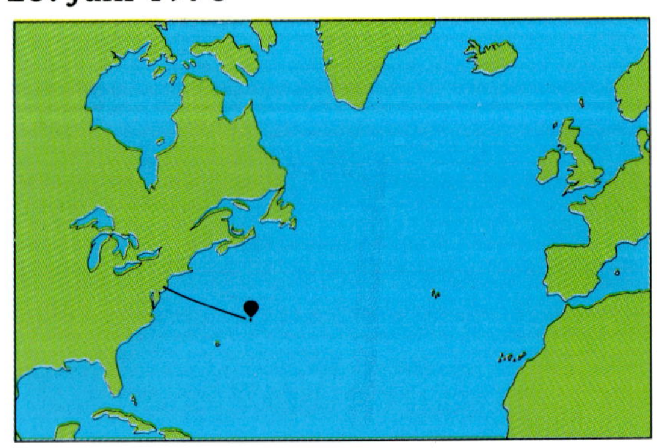

Karl Thomas, der Sparks' Projekte finanziell unterstützt hatte, barg die Gondel der *Odyssey* als Gegenwert für gewährte Darlehen. Die wiederhergerichtete Gondel startete – mit der vierten Semich-Hülle für eine Atlantikfahrt – am 25. Juni 1976 in Lakehurst, New Jersey, dem früheren Luftschiffstützpunkt. 1000 km weiter draußen zwang ein Sturm die *Spirit of '76* zur Wasserlandung; ein sowjetischer Schleppnetzfischer nahm Thomas an Bord.

Silver Fox
5. Oktober 1976

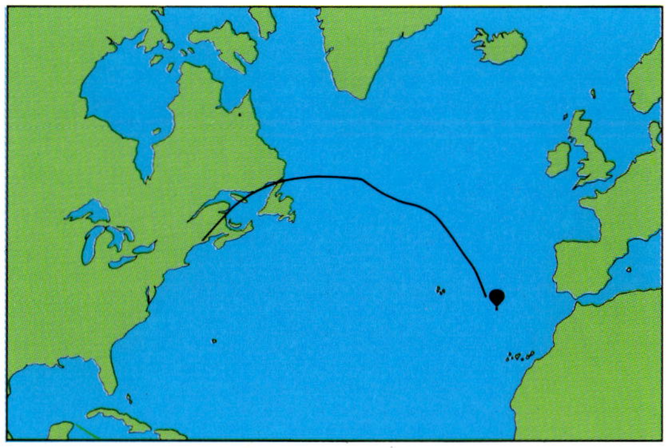

Silver Fox war der erste von Yost gebaute Ballon, der sich auf den Atlantik hinauswagte. Mit Ed Yost als Pilot hob er am 5. Oktober ab und schlug alle Rekorde, die die *Small World* 18 Jahre zuvor aufgestellt hatte. Alles schien schon nach Plan zu verlaufen – da zwangen widrige Umstände und ein Umschwenken des Windes gut 1300 km vor der Küste Europas den Mann, der den modernen Heißluftballon mit entwickelt hatte, zur Landung auf dem Wasser. Sein neuer Weitfahrtrekord betrug 4584 km.

Double Eagle
9. September 1977

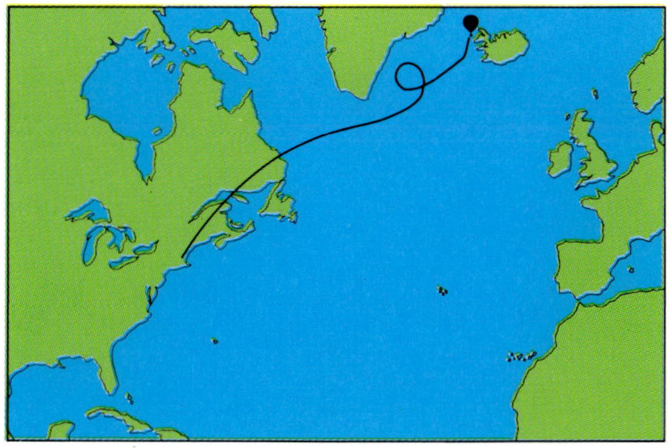

Der erste Atlantikversuch von Maxie Anderson und Ben Abruzzo, zwei Piloten aus New Mexico, endete fast in einem Desaster, als sie auf dem sturmgepeitschten Ozean vor Island aufsetzten. Sie waren mit *Double Eagle*, einem weiteren von Yost gebauten Ballon, 64 Stunden lang und 5466 km weit unterwegs gewesen. Nach dieser »glücklichen Landung« hätten sie eigentlich aufgeben sollen – aber sie versuchten es noch einmal.

Eagle
10. Oktober 1977

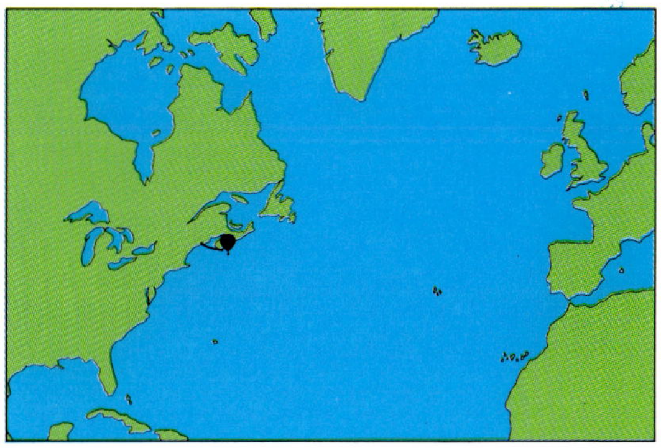

Die dritte von Yost gefertigte Hülle, die bei dem Versuch einer Atlantiküberquerung eingesetzt wurde, hob am 10. Oktober 1977 in Bar Harbor in Maine vom Boden ab. Der 2450 m³ große Ballon, geführt von Reinhard und Stevenson, schaffte gerade 400 km, bis auch ihn ein Unwetter zur Notlandung zwang.

Zanussi
26. Juli 1978

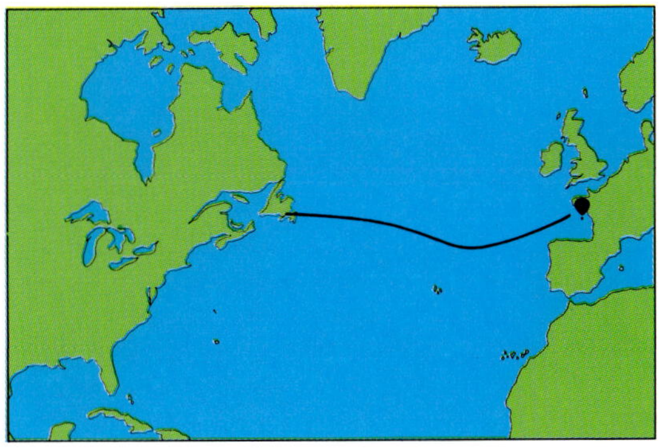

Die *Zanussi* startete am 26. Juli 1978 in St. John's, Neufundland, mit ihrem Erbauer Don Cameron und dessen Copiloten Major Christopher Davey an Bord. Ihr Ballon war ein kombinierter Heißluft-Helium-Ballon, dessen versiegeltes Heliumballonett innerhalb der Heißlufthülle untergebracht war. Nach einem Riß in der Heliumhülle mußte der Ballon allerdings notwassern – keine 200 km vor der französischen Küste. Ihr gut vorbereiteter Versuch war im allerletzten Moment gescheitert.

DER ERSEHNTE ERFOLG!

Double Eagle II
12. August 1978

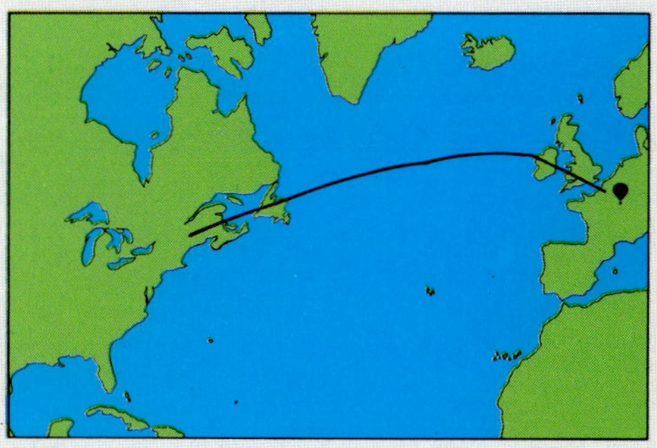

Die Medien hatten sich gerade vom Fehlschlag der *Zanussi* erholt, da starteten Maxie Anderson, Ben Abruzzo und Larry Newman von Maine aus zu ihrem zweiten Atlantikversuch. Ihr Heliumballon landete schließlich in Evreux in Frankreich – zuvor hatte er noch Irland und Südengland überquert. Auf dieser ersten erfolgreichen Atlantiküberquerung legte die Crew 5781 km in 137 Stunden zurück.

Rosie O'Grady
14. September 1984

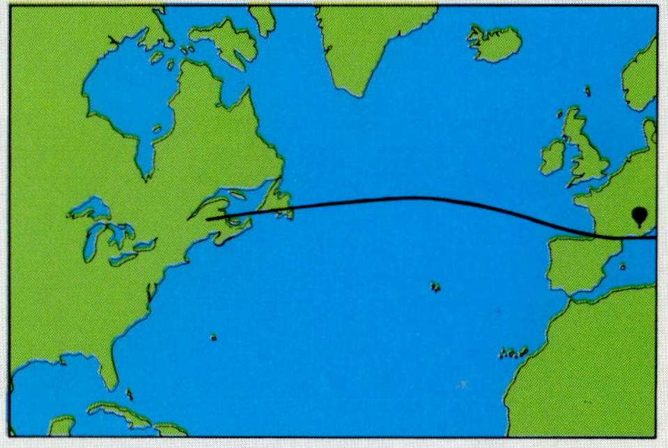

Schon vor seiner Atlantiküberquerung war Oberst Joe Kittinger eine lebende Legende. Er war Berufssoldat und hielt nebenher noch Weltrekorde für seine unglaublichen Fallschirm-Freifallversuche vom Rande des Weltraums aus. Kittinger startete in Caribou in Maine, überquerte in dreieinhalb Tagen den Atlantik und Frankreich und landete mit seinem Heliumballon schließlich in Norditalien. Damit hatte er auch als erster Ballonfahrer den Atlantik alleine bezwungen.

1987 wurde – bei der dritten Atlantiküberquerung – wieder Geschichte gemacht, diesmal aber nicht mit Helium. Der Ballonveteran Per Lindstrand hatte schon seit Jahren von einer solchen Überquerung geträumt: mit einem Heißluftballon – obwohl ihm zuvor jeder gesagt hatte, das sei schlechthin unmöglich.

Aber Lindstrand war fest entschlossen, sich dieser Herausforderung zu stellen, und sei es auch nur, um drei wichtige Bereiche für die Heißluftballonfahrt zu überprüfen: die Fahrt im Jet-stream mit hoher Geschwindigkeit, die Verlängerung einer Fahrt durch Sonnenenergie und den Einsatz einer druckbelüfteten Kapsel. Auf jedem dieser Gebiete war bis zu einem gewissen Grade schon vorher gearbeitet worden, aber es war die Kombination aller drei Faktoren, die Lindstrand reizte.

Sein Copilot für dieses historische Unterfangen war Richard Branson, der sich 1986 einer anderen Herausforderung des Atlantik gestellt und damit das Blaue Band nach England geholt hatte: Mit seinem Motorboot *Virgin Atlantic Challenger II* war Branson von New York bis Bishop Rock Lighthouse in der Rekordzeit von nur 3 Tagen, 8 Stunden und 31 Minuten gefahren.

Diesen Versuch einer Atlantiküberquerung – jetzt mit einem Heißluftballon – bereiteten Lindstrand und seine Mannschaft mit aller Sorgfalt vor. Theoretisch war das Vorhaben völlig unmöglich, da ein Heißluftballon nicht genügend Brennstoff für eine Fahrt von 5500 km Länge mitführen konnte – lag doch der letzte Weitfahrtrekord bei gerade 1700 km. Und ein weiterer Risikofaktor war immer noch die Unbeständigkeit des Windes.

Aber Lindstrand hatte eine Methode ersonnen, mit der er diese Probleme in den Griff bekommen wollte: Sein Ballon sollte mit Sonnenenergie fahren und damit über das normale Wettergeschehen hinaussteigen, also auf eine Reisehöhe von über 6000 m.

Da sein Hersteller Thunder & Colt Verbindungen zur Fluggesellschaft Virgin Atlantic Airways hatte, sprach Lindstrand diesen Rekordversuch mit Branson ab. Und Virgin versprach daraufhin nicht nur, das Projekt – *Virgin Atlantic Flyer* – zu unterstützen, sondern Branson wollte Lindstrand sogar selbst begleiten. Mit Hilfe des Projektleiters Tom Barrow, der selbst ein erfahrener Ballonpilot war, wurde das Vorhaben dann in die Wege geleitet.

Das ideale Datum für ihr Vorhaben war der 21. Juni: der längste Tag, an dem sich die Sonnenwärme am nachhaltigsten auswirken konnte. Dann aber zögerte sich die historische Fahrt doch noch bis zum 2. Juli hinaus, als die *Virgin Atlantic Flyer*, der größte bisher gebaute Ballon, endlich vom Sugarloaf Mountain in Maine abhob. Während ihrer spektakulären Überquerung erreichte die *Virgin Atlantic Flyer* eine Höhe von gut 8200 m und hatte auch ein Rendezvous mit Virgin Airlines' Flug VS004 von Newark nach Gatwick, in dem Bransons Eltern und Lindstrands Frau saßen. Die einzig kritische Phase ihrer Überfahrt war ein dreistündiger Schneesturm, aus dem sie dann allerdings in strahlenden Sonnenschein hinausschwebten.

Um 13.33 Uhr westeuropäischer Zeit des darauffolgenden Tages überquerte die *Virgin Atlantic Flyer* bei Donegal die nordirische Küste und hatte damit das Unmögliche vollbracht: in nur 29 Stunden und 23 Minuten und mit Geschwindigkeiten von bis zu 280 km/h.

Mit Erreichen der Küste war allerdings das Drama noch nicht ganz zu Ende. Da sie noch reichlich Brennstoff übrig hatten, mußten Lindstrand und Branson zweieinhalb Tonnen davon in der Nähe der Stadt Limavady ablassen, ein Manöver, das mit einer Katastrophe hätte enden können. Und es kam noch schlimmer: Vor Benbane Head stürzte die Kapsel nach einem mißglückten Landemanöver an Land in die Irische See. Zum Glück jedoch überlebten die beiden Ballonfahrer dieses unrühmliche Ende einer wahrhaft historischen Rekordfahrt.

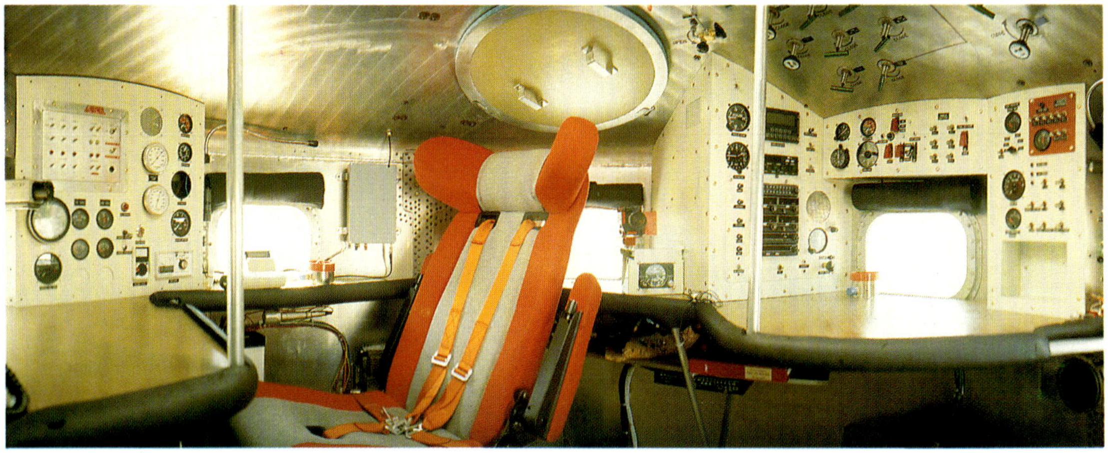

Die Kapsel war ein Aluminiumzylinder, der mit Polyurethan-Schaum und einer Schutzschicht aus Glasfaser isoliert war. Um in ihr in großen Höhen längere Zeit leben zu können, war sie für 3000 m Luftdruck ausgelegt und vollklimatisiert.

Die durchschnittliche Reisehöhe der *Virgin Atlantic Flyer* auf ihrer 5560 km langen Transatlantikfahrt lag bei rund 8200 m.

Die *Virgin Atlantic Flyer* wurde zunächst mit Kaltluft und dann mit Warmluft gefüllt. Dieses zeitraubende und riskante Verfahren nahm den größten Teil des Tages in Anspruch. Die voll aufgerüstete Hülle hatte schließlich ein Fassungsvermögen von 60 000 m³, war vom Südpol bis zum Nordpol 53 m hoch und hatte am Äquator einen Durchmesser von 50 m.

Eine Wasserlandung hatte die Crew zuvor zwar sorgfältig geübt; bei technischen Ausfällen bestand jedoch die Gefahr, daß die Kapsel unter Wasser gezogen wurde. Daher gaben Branson und Lindstrand die Kapsel rechtzeitig auf; kurz danach wurden sie aus dem Wasser geborgen.

Nachdem der Atlantik mit einem Heißluftballon bezwungen worden war, lag die nächste Herausforderung jetzt quasi auf der Hand: der Pazifik.

Einmal mehr bekam Thunder & Colt die Unterstützung von Virgin Atlantic Airways, und Richard Branson sicherte zu, Per Lindstrand in dem neuen Ballon *Pacific Flyer* als Copilot zu begleiten.

Die Vorbereitung des Projektes nahm über zwei Jahre in Anspruch, dann wurde der Start für Ende November 1989 in Mijakonojo in Südjapan festgesetzt. Die geplante Route – bis zur Landung in der Gegend von Los Angeles – betrug etwa 11 000 km.

Die Theorie, die hinter dieser Pazifiküberquerung stand, war in ihrer Grundauslegung der Atlantikfahrt ähnlich, allerdings mit zwei gravierenden Abweichungen: Der Ballon mußte in größeren Höhen fahren, um die schnelleren Jet-streams nutzen zu können, und diese größeren Höhen bedeuteten eine stärkere Belastung der Druckbelüftung und eine sorgfältigere Abstimmung der Brenner.

Am Samstag, dem 24. November 1989, wurde der riesige Heißluftballon – 74 000 m³ groß und gut 60 m hoch – startklar gemacht. Aber er hob nie vom Boden ab: Starker Frost beschädigte in dieser Nacht Teile der Hülle, und die historische Fahrt mußte aufgegeben werden.

BALLON-ALPINISMUS

»... eine atmosphärische Strömung von ungeheurer Geschwindigkeit trieb sie über die sonnigen Berge.«

Jules Verne, Fünf Wochen im Ballon

Für den Ballöner liegen das Rhônetal – unten vom Nebel eingehüllt, oben schneebedeckt und zerklüftet – und die malerischen Postkarten-Châlets dicht beieinander.

Alpenfahrten bieten zwar unvergleichlich schöne Ausblicke auf die Gebirgswelt, aber dafür verlangen sie dem Ballöner auch mehr an Können und Mut ab als jede andere Form von Überlandfahrten. Selbst für erfahrene Piloten bleibt es ein gefährlicher Sport.

Das Postkartenpanorama von schneebedeckten Alpengipfeln und blumenübersäten Almen mit Holzhütten darin gibt es noch immer, aber der Ballonfahrer sollte sich einen anderen Blickwinkel zu eigen machen: Die schneebedeckten Berge, die schützend vor den anheimelnden Tälern stehen, verursachen schlimme Turbulenzen. Auf ihrer Windseite riskiert der Ballonpilot, hart gegen Felswände geschleudert zu werden, und auf der dem Wind abgewandten Seite gibt es häufig starke Leewalzen, enorme Massen Luft, die sich nach unten ergießen und alle Heißluft aus der Hülle drücken können. Und über den Bergketten findet man Wolken, gefrierenden Nebel, Aufwinde und andere himmlische Freuden, die in keinem Reiseführer erwähnt werden.

Die Alpenlandschaft bestimmt das Wetter und beschränkt die Auswahl an Landeplätzen. Denn es bringt ja nichts, auf einer Wiese zu landen, zu der nur ein enger, gewundener Fußweg führt. Höhere Hanglagen haben ohnehin oft Baumbestand, und wenn die Temperaturen dort von gefrorenem Schnee (im Winter bis zu -30 °C kalt) bis zu warmen Fichtennadeln reichen, können sich interessante thermische Verhältnisse entwickeln.

Die Talsohlen sind meist dicht besiedelt und bebaut. Viele große europäische Flüsse haben ihren Ursprung in den Alpen und verteilen sich in alle Richtungen. Alle Lebensadern der Zivilisation folgen dem Lauf dieser Flüsse; Straßen, Eisenbahnen, Starkstromleitungen und Siedlungen beanspruchen jeden freien Fleck unterhalb der Baumgrenze. Zusätzliche Gefahren drohen von den Skilifts, von denen es allein in der Schweiz gut 1500 gibt. Bei einer Landung müssen daher die Entscheidungen schnell und sicher getroffen werden.

Obwohl Gasballone mit ihrer Fähigkeit zur Weitfahrt schon seit dem 18. Jahrhundert die Alpen überquert haben, haben sich Heißluftballöner erst 1962 in Mürren zu ihrer ersten Rallye getroffen.

In den frühen siebziger Jahren, als Männer wie Kurt Ruenzi und Jo Starkbaum mit Heißluftfahrten im Gebirge begannen, hielt man das noch für einen tollkühnen Sport, weil Heißluftballonen Reichweite und Höhe fehlten. Aber dann wurden aus einzelnen Fahrten kleinere Treffen, und diese Treffen wurden immer umfangreicher. Heute gibt es regelmäßige Treffen in Zell am See und Filzmoos in Österreich sowie in Flims und Mürren in der Schweiz. Eines der größten und schönsten findet in Château d'Oex in der Schweiz statt – ein Winterwettbewerb, zu dem die Ballonsportler zu Dutzenden anreisen, um eine der erhabensten Hochgebirgslandschaften der Erde von oben zu erleben. Beim Aufstieg aus Château d'Oex erheben sich vor einem der Mont Blanc, mit 4807 m der höchste Berg der Alpen, und der 3970 m hohe Eiger.

Mein Interesse an Bergfahrten wurde geweckt, als ich einen »konservativen« englischen Ballöner von den wilden Manövern eines Österreichers beim Treffen in Flims erzählen hörte. 1976 nahm ich dann selbst an einem Treffen in Zell am See teil. Die erste Fahrt dort lehrte mich das Fürchten, als ich mit viel zu wenig Brennstoff viel zu weit in Richtung Großglocknergletscher getrieben wurde. Die Ängste, die ich dabei ausgestanden habe, blieben mir noch lange in Erinnerung, und zur nächsten Veranstaltung – dem BP-Polarrennen im Januar 1979 – ging ich mit gemischten Gefühlen. Aber mein Ballon war schließlich das neueste Modell von Thunder, eine leichte 77Z, die alpine Turbulenzen verkraften konnte und mit Feueröffnung, Temperaturanzeige und Doppelbrenner ausgerüstet war.

Am Startplatz Château d'Oex – einem Dorf mit eigenem Ballon, etwa 20 km östlich des Genfer Sees gelegen – bereitet sich der französische Pilot der *ab's d'absorba* auf einen Sprung zum Mont Blanc vor, um danach in Chamonix zu landen.

Mit mir an Bord waren ein weiteres Besatzungsmitglied und eine komplette Überlebensausrüstung: Schneeschaufel, Schlafsäcke, Biwakzelt, Verpflegung, Kocher, Eispickel, Seile, Leuchtkugeln, Blinklicht, Sanitätsmaterial (einschließlich Morphium), Sauerstoff und zwei ASH-360-Flugzeugfunkgeräte. Wenn mein Ballon wirklich von einer dieser Bergspitzen aufgespießt werden sollte – ich war entschlossen, lebend zurückzukehren.

Bei diesem Wettbewerb ging es um Weitfahrten, und im ersten Durchgang wurde unser Gefährt von den größeren Ballonen glatt abgehängt; Starkbaum gewann diesen Wettkampf mit 176 km. Mit meinen 83 km wurde ich Vierter und lag genau in der Mitte des Feldes. Aber am zweiten Tag überquerte ich dann den Norden Österreichs und landete in Deutschland – und gewann das Rennen.

Der dritte und letzte Wettbewerb war wahrhaft alpin. Der Tag war mit -10 °C in 3000 m Höhe etwas wärmer, und ich war solo und fuhr dichter an die Berggipfel heran als je zuvor: dicht genug jedenfalls, um die Pulverschneefahnen an der Leeseite der Grate erkennen zu können, dicht genug auch, um vom Bergwind mit einer Vertikalgeschwindigkeit von 450 m/min nach unten oder nach oben gedrückt zu werden, und dicht genug auch, um mein Echo fast verzugslos von den Bergwänden zurückschallen zu hören. Den Blick über die gesamte Bergwelt kann am intensivsten der Ballonfahrer genießen: Bergsteiger haben nicht diesen Rundblick, und im Flugzeug geht alles zu schnell, um die Großartigkeit, aber auch die Feinheiten der Berglandschaft auskosten zu können.

An der Nordflanke der Berge stieg ich auf Höhe, um den vorhergesagten Westwind zu erwischen. Rechts von mir lag Österreich, eingehüllt in dichte Wolken. Während ich höher stieg, drang ich in militärisches Sperrgebiet ein, aber nach drei Tagen ständigen Gebrauchs waren meine Batterien zu schwach, um Kontakt zur Flugsicherung aufzunehmen. Ein Düsenflugzeug – ich konnte es nicht sehen – donnerte vorbei, machte kehrt und kam zurück. Ich kauerte mich in meinen Korb und verlor kurz die Balance durch diese plötzliche und heftige Störung.

Der Wind war nicht so stark wie angekündigt. Ich glitt langsam über ein hochgelegenes Eisplateau – kein angenehmes Gefühl, wenn einem bei leichtem Wind der Brennstoff zur Neige geht. Das Funkgerät war mittlerweile ganz ausgefallen, und ich konnte keinen der anderen – jetzt schon weiter entfernten – Ballone ansprechen, um Informationen über den Wind einzuholen. Ich schaute hinab auf das Eisfeld und dann hinüber nach Norden, wo Nebel waberte: Ich mußte tiefer gehen. Ich faßte eine kleine Vorgebirgskette ins Auge, die noch frei von Wolken war.

Während ich an Höhe verlor, erreichte ich von Westen her den Attersee, der sich unter einer Lücke in den Wolken ausbreitete, auf einem Kurs, den ich nur anhand der Berge in der Umgebung ausmachen konnte. Ich hatte noch Brennstoff für weitere 30 Minuten und fand in 1800 m Höhe einen Wind, der aus Südwesten kam und mich über eine Gegend trieb, die ich nicht sehen konnte. Als ich weiter sank, schlossen mich die Wolken ein. Wenn ich nach oben sah, konnte ich durch eine dünne Schicht von Eiskristallen die Sonne erkennen; sie umgab den Ballon mit einem Regenbogen-Lichthof.

Jetzt sank die Temperatur in der Hülle, und der Ballon geriet in einen Zyklus unstabiler Bewegungen – fiel nach unten, fuhr auf Null, stieg wieder auf –, bis der Dunst wich, der Ballon ruhiger wurde und mich in ein sonniges, schneebedecktes Tal hinabführte.

Ich fuhr das Tal entlang, von Seite zu Seite, über Bäume, Bäche, Überlandleitungen und Häuser – und nirgendwo freies Gelände. Ganz am Ende sah ich dann erleichtert meine Verfolger stehen und erkannte voll Dankbarkeit in ihrer Nähe ein kleines, offenes Feld, das ich jetzt ansteuerte. Im Chaos der dann folgenden Landung inmitten Dutzender aufgeregter Dorfbewohner bekam der Ballon zwar einen Riß, aber das spielte jetzt keine Rolle mehr: Ich war unten, stand wieder auf der Erde.

Von der abgesetzten Kamera aufgenommen (links oben): Jerry Young und Dick Wirth – die Verfasser – 440 m über dem Col de Mosses.

Der Winter in den Alpen bringt morgens einen tiefblauen Himmel und äußerst niedrige Bodentemperaturen mit sich.

J & B und *Big Red* schweben südostwärts dem Rhônetal entgegen. Tief unter ihnen erkennt man einen weiteren Ballon. Die schneebedeckten Almen unterhalb der Baumgrenze sind meist gute Landeplätze – aber nur, wenn sie für die Rückholer auch zugänglich sind.

PILOT UND PYRAMIDE

Es war mein ureigenster Traum, als erster mit dem Ballon über die Pyramiden dahinzugleiten.

Die Sicht betrug nur noch fünf Meter. Nebel umhüllte uns, in Haar glänzten Silbertropfen, und wir fröstelten, wenn wir an wärmere Orte dachten. Wir hatten gedacht, hier wäre es genauso warm wie exotisch – aber weit gefehlt! Schon die Spitze der Cheopspyramide war in Wolken verborgen. Also ein weiterer Tag voller Frust – der neunte hintereinander. Bisher hatte ich in Ägypten lediglich 25 Minuten in der Luft verbringen können und war meinem alten Traum, als erster mit dem Ballon die Pyramiden zu überqueren, keinen Schritt nähergekommen.

Kommerziell hatten wir vor, mit *Pepsi* den Nil hinabzufahren und dabei die Hotels am Fluß mit dem Ballon im Vordergrund aufzunehmen: Hilton, Sheraton, Meridian und Shepheard.

Aber dann hatte überhaupt nichts mehr geklappt. Zunächst hatten wir – aus Unkenntnis – geplant, unsere Fahrt am Fest der Ghotta durchzuführen, einem Tag, an dem alle koptischen Christen in Ägypten um Regen bitten – normalerweise mit Erfolg, denn dieser Tag ist für seine ohnehin nachhaltigen Regenfälle bekannt. Und der Wetterbericht hatte das gleiche gesagt: Gewitter, starker Wind und Regen. Also hatten wir den Start tags zuvor abgesagt – und man kann sich wohl unsere verhaltene Wut vorstellen, als dann der Morgen anbrach: wolkenlos und wie geschaffen für eine Ballonfahrt.

Aber da war es schon viel zu spät, um das umfangreiche Pepsiteam noch zusammenzutrommeln und auch die Presse zu alarmieren, die Fotografen, den Hubschrauberpiloten und all die anderen Leute, die erforderlich sind, um so ein Projekt durchzuziehen. Das ist schon an jedem anderen Ort ein schwieriges Unterfangen, in Kairo jedoch – mit seinem einmaligen Telefonnetz – schier unmöglich.

Zwei kurze und komplizierte Probefahrten unter turbulenten Wetterbedingungen hatten überhaupt keine fotografische Ausbeute gebracht, da sich – eines nach dem anderen – die Autos der Kameramänner im tückischen Wüstensand festgefahren hatten.

Nach Tagen der Vorbereitung machten wir uns dann die Haltung der Ägypter zu eigen und wurden gegen Fehlschläge immun. Am zweiten Tag, an dem ein Start möglich war, stellten wir einen Zeitplan auf und duldeten keinen Widerspruch mehr. Das half! Um 13.45 Uhr waren wir startklar; unsere Gaszylinder hatten wir auf dem Herd eines Pyramidenrestaurants auf 12 bar erwärmt, während der Chef in der Nähe weiterarbeitete.

Dann rüsteten wir den Ballon auf einem zertram-

بيبسي
PEPS

PEP
PEPSI

pelten Fußballplatz im Scheinwerferlicht von NBC Television auf, und um 13.53 Uhr hob ich unter dem Jubel der abgerissenen Kairoer Vorstadtbengel, die den seltsamen Flugapparat bestaunt hatten, vom Boden ab.

Ich war unserem Zeitplan um sieben Minuten voraus und dabei, mir einen Traum zu erfüllen, den ich schon seit meinem ersten Besuch in Kairo – vor fünf Jahren – gehegt hatte. Ich hatte mit Problemen gerechnet, wenn der Wind von zu weit rechts kommen und den Ballon nach Osten tragen würde, wodurch er dann die Stadt auslassen würde. Aber als ich an Höhe gewann, zeigte sich, daß genau das Gegenteil der Fall war: Der Wind schob mich erbarmungslos nach Westen, nach Alt-Kairo und weg vom Nil. Verzweifelt stieg ich auf 300 m, die vorgegebene Höhe für diese Fahrt, aber der Wind kam noch immer aus der falschen Richtung. Jetzt blieb mir nur noch wenig Zeit, um meinen Kurs zu korrigieren, und ich bat den Kairoer Kontrollturm um Freigabe auf 600 m. Das wurde abgelehnt: Der örtliche Luftverkehr sei »zu dicht«.

Durch den Dunst suchte ich um mich herum den Luftraum ab – aber das einzige Luftfahrzeug, das ich erkennen konnte, war unser lärmender Alouette-Hubschrauber. War ich dafür fast 5000 km weit angereist, hatte mich fünf Jahre lang mit diesem Plan beschäftigt und zehn Tage Frust hingenommen? Jetzt mußte ich handeln: »Kontrollturm Kairo, hier *007*. Ich habe ein technisches Problem und steige auf 600 m. Bitte informieren Sie die Flugzeuge im Bereich.« Stille – das Zeichen von Mißtrauen und Argwohn. Dann: »Verstanden, *007*; melden Sie, wenn Sie 600 m erreicht haben.« »600 m. Verstanden, Ende.« Mein 'technisches Problem' war gelöst. Langsam, aber sicher drehte ich nach links, bis ich direkt über dem Nil dahinglitt. Jetzt war es Zeit, tieferzugehen.

Etwa 30 m über dem Nil fuhr ich auf Null und schwebte am Hilton vorbei, auf dessen Dach meine Frau Mo aufgeregt winkte. Dann ging es hinaus aufs Wasser, auf dem sich die Fellachen tummelten, und hinüber zum Meridian, in einer beständigen Brise aus dem Norden. Majestätisch glitt ich am Hotel entlang, dicht genug beinahe, um den auf dem Dach versammelten Schaulustigen die Hände zu schütteln.

Vor mir lagen nun die alten Pyramiden von Sakkara. Genaue Nutzung des Windes brachte mich auf einen Sinkwinkel, der mich direkt über die massigen Steinmonumente führte. In der letzten Phase des Landemanövers berührte der Ballon fast die Wände der Pyramiden, bevor er dann endgültig auf dem Sand der Sahara aufschlug. Und urplötzlich war die Wüste voller Leben: Kinder, Greise, Kamele, Esel und Pferde quirlten durcheinander, neugierig, aber auch ängstlich – Zeugen eines Geschehens, das sich so schnell nicht wiederholen wird.

Es war bereits Nacht, als die Rückholer kamen und uns dabei halfen, den Ballon zu verpacken und an den mondbeschienenen Wüsten-Grabstätten vorbei zu den Autos zu tragen. Aber wir hatten es geschafft: die erste Ballonfahrt in Ägypten, die erste Fahrt über die Pyramiden von Gizeh und die erste Fahrt über Kairo. Insgesamt hatte es uns eine Woche Erkundung und elf Tage endlosen Wartens gekostet – und uns dann lediglich 100 Minuten in der Luft gebracht. Aber das war es wert – ohne Einschränkung!

Wüstensand ist uneben und viel härter, als er von oben aussieht. Nachdem wir zwischen den beiden Pyramiden von Sakkara zur Landung eingeschwebt waren, zerrte der Wind den Ballon noch über mehrere Dünen.

HEISSLUFT AM POLARKREIS

Die Anweisung war eindeutig: starten – landen – eingraben.

»Wenn Sie eine Nacht draußen im Schnee verbringen müssen«, hatte man uns gesagt, »dann bauen Sie sich am besten ein Iglu.«

Die Aussichten auf eine Außenlandung waren für die meisten Ballonsportler, die sich im Frühjahr 1977 in Nordschweden eingefunden hatten, durchaus zutreffend. Der Neigung der Ballöner entsprechend, überall die ersten sein zu wollen, hatte ein schwedischer Club zum ersten arktischen Treffen der Welt eingeladen, und einige »Südländer« – wie mich – hatte das angelockt. Ort der Austragung war Kiruna, Schwedens nördlichste Stadt, gut 300 km innerhalb des Polarkreises gelegen.

Die Einsatzbedingungen entsprachen dem, was man bei Temperaturen um -25 °C eben erwarten konnte. Wenn der Himmel frei war, war er tiefblau, und es war windstill – sonst war er grau, und Schneeflocken wirbelten umher. Der Boden war hoch mit Schnee bedeckt, was die Landungen der Ballöner zwar dämpfte, den Verfolgern aber große Schwierigkeiten bereiten konnte, die – wie viele hierzulande – Skibobs oder Motorschlitten fuhren.

Bald war uns klar, daß die Bemerkung mit dem Iglu nicht im Spaß gefallen war: Es war schlichtweg unmöglich, hier dem Schnee auszuweichen. Vor unseren Aufstiegen waren die Einsatzbriefings nur kurz – aber immer wurden Schneeschuhe, Schaufeln und die Überlebensausrüstung ausgegeben. Und stets folgte eine Einweisung in den Bau von Iglus: Wir sollten Schneeblöcke von etwa 30 x 30 x 60 cm aus dem Schnee schneiden und gefrieren lassen, der kalte Wind werde diesen Prozeß noch beschleunigen. Damit war alles gesagt: starten – landen, und falls weit draußen – eingraben.

Bei der ersten Fahrt, einer Fuchsjagd, konnten wir dann endlich Lappland aus der Luft sehen, wie es sich mit seinen Wäldern eintönig bis zum Horizont ausbreitete. Weit hinten im Westen erkannten wir die Bergketten, hinter denen die Nordspitze Norwegens lag. Nördlich von uns erstreckte sich – nicht sonderlich einladend – der Luftraum der Sowjetunion.

Nach nur 30 min Fahrt sackte der Fuchsballon – mit voller Absicht – plötzlich nach unten durch und landete auf einer Lichtung in den Krüppelwäldern, über die wir dahinschwebten. Ich war der erste in der Meute von fünf Ballonpiloten, die ihm nach unten folgten. Die Landung war weich, kein Aufprall, kein zerrender Wind – aber zu meiner Verblüffung mußte ich feststellen, daß die kleinen, verkümmerten Krüppelbäume in Wirklichkeit nur die Spitzen tiefverschneiter großer Bäume waren.

Der Schnee lag so hoch, daß ein Fortkommen selbst mit Schneeschuhen anstrengend war. Mein Fahrgast machte den Versuch, sich in der Gegend umzuschauen, kam aber bald erschöpft wieder zurück – er war nicht einmal bis zu den nächsten Ballonen gekommen, die nur 150 m entfernt waren. Offensichtlich saßen wir hier fest und konnten nichts weiter tun, als auf die Motorschlitten des Kiruna Motor Club zu warten, der hier Patrouillen fuhr. Aber seitdem die Wälder unter uns lagen, hatten wir noch keines dieser lauten und grellbemalten Vehikel gehört oder gesehen.

Unsere anfängliche Ausgelassenheit wich bald einer gewissen Sorge, nachdem wir eine Stunde lang nichts von ihnen gehört hatten und die Dämmerung bevorstand. Die Schneeschuhe und die gefütterten Anoraks aus Polyester, die uns im englischen Winter warmhielten, erwiesen sich hier als so brauchbar wie Papiermäntel bei Regen. Schon die kleinste Undichtigkeit in unserer Bekleidung ließ Kälte ein, die weh tat. Der Schal, den ich trug, knarrte, als ich mich bewegte, so streng und kalt war der Wind. Nach zwei Stunden hatten wir Mulden in den Schnee geschaufelt, um uns vor dem Wind zu schützen – aber noch keine Iglus gebaut: Wir konnten uns nicht vorstellen, daß man uns nach einer derart kurzen Fahrt hier draußen uns selbst überließ.

Das plötzliche Geräusch eines Motors machte uns wieder Hoffnung. Es war aber kein Motorschlitten, sondern ein Hubschrauber, der so lange über uns verhielt, bis die Fotografen ihre Einstellung fertig hatten – dann flog er davon. Wir flachsten über Schlagzeilen und Artikel in den Zeitungen, die von uns so berichten würden wie vor 80 Jahren, als Andrées Expedition in der Arktis verschollen war.

Und dann kam der Schnee, nahm uns die Sicht und dämpfte alle Geräusche. Wir hatten keinen Kontakt mehr zu den anderen Ballönern in der Nähe, nahmen aber an, daß sie sich – wie wir auch – langsam Sorgen machten. Das Tageslicht wurde schon schwächer – da hörten wir endlich das mahlende Geräusch eines Motorschlittens. Allerdings war seine Besatzung nicht unsretwegen gekommen, sondern suchte Don Cameron, der über Funk Hilfe angefordert hatte.

Nunmehr begannen wir, das Iglu zu bauen. Zunächst war es für uns nur eine körperliche Betätigung, die uns beschäftigte und auch warmhielt; schon bald darauf jedoch wurde es zu einer Frage der Selbsterhaltung. Sobald wir aufhörten, uns zu bewegen, wurde der Schweiß auf der Haut kalt, und unter der Kleidung bildete sich eine Eisschicht. Es wurde jetzt immer dunkler, aber das Iglu wuchs nur langsam.

Während der Arbeit entwickelten wir einen Plan, wie wir überleben könnten: wir wollten das restliche Propangas dazu benutzen, uns zu wärmen, und uns dabei im halbfertigen Iglu vor dem Wind schützen. Wir hatten es nicht geschafft, das Iglu vor Dunkelheit fertigzustellen – und heute mache ich mir nichts mehr vor: So hätten wir dort draußen nicht überlebt. Ein halbfertiges Iglu ist wertlos.

Als wir dann endlich den Motorschlitten hörten und durch die Bäume seine Scheinwerfer sahen, war wir den Rettern dankbar.

Die Rettungsmannschaft hatte Cameron an Bord, der arg unter der Kälte litt. Unter der Schlittendecke zusammengedrängt, um uns gegenseitig zu wärmen, motzten wir noch auf dem ganzen Rückweg zum Hotel vor uns hin. Aber nach der traditionellen Sauna, bei der wir uns bereits wieder im Schnee wälzten, einem ausgiebigen Abendessen, einigen Bieren und langem Schlaf waren wir dann auch wieder bereit zu weiteren Fahrten.

Ich brauche wohl nicht zu betonen, daß diese Fahrten dann kürzer ausfielen und wir viel näher an den Straßen landeten – nicht wieder so tief in den trügerischen Wäldern.

Am stärksten wirkt sich kaltes Wetter auf den Gasdruck aus. An warmen Tagen liegt der Druck üblicherweise bei etwa 5,6 bis 9,8 bar, an kalten Tagen kann er dagegen auf bis zu 1,8 bar absinken. Dieser Druckverlust beeinträchtigt die Brennerleistung, was besonders bei Wettbewerben für die Piloten kritisch werden kann. Um den Gasdruck zu stabilisieren, gibt es zwei Gegenmittel: den Druck künstlich mit Stickstoff zu erhöhen oder – viel einfacher – die Zylinder vorher zu erwärmen und dann gut zu isolieren.

Bruce Comstock, 1979 amerikanischer Meister und ein Mann, der in den harten Wintern von Michigan seine Erfahrungen gesammelt hat, bewies bei der Weltmeisterschaft des gleichen Jahres in Uppsala in Schweden die Vorteile vorgeheizter Gaszylinder. Die Außentemperaturen lagen in der Regel um –20 °C, und jeden Morgen sah man Bruce in seinem Lieferwagen: Der Generator lief auf vollen Touren und erwärmte die Heizkissen, die er um seine Zylinder gelegt hatte. Comstock war dann auch der einzige Pilot, der sich nicht ernsthaft mit dem Problem mangelnder Brennerleistung herumschlagen mußte.

Motorschlitten des örtlichen Motorclubs hatten den lockeren Schnee am Startplatz festgefahren, so daß die Teilnehmer zu einer Fuchsjagd starten konnten. Hier war Dick Wirth der Fuchs.

MIT PHLOGISTON ÜBER PERU?

Kannte man das Geheimnis des Fluges schon vor 2000 Jahren?

In einem seiner Bücher behauptet Erich von Däniken, die geheimnisvollen Zeichen in der Nazca-Ebene von Peru seien von früheren Besuchern unseres Planeten als Landemarkierungen ausgelegt worden. Und das ist wohl die bekannteste der vielen Thesen, die sich mit Herkunft und Zweck der großflächigen Anlagen befassen, die über 520 km² Wüste bedecken. Sie bestehen aus langen Reihen angehäufter Steine, die sich zu Mustern zusammenfügen, die man nur aus der Luft erkennen kann.

Forscher, die von internationalen Forschungsgesellschaften unterstützt wurden, stimmen mit von Dänikens Theorie überein, daß die Konstrukteure in der Lage gewesen sein müssen, in die Luft aufzusteigen – aber welches Vehikel sie dazu benutzten, darüber gingen ihre Meinungen auseinander. Sie glaubten, daß die Angehörigen der Nazca-Kultur vor über 2000 Jahren bereits Heißluftballone anfertigen und auch fahren konnten – und ihr Ziel war es jetzt, das auch zu beweisen.

Ihr Hauptbeweisstück, eine Tonscherbe in Lima, trägt ohne jeden Zweifel die Umrisse eines Ballons, aber es gibt noch mehr historische Hinweise, die zu der Annahme berechtigen, daß man den Heißluftballon in Südamerika schon früh kannte. Denn schließlich war Bartholomeu de Gusmão von Brasilien nach Portugal gereist, um seinen Ballon vorzuführen – Jahre vor Montgolfier.

Dabei benutzte die Forschergruppe von 1975 Materialien, die auch den Nazcas, die dort vor den Inkas lebten, schon zur Verfügung standen, und nahm als Vorbild die einfache, vierkantige Konstruktion, wie sie auf der Scherbe abgebildet war. In dieser Form läßt sich ein Stoff am einfachsten verarbeiten, ohne ihn zerschneiden zu müssen. Raven Industries in South Dakota nähte diese Hülle aus einer langen Stoffbahn spiralförmig zusammen. Die geflochtene Gondel, die an Thor Heyerdahls *Ra* erinnerte, wurde von Indios am Titicacasee angefertigt.

Als Pilot der *Condor I* wurde der Engländer Julian Nott ausgewählt. Sein Copilot war Jim Woodman, und die Mannschaft bestand aus insgesamt 20 Spezialisten: Technikern von Raven, Reservepiloten, Archäologen und – sehr wichtig – Doc Crane, einem amerikanischen Spezialisten für Rauchballone, dessen Expertise beim Aufrüsten des Ballons gefragt war.

Das Material war zu porös, um es mit irgend etwas anderem als Rauch zu füllen, also grub Doc Crane eine Mulde, über deren Teerfeuer die Hülle gefüllt wurde. Nach langen Stunden und mehreren kleinen Bränden hatte der Rauch dann den porösen Stoff versiegelt, und der 2300 m³ große Ballon gewann an Gestalt.

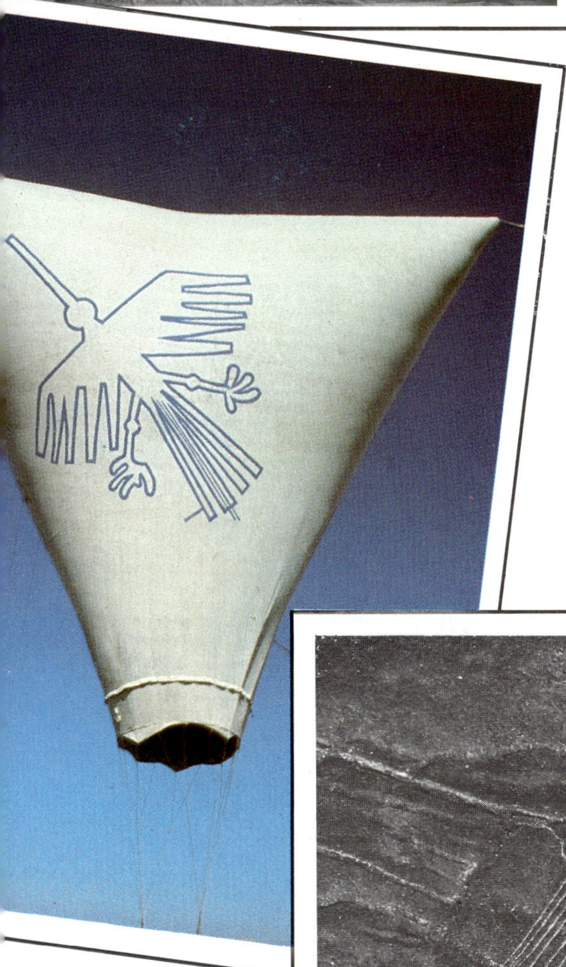

Das auf *Condor I* aufgebrachte Muster entspricht dem Original in der Wüste, das man nur aus der Luft erkennen kann.

Schon beim Eintreffen hatte die Gruppe festgestellt, daß in dieser Gegend die meisten Tage windstill waren – ein Umstand, der die vielen Skeptiker umstimmte und die besorgten Piloten beruhigte.

Nott und Woodman, beide ziemlich groß, gewannen problemlos an Höhe, wobei sie rittlings in der Korbgondel saßen, die man nach den Körpermaßen der kleinwüchsigen peruanischen Indios angefertigt hatte. *Condor I* erwies sich als voll flugtüchtig und entführte die beiden Männer in eine Höhe von rund 100 m. Hier sahen sich die beiden Piloten um und entdeckten, daß sie aus der Mitte eines großen Dreiecks aufgestiegen waren, das sie am Boden gar nicht wahrgenommen hatten. Da der Ballon keine Ventile oder andere Steuerorgane besaß, mußte nach wenigen Minuten Ballast abgeworfen werden, als er rapide zu sinken begann.

Nach der Landung stiegen die beiden Aeronauten aus der Gondel und ließen *Condor I* frei aufsteigen – jetzt erlebten sie selbst, was die zahlreichen Zuschauer schon vorher gesehen hatten: Der Ballon stieg majestätisch auf etwa 500 m und setzte nach gut 20 Minuten unbeschädigt wieder auf dem Boden auf.

Dieser Versuch hatte bewiesen, daß Ballone in dieser Region schon in alter Zeit angefertigt und auch eingesetzt werden konnten. Das Ergebnis überzeugte die peruanischen Behörden davon, daß die Steinanlagen von Nazca unter Denkmalschutz gestellt werden sollten. Aber obwohl die kurze Ballonfahrt rundum erfolgreich war, weiß man noch immer nicht, was die riesigen Anlagen eigentlich bedeuten. Die Forschungen dauern bis heute an.

Smokies

Die Gebrüder Montgolfier hatten recht: Phlogiston – der Stoff, der nach einer alten Theorie allen brennbaren Körpern beim Verbrennungsvorgang entweicht – kann Menschen anheben. Rauchgefüllte Säcke haben Menschen schon lange vor der Heißluft-Renaissance in die Luft entführt, aber ihre Fahrten waren kurz, beeindruckend instabil und führten nur in eine Richtung.

Aber es gibt sie noch immer: die herumreisenden »balloon men« in Amerika treten mit ihren »smokies« bei Messen, Karnevals und Flugtagen auf, steigen mit ihnen gen Himmel und springen dann mit dem Fallschirm ab.

Angefertigt aus Musselin oder anderem porösen Baumwollstoff, werden diese Ballone – an Stangen aufgehängt – über Kerosinbrennern mit Heißluft und Rauch gefüllt. Sobald der Rauch den Stoff versiegelt und die Hülle gefüllt hat, wird dem Piloten Gurtzeug angelegt, die Halteleine gekappt, und dann schwingt sich der Rauchballon in die Luft – schwankend und taumelnd zunächst, dann aber immer stetiger, bis er innehält und in einer Höhe von etwa 300 m in der Luft hängt. Hier, am Zenit seiner Fahrt, löst sich der wagemutige Ballonmann von der Hülle und springt mit dem Fallschirm ab. Der Ballon stellt sich dann auf den Kopf, entleert sich durch den Füllansatz und fällt zur Erde zurück – um geborgen und ein weiteres Mal benutzt zu werden.

Die bekanntesten Exponenten dieses Vergnügungsgeschäfts waren D.H. Donaldson, dessen Auftritte an die Zeit des Bürgerkriegs erinnerten, und Captain Eddie Allen. Allen wird heute von Ballönern als echter Nachfahre Garnerins bezeichnet und häufig eingeladen, um bei Veranstaltungen von Ballonclubs Vorträge zu halten. Er springt zwar heute nicht mehr selbst, hat aber sein »Phlogiston-Wissen« an Doc Crane weitergegeben, der jetzt seine eigenen Ballone herstellt und auch beim Nazca-Projekt zur Hand ging.

Die Vorführungen der Rauchballone gefallen zwar den Massen, aber es gibt nur wenige Piloten, die sie nachvollziehen mögen, besonders, wenn sie den primitiven Ballon näher betrachten. Trotz allem aber führen die Rauchballone uns vor Augen, wie einmal die ersten Luftfahrzeuge ausgesehen haben könnten.

VON KÜSTE ZU KÜSTE

Das Gefühl, in einer Flaute zu hängen, kann einen Ballonpiloten nachhaltig irritieren.

Die Überquerung des Ärmelkanals war eines der ersten Ballonabenteuer, und bis heute bleibt sie eine Herausforderung. Soweit mir bekannt ist, wurde die Wasserstraße nur einmal von Frankreich nach England überquert: 1906, bei der Gordon-Bennett-Wettfahrt, als ein dort unüblicher Wind von Südwesten blies. Die Strecke von England nach Frankreich – in der Gegenrichtung – ist allerdings schon öfter befahren worden, seit Ed Yost und Don Piccard sie 1963 für Heißluftballone eröffneten.

Die Schwierigkeiten, die einem Ballonfahrer das Überqueren von Gewässern schon grundsätzlich bereitet, werden im Falle des an seiner engsten Stelle nur 35 km breiten Kanals noch durch seine Richtung verstärkt: Der Wind weht meist in Richtung des Kanals – und nicht quer zu ihm. Selbst wenn die Piloten lange auf günstigen Wind gewartet haben, kann doch schon die kleinste Richtungsänderung den Ballon vom Festland wegtreiben. 1963 landete Yost in Belgien – ganz im Norden, und 1979 landete eine Frauengruppe schließlich in Le Touquet, ganz am Ende der Landmasse.

Die Tradition der Kanalüberquerungen reicht von ausgefallenen Badewannenrennen bis zu Luftrennen mit Preisen von 50 000 £. Eines der abenteuerlichsten Projekte fand am 21. Juli 1977 statt, und es nahmen drei Piloten daran teil: Phillip Hutchins, der den Kanal schon einmal bezwungen hatte, David Liddiard und ich. Im Unterschied zu anderen Fahrten hatten wir alle Sauerstoff – und ich noch einen Kameramann – an Bord, und Phillip und David schleppten zwei Hängegleiter-Piloten, Ken Messenger und Brian Milton, die unter ihren Körben hingen.

Die Idee war ganz einfach: Die Ballone sollten über Dover auf eine Höhe von mindestens 4000 m steigen (deswegen der Sauerstoff) und dann die Hängegleiter freilassen, die sogleich Kurs auf Frankreich nehmen würden. Wir hoben in der Morgendämmerung ab und stiegen langsam – um die beiden Vogelmenschen nicht zu erschrecken – nach oben. Über dem Morgennebel war der Himmel klar, und Milton war der erste, der sich ausklinkte. Der Kameramann sollte diese Phase aufnehmen, aber der Gleiter entfernte sich so schnell, daß er ihn aus dem Visier verlor. Und Milton flog auch nicht in die vorgesehene Richtung: Er sauste – fast parallel zur englischen Küste – unter uns hindurch und drehte erst weiter draußen auf Ostkurs ein.

Messenger blieb am Korb, bis er 5500 m erreicht hatte, klinkte sich dann aus und schoß auf die französische Küste zu – mit einer Geschwindigkeit, die später auf etwa 100 km/h geschätzt wurde. Ken schaffte es bis zur Küste, die beiden Ballone ebenfalls, aber zur selben Zeit war Brian noch Kilometer von der Küste entfernt: Er schwamm in der Mitte der Wasserstraße um sein Leben. Natürlich hatten wir ein derart dramatisches Ende mit ins Kalkül gezogen, aber er hatte Glück: Er wurde im Wasser entdeckt und von einem sowjetischen Fischkutter an Bord genommen.

Im Jahr darauf veranstaltete die Hot-Air Balloon Company eine Fuchsjagd über den Kanal. Nach einem ungültigen ersten Versuch startete der Fuchspilot – Julian Nott, der Inhaber des Höhenweltrekords – in *Jumpin' Jack*, dem allerersten Ballon von Thunder; ihm folgten Phillip Hutchins und drei weitere Ballone.

Den Wettbewerb gewann Hutchins, der um 7.00 Uhr morgens nach einer 90 minütigen Fahrt bei Cap Griz Nez landete. Paul Keene mit seinem Glühbirnen-Ballon *Osram* wurde zwar letzter, konnte aber eine Humoreske zum besten geben: Er war in 30 m Höhe auf einen Supertanker zugefahren, an dessen Deck ein Seemann selbstvergessen mit dem Fahrrad seine Runden zog. Als der Seelord plötzlich nach oben sah, entdeckte er eine riesige Glühbirne über sich – er kippte vor Schreck vom Fahrrad und lag dann hingestreckt an Deck, zu verblüfft, um das Winken des Piloten zu erwidern.

Große Wasserflächen zu überqueren kann nervtötend sein, weil der Pilot seine Geschwindigkeit nicht abschätzen kann. Denn der Ballon bewegt sich ja – wie die Wellen auch – mit dem Wind, und da sieht es oft so aus, als stünde der Ballon auf der Stelle. Den Piloten kann das dann zu völlig falschen Schlüssen führen: Als Simon Faithfull und Peter Morgan 1979 zum ersten Mal die Nordsee überquerten, erlagen sie beinahe der Täuschung, in eine Flaute geraten zu sein. Als sie dann aber die Küste erreichten, mußten sie entsetzt feststellen, daß der Wind – erkennbar an der Art, wie sich die Bäume bogen – in Wirklichkeit mehr als 50 km/h stark war. Und auch Tom Dennelly befürchtete, ohne ausreichenden Brennstoff in einer Flaute zu hängen, und schwebte dann trotzdem von der Isle of Man nach England.

Die Versicherungen verwehren Ballonfahrern ausdrücklich den Schutz, wenn sie große Wasserflächen angehen, aber die Ballonpiloten wehren sich vehement dagegen, an die Kette gelegt zu werden. Sie werden auch weiterhin Fahrten unternehmen, die sie reizen – und für einen englischen Piloten ist eine der aufregendsten Fahrten nun mal der Sprung über den Kanal nach Frankreich.

Beim Start zur Kanalüberquerung mit den Hängegleitern (oben). 1978 spielte die sechs Jahre alte *Jumpin' Jack* den Fuchs. *Osram* war Schlußlicht.

Osram

BALLON-SAFARI

Man kann das Großwild fast streicheln.

Die Flußpferde stampften lärmend zwischen den Zelten im Governor's Camp im Herzen des kenianischen Wildreservats Masai Mara umher. Ich hatte eine unruhige Nacht hinter mir, weil eine Herde Elefanten in der Nähe meines Zeltes herumgetrampelt war, und jetzt war es mit dem Halbschlaf vorbei. Es war sechs Uhr morgens und Zeit, die Ballonfahrt vorzubereiten – in einer so andersartigen Gegend, wie wir sie normalerweise nie erleben.

Die Crew, die etliche Stunden zuvor aufgestanden war, »kochte« schon die Gaszylinder, um genügend Druck aufzubauen, und die Köche bereiteten das Buschfrühstück vor.

Die Masai Mara, die zum Serengeti-Großwildpark gehört, ist ein herrliches Gebiet für Ballonfahrten. Der Wind bläst von Juli bis März ständig von Norden und immer in der gleichen Stärke. Zwei Firmen nutzen dieses ausgeglichene Klima und bieten regelmäßige Ballon-Safaris über dem Busch an. Eine davon, Air Libre, betreibt drei Ballone, die jeden Morgen zwischen 6.30 und 7.00 Uhr abheben und jeweils vier oder fünf Passagiere mitnehmen; die Preise lagen 1990 bei etwa 300 $ pro Kopf und umfaßten Fahrt und Sektfrühstück – solch ein Erlebnis bekommt man natürlich nicht völlig umsonst.

Der Ballon ist überhaupt *die* Möglichkeit, Wild zu beobachten. Er schreckt die Tiere nur selten auf, und die Passagiere können in aller Ruhe beobachten und zuschauen. Wenn man lautlos in der kühlen Luft dahingleitet, ohne den Staub und die Rüttelei einer Jeep-Safari, kann man das Geschehen mit einer Intensität verfolgen, wie sie am Boden nicht möglich ist.

Schon kurz nach dem Start schwebten wir in geringer Höhe den Fluß Mara entlang, unter uns die aufgerissenen Mäuler riesiger Flußpferde. Kraniche flogen auf, und eine Giraffe sprang erschreckt davon, als ich den Brenner betätigte, um die Höhe zu halten.

Über der Paradise Plain drehte der Ballon – dem üblichen Morgenwind folgend – nach links, und wir sahen unsere erste Jagdszene: Ein Rudel Hyänen riß ein Weißschwanzgnu. Das Opfer hatte keine Chance, aber zumindest mußte es sich nicht lange quälen.

Die Strahlen der Morgensonne tauchten den Busch in goldenen Schimmer. Schatten wurden sichtbar, und mehr und mehr Tiere waren im hohen Gras zu erkennen. Die Luft über dem Busch war voll vom Geschrei, Gequieke und Gegrunze der Tiere, dem Knacken brechender Zweige und dem strengen Geruch des Wildes – auch in 150 m Höhe noch deutlich wahrzunehmen.

Im Juli und August sind die großen Gnuherden auf Wanderung, sind Millionen hungriger Tiere über die Ebenen verteilt, werden Beute von Löwen und Hyänen oder ertrinken beim Durchwaten des Mara. Bis zum Horizont ist dann die Ebene mit umherziehenden Herden und versprengten Tieren bevölkert.

Im Februar ist das Buschgras wieder nachgewachsen und beginnt zu blühen. Ganze Familien von Warzenschweinen galoppieren durch das Gras, und nur ihre Schwänze sind über der wogenden Ebene zu erkennen. Antilopen, Zebras, Elefanten – sie alle sind jetzt dort versammelt und können vom sicheren Korb aus betrachtet werden, während der Ballon über ihre Köpfe dahinschwebt.

Die Landung ist stets der schwierigste Teil einer Fahrt, aber da gibt es noch Besonderheiten, die typisch sind für Safaris in Afrika. Die schwer beladenen Ballone treiben ziemlich schnell über stachelige Akazien und hungrige Tiere hinweg. Die Rück-

holer, die meist vorausfahren, warten schon im festgelegten Landeareal, und dann schlägt der Korb auf und schleift durchs Gras – direkt auf sie zu.

Ich habe einmal gehört, wie ein französischer Pilot im zweiten Ballon die *Marseillaise* sang: Er schwor, daß sie die Mitfahrer von den näherkommenden Dornbüschen ablenke. Sekunden später stiegen sie aus ihrem Korb – glücklich über die glänzend gelungene Landung, traurig darüber, daß die Safari damit zu Ende war. Dann aber floß der Champagner, und das Buschfrühstück begann.

Natürlich läuft nicht immer alles so glatt ab. Ich gehörte einmal zu den Verfolgern, und da wir unterwegs eine Panne hatten, trafen wir erst später ein und fanden unseren Ballon an einer abgelegenen Stelle, weit von der Straße entfernt. Als wir ihn dann endlich erreicht hatten, hielt der Pilot – seine Passagiere hinter sich – ein Rudel räudiger Hyänen mit seinem Brenner in Schach: Die Reste des Frühstücks hatten ihnen nicht gereicht.

Nach dem Frühstück ist die Safari für die Touristen vorüber, aber die Arbeit der Crew ist dann erst halb getan. Der Ballon muß verpackt und zum Lager zurückgeschafft werden: durch hohes Gras und manchmal schlammige Ebenen, mit dem Floß über Wasserläufe voller Krokodile und Flußpferde. Während die Touristen das Lager mit Bildern von der Safari auf Film und im Gedächtnis verlassen, liegen noch etliche Stunden harter Arbeit vor den Ballonmannschaften: Die Brenner müssen überprüft und gewartet, die Gasflaschen gesäubert und wieder gefüllt werden. Die Körbe werden von den harten Landungen arg mitgenommen, also müssen die Schleifleisten und die Rohlederverkleidung an den Kanten ständig erneuert werden. Die Ballone hier sind wahrscheinlich die einzigen, die echt afrikanisches Büffelleder zum Schutz gegen Durchscheuern am Korb tragen. Und die Schleifleisten werden aus heimischem Hartholz in afrikanischem Stil gefertigt.

Manchmal muß auch die Hülle ausgebessert werden, wenn sie mit Dornbüschen in Berührung gekommen war. Einmal sogar – heute noch unvergessen – hatte eine Hyäne den Ballonsack zerfetzt und sich über das Nylon darin hergemacht. Da wir das nicht wußten, hatten wir die Hülle brav am Startplatz ausgelegt und mußten dann feststellen, daß sie wie ein von Motten zerfressener Lappen aussah. An dem Tag gab es keinen Aufstieg, aber wir entwickelten eine Art »Buschwerkstatt« für künftige Fälle.

Ein ganzer Korb voll: vier Passagiere und ein Pilot, der in die Ecke gedrängt wird. Die maximale Nutzlast eines Ballons der AX9-Klasse (3000–4000 m³) besteht aus dem Piloten plus sieben Fahrgästen.

Das Frühstück bietet eine der wenigen Gelegenheiten, sich mal im Freien zu bewegen. Bei einer Boden-Safari müssen die Touristen im Fahrzeug bleiben.

FLUCHT IN DIE FREIHEIT

Die Scheinwerfer der Grenztruppen suchten nach ihnen.

Der Thüringer Wald im Herzen Deutschlands ist bekannt für seine Schönheit und seine Legenden – aber die Gruppe besorgter und angespannter Menschen, die sich in der Nacht des 15. September 1979 hier zusammengefunden hatte, war mehr mit ihrem eigenen Geschick beschäftigt: Sie war dabei, in den Westen zu fliehen.

Die Familien Strelczyk und Wetzel – vier Erwachsene und vier Kinder – horchten in die Stille des Waldes hinaus, bis sie sicher waren, daß niemand sie beobachtete. Dann entluden sie ihren kleinen Anhänger und breiteten die 26 m lange Hülle eines Heißluftballons aus, den sie selbst angefertigt hatten. Der vielfarbige Ballon, aus den verschiedensten Stoffbahngrößen zusammengenäht, war noch nie aufgeblasen worden, jetzt aber wurde er – im Licht der Scheinwerfer – erst mit dem Gebläse gefüllt, dann wurde die Kaltluft mit dem Brenner erhitzt.

Sobald der 3000 m^3 große Ballon startklar war, stiegen die acht Menschen an Bord der offenen Plattform, die 1,40 m im Quadrat groß war und aus Winkeleisen und Holz bestand. Die Allgegenwart der Gefahr wurde ihnen noch bewußter, wenn sie an ihren letzten Fluchtversuch per Ballon zurückdachten, der erst drei Monate zurücklag und 200 m vor der »Friedensgrenze« geendet hatte. Diesmal allerdings war der Wind günstiger: Er blies aus Nordosten, direkt in Richtung auf den freien Teil Deutschlands.

Die Kinder saßen innen, mit dem Rücken zu den Propanflaschen, an jeder Ecke der Plattform. Die Erwachsenen standen mit dem Gesicht nach außen; sie blickten in die Dunkelheit und hielten mit den Auslaufleinen die Hülle offen. Die züngelnde Flamme des Brenners schoß durch ein Ofenrohr hoch hinauf in die Hülle, wo sie eine Tragkraft für 725 kg Nutzlast entwickelte.

Um 2.40 Uhr morgens stiegen sie auf, und ihr Ballon hob sich durch die helle Brennerflamme deutlich vom nachtschwarzen Himmel ab. Der Brenner fauchte ständig, denn der einzige Weg in die Freiheit führte – zunächst – nach oben.

Bald hatte ihr Ballon 2000 m erreicht, und sie rechneten damit, daß man sie vom Boden aus sehen würde. Aber sie waren bereits beim Start beobachtet worden, und als die Scheinwerfer der Grenztruppen nach ihnen suchten, stieg Peter Strelczyk, der 37jährige Pilot und Initiator des Fluchtplans, auf etwa 2400 m.

Nach ungefähr 20 Minuten Fahrt meinten sie, dicht an der Demarkationslinie zu sein – aber sie hatten noch keine Gewißheit. Sie begannen einen langsamen Abstieg, da ihr Brennstoff zur Neige ging, aber als sie wieder 2000 m erreicht hatten, fing plötzlich der Brenner – mit den letzten Tropfen Propan – zu stottern an, und sie begannen immer schneller zu fallen, wobei der Ballon sich drehte und fast außer Kontrolle geriet. Der Ballon bewegte sich jetzt schnell über das Land unter ihnen, streifte dann Bäume, traf einen Busch, schlug kurz auf den Boden auf, hob noch einmal ab und setzte dann zur endgültigen sicheren Landung auf. Sie waren 30 Minuten unterwegs gewesen – aber auf welcher Seite der Grenze waren sie?

Die Männer gingen vorsichtig auf Erkundung und entdeckten ein Fahrzeug der Polizei, die von Ortsansässigen wegen der ungewöhnlichen Vorgänge an der Grenze alarmiert worden war: Es waren westdeutsche Uniformen – die Flucht in die Freiheit war gelungen! Zur Entwarnung wurde eine rote Leuchtkugel abgeschossen, und die Frauen und Kinder kamen aus ihrem Versteck hervor und ließen ihren Gefühlen freien Lauf. Sie lachten, weinten, fielen sich in die Arme: Sie lebten, und sie waren frei!

Die 1200 m Tuch – in kleinen Mengen gekauft, um keinen Verdacht zu erwecken – hatten die beiden Frauen, Doris und Petra, im Keller des Hauses der Familie Strelczyk in Pößneck zusammengenäht.

Später sahen die Flüchtlinge dann zum ersten Mal ihren Ballon bei Tageslicht in voller Größe. Er war durchaus flugtüchtig – richtige Ballonsportler allerdings, an die üblichen Standards von Sicherheit und auch Komfort gewöhnt, lehrte er das Grausen.

FK-6009 9/17/79 NAILA, West-Germany: Two members of the West German Technical Aid Service stand by the home-made hot air balloon which carried two East German families to freedom across the deadly Iron Curtain frontier near here 9/16. Only one of the balloon's eight passengers suffered slight injuries during the hard landing in total darkness. hba/ dpa/UPI

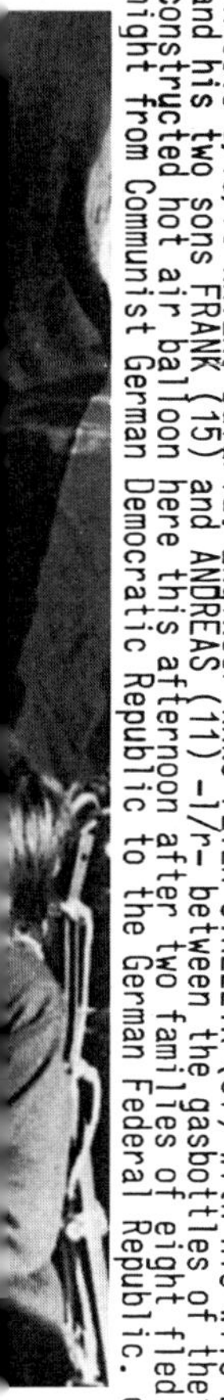

FK-6010 9/16/79 NAILA, Bavaria: Engineer HANS-PETER STRELZIK (37) with his wife DORIS (31) and his two sons FRANK (15) and ANDREAS (11) -l/r- between the gasbottles of their self-constructed hot air balloon here this afternoon after two families of eight fled last night from Communist German Democratic Republic to the German Federal Republic. dpa (ko)

LUP/FKP091705-9/17/79-NALIA, W.GERMANY: Seven of the eight East Germans who crossed the border in a hot air balloon to defect to the west during the night of Sept 16. Spent their first night at a Red Cross shelter. (Left to Right) Doris, Andreas and Peter Strelzyk, the leader of the group Frank Strelzyk, Petra and Andreas Wetzel. The father of the Wetzel children is in hospital. UPI/DPA sp

FKP111601+11/16/79+FRANKFURT: The Strelczyk and Wetzel families who escaped from from East Germany by flying in a balloon to the West in Sept.,1979, are on way to board a plane bound for Los Angeles at airport 11/16. They will assist Walt Disney Productions to complete the script for a movie telling the escape story. At left are Gunter and Petra Wetzel with sons Peter (left) and Andreas, at right Peter and Doris Strelczyk with sons Frank (rear) and Andreas. dh/dpa-Witschel UPI

Daily Mail

MONDAY, SEPTEMBER 17, 1979 10p

THE FASTEST MAN ON EARTH! CENTRE PAGES

Families escape to West by balloon

UP, UP AND AWAY TO FREEDOM

TWO young families yesterday brought off the most fantastic defection of all—over the East-West German border at 1,500ft. in a home-made hot-air balloon.

From COLIN LAWSON in Bonn

Four adults and four children, the youngest only two years old, made a 30-minute flight to freedom clinging to a wooden platform about 4½ft. square.

Above them was the balloon envelope, 137ft. high and 114ft. across stitched together by the two wives from nylon sheets and curtains.

The platform had a single safety precaution — a clothes rope wound round four corner stanchions. The children were at the corners, one on each post.

The adults hung on to a flimsy cage in the middle which contained four large cylinders of butane gas to power crude hot air burners

Terrified

This was the extraordinary craft that rose into the night sky at 2.40 a.m. from a remote field outside the East German village of Poessnek, in the province of Thuringia. Six miles to the south lay the border, Bavaria—and freedom. It had taken a nail-biting hour to inflate the balloon.

It was a clear, starlit night and the wind was right. But it was bitterly cold and they were terrified.

At one awful moment during the flight, a searchlight presumably manned by Communist border guards, actually caught the balloon. The escapers waited for the shooting to start—but, inexplicably nothing happened.

They were the more astonished because on a previous attempt in July their balloon had come down 200 yards short of the border. They managed to get away, but the wreckage was found by border guards.

The pilot, and the man who designed the balloon, was 37-year-old aircraft mechanic Hans-Peter Strelzik. His friend Gunther Wetzel, a 24-year-old bricklayer, and Strelzik's sons Frank, 15, and Andreas, 11, helped him to build it while the wives sewed. They bought the material bit by bit in different places so as not to attract attention and hid it in a cellar.

They did it, Strelzik said not because either family was badly off in material terms—'things were pretty good for us over there by East German standards. We each had a house and a car.

'But it was no longer possible for us to lie to our children and put up with the political conditions

Yesterday's flight, like the

Turn to Page 2, Col. 2

The joy that says 'We're free!' The escapers and their balloon yesterday

Revolt of the Labour town halls

By HARVEY ELLIOTT, Home Affairs Reporter

A MASS revolt by town halls against the proposed cuts in public spending now faces the Government.

Thirty - five leaders from Labour-controlled cities are to meet this week to draw up a united campaign of action against the cuts.

Then they will confront Environment Secretary Mr Michael Heseltine and tell him: 'We will not reduce our spending.'

The crunch will come on Thursday when Mr Heseltine is due to speak at the local government conference in Scarborough.

Before that all the Labour leaders of metropolitan authorities will meet to work out how to defy his calls for an immediate 3 per cent reduction in their budgets.

Councils throughout the country have been horrified by the effects of the Government's calls for cuts. Many have openly refused to co-operate.

Disastrous

Even Tory-controlled Oxfordshire, in which Mr Heseltine has his constituency, has said it cannot make the cuts as quickly as he is demanding.

The latest council to join the growing number of rebels is Lambeth, in London.

Its leader, Mr Ted Knight, said last night that the council was refusing to make any cuts at all.

The metropolitan authorities are the big spenders in local government. They represent the biggest cities and conurbations in the country and a mass attack on Government policies by them could have disastrous consequences.

Mr Heseltine is determined to force through his plans not only to cut spending this year, but to reduce it by a further 5 per cent. next year.

And he has warned the local authority associations that he is prepared to introduce legislation, if necessary.

His obvious course of action however, is to starve the rebels of Whitehall cash, forcing them to place the burden of spending on their own ratepayers.

In this way, he believes, local voters would see that the fault lay with their own council and throw them out.

Already some authorities are predicting massive rate increases from next April. In many London boroughs ratepayers could be faced with paying 50 per cent. more than now.

INSIDE: Femail 12, 13, Mail Diary 23, TV Guide 26, Prize Crossword 30, Letters, Stars & Strips 34, City 38, Classified Adverts 39-41, 45

NBG901-9/16/79-NAILA,WEST GERMANY:The hot-air balloon that carried eight people to West Germany, lies draped over trees near the Bavarian town of Nalia 9/16. Two families used the homemade craft to make the 30-minute, 28-mile(46 kilometer) flight. UPI mjl/dpa

SO WIRD'S GEMACHT: DER START

Ein englischer Ballöner, der einen Landsitz erwerben möchte, würde seine Anzeige etwa so formulieren: »Trockengelegtes Feld mit Anschluß an befestigte Straße gesucht. Sollte in einem flachen Tal liegen mit hohen Bäumen an der Luvseite, weit westlich von jeglichem Flugbeschränkungsgebiet.«

Theoretisch kann ein Ballon zwar überall starten, aber in der Praxis gibt es topographische, klimatische und gesetzliche Einschränkungen, die dann mehr zugunsten anderer Startplätze sprechen. Ballonfahrer finden immer Startplätze, die ihnen zusagen, und dann überreden sie die Besitzer, sie dort auch aufsteigen zu lassen. Am fraglichen Tag genügt dann ein Anruf, und sie bekommen grünes Licht. Auf diese Weise hat die Crew einen Sammelplatz, der allen bekannt und ihnen als Startplatz auch vertraut ist.

In den Weiten der Vereinigten Staaten, wo ruhiges Wetter so oft vorherrscht, kann der landsuchende Ballöner allerdings die Forderung nach einer Baumbarriere meist getrost weglassen.

Raus aus dem Anhänger, ran mit dem Gebläse, und dann mit dem Brenner reinhalten.

Hinter dem Brenner kann es heiß werden, und die Krone unten zu halten (rechts) ist stets harte Arbeit. Da ist es schon leichter, das Hüllenmaterial zu spreizen und so vor der Flamme zu schützen.

Das Aufrüsten zu beobachten ist ein beliebter Zuschauersport in Albuquerque, dem Heißluft-Nabel der Welt, wo Massenstarts von 200 Ballonen keine Seltenheit sind.

Trostpreis für das Bodenpersonal: der Anblick der aufsteigenden Ballone.

Und er wird wohl auch nicht so allergisch auf den Begriff »Luftraum« reagieren wie der englische Ballonsportler. In England weht der Wind meist von West nach Ost und trägt den südenglischen Ballöner dann unweigerlich in den Luftraum von London – eines der überfülltesten und komplexesten Fluggebiete der Erde überhaupt. Und östlich von London mögen die Ballöner schon gar nicht aufsteigen, da der nutzbare Luftraum zwischen der Stadt und der Küste gefährlich eng ist.

Da Ballone nicht durch das Wetter fahren können, sondern mit dem Wetter ziehen, haben Ballonpiloten auch ganz andere Sorgen als die Piloten normaler Flugzeuge. Ein Bodennebel von 15 bis 30 m Höhe in der Umgebung kümmert beispielsweise den Piloten eines Leichtflugzeuges kaum, wenn er erst nach zweistündigem Flug in 300 km Entfernung zu landen beabsichtigt. Der gleiche Nebel kann aber einem Ballonpiloten gefährlich werden, dessen Flugplan nur 30 km weit reicht.

Ballone sind der Richtung und der Geschwindigkeit des Windes in hohem Maße ausgesetzt – Flugzeuge nur bedingt. Wenn ein Flächenpilot einen Flug von A nach B plant, berücksichtigt er den Seitenwind, indem er die Abdrift in einen Vorhaltewinkel umwandelt, und bei Start wie Landung wählt er eine Rollbahn mit Gegenwind, der seinen Auftrieb erhöht und die Geschwindigkeit verringert. Der Ballonpilot hingegen kann nicht von A nach B fahren, wenn ihn der Wind woanders hinträgt. Wenn er unbedingt bei Punkt B landen will, verrechnet er die angekündigte Windrichtung und -geschwindigkeit mit seiner voraussichtlichen Fahrzeit – und wählt dann seinen Startplatz A. Danach sucht er in verschiedenen Höhen nach passenden Winden, um von A auch nach B zu kommen.

Häufiger noch nimmt der Ballonpilot seine geplante Fahrzeit und -geschwindigkeit als Planungsgrundlage – zum Beispiel 2 Stunden mit 15 km/h – und legt dann seinen Startplatz fest. Aufgrund seiner Kenntnis der herrschenden Bedingungen kann er dann in etwa B bestimmen, aber erst, nachdem er schon geraume Zeit unterwegs ist. Das ist einer der wesentlichen Unterschiede zwischen der Ballonfahrt und den meisten anderen Arten des Fliegens: Ballöner haben selten ein Fahrtziel vor Augen – ihr Ziel ist die reine Freude an der Fahrt selbst.

Aufgerüstete Ballone können sich am Boden ruhig dicht aneinanderdrängen, solange genügend freiwillige Helfer da sind, die die Körbe festhalten und die Rollbewegungen der Hüllen in Grenzen halten. In der Luft müssen die Ballone dann allerdings senkrecht wie waagerecht Abstand voneinander halten. Somit dürfen sie bei Massenstarts nur in zeitlichen Intervallen abheben, damit jeder Ballon genügend Platz zum Manövrieren hat.

Offizielle in fluoreszierenden Jacken überwachen den Ablauf des Starts. Auch wenn ein Pilot fertig

Beim Aufrüsten wird nur ein Gaszylinder eingesetzt. Der Korb ist auf die Seite gelegt, und die Hülle liegt – fest mit dem Korb verbunden – ausgebreitet am Boden. Zwei Mann halten die Hüllenöffnung auf, und der kleine Ventilator füllt die Hülle zunächst mit kalter Luft. Sobald dann der Brenner aufröhrt, droht die nach oben strömende Heißluft die Öffnung hinter sich zuzuziehen.
Ein Einmannballon von 600 m³ ist binnen 60 Sekunden startklar – bei einem großen Ballon von 4000 m³ kann das 10 bis 15 Minuten dauern.
Während noch die Kaltluft einströmt, tritt der Pilot in die Hülle und überprüft bei seiner Startinspektion Lastgurte, Auslaufleinen, Leinen, Seilrollen, Velcroverschluß, Parachute und Hüllenmaterial.

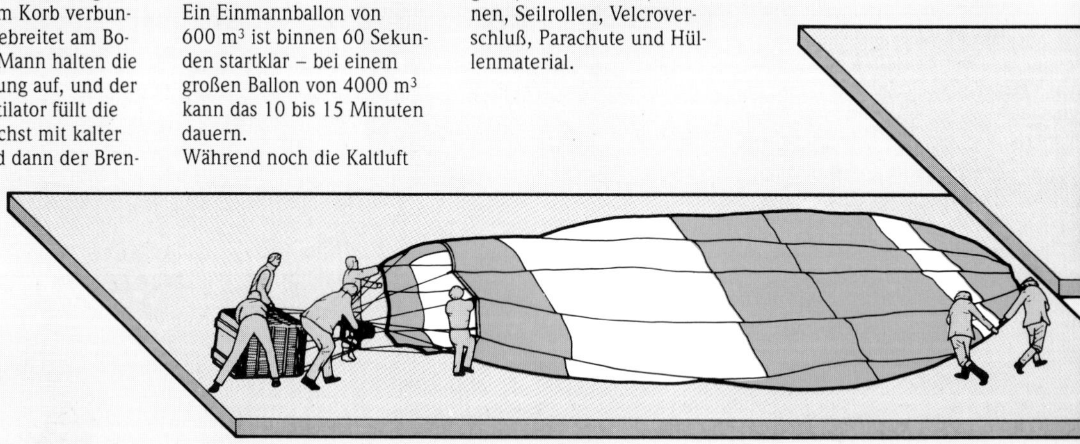

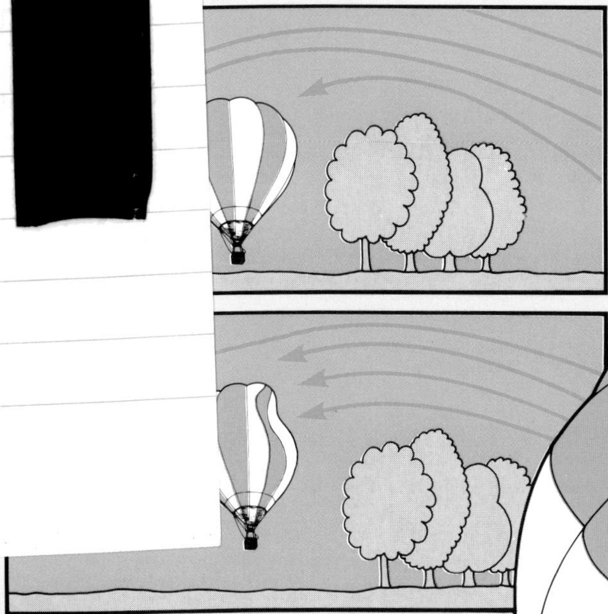

Dieser Ballon wurde im Windschatten der Bäume aufgerüstet. Beim Abheben verformt der Wind die Hülle so lange, bis der Ballon seine Geschwindigkeit angenommen hat.

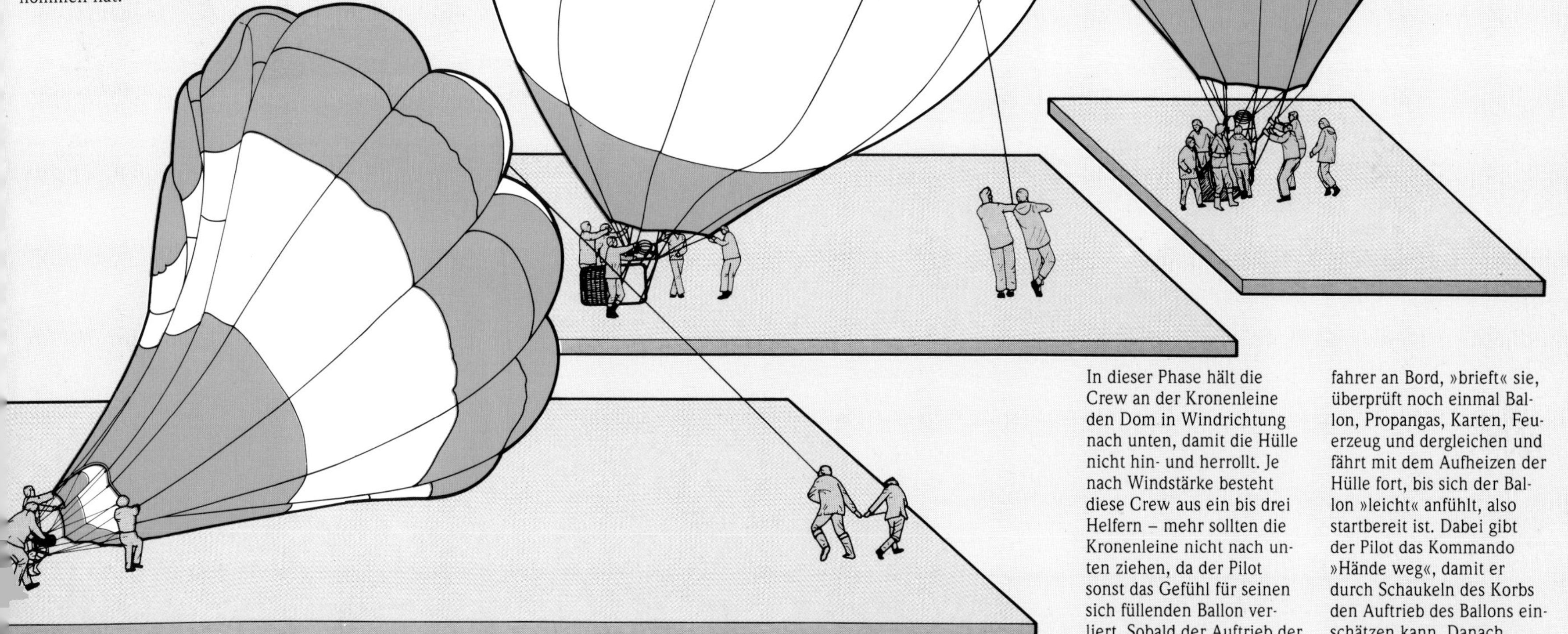

Nach der Überprüfung der Hülle »brieft« der Pilot seine Crew und weist sie in ihre Aufgaben beim Start ein: Ein bis drei Mann halten den Korb fest, bis der Start unmittelbar bevorsteht. Unter normalen Bedingungen kann ein Viermannballon von einer vier- oder fünfköpfigen Mannschaft aufgerüstet und gestartet werden.

Die Männer an Krone und Hüllenöffnung wechseln nacheinander zum Korb hinüber, sobald die Hülle sich füllt und über den Korb steigt.

In dieser Phase hält die Crew an der Kronenleine den Dom in Windrichtung nach unten, damit die Hülle nicht hin- und herrollt. Je nach Windstärke besteht diese Crew aus ein bis drei Helfern – mehr sollten die Kronenleine nicht nach unten ziehen, da der Pilot sonst das Gefühl für seinen sich füllenden Ballon verliert. Sobald der Auftrieb der Hülle weiter zunimmt, wechseln auch die Helfer – mit der Kronenleine – zum Korb über.
Wenn der Ballon aufgerüstet ist, bittet der Pilot seine Mitfahrer an Bord, »brieft« sie, überprüft noch einmal Ballon, Propangas, Karten, Feuerzeug und dergleichen und fährt mit dem Aufheizen der Hülle fort, bis sich der Ballon »leicht« anfühlt, also startbereit ist. Dabei gibt der Pilot das Kommando »Hände weg«, damit er durch Schaukeln des Korbs den Auftrieb des Ballons einschätzen kann. Danach heißt es wieder »Festhalten«, und er heizt die Luft in der Hülle weiter auf, bis er sicher ist, daß er abheben und jedes Hindernis in Fahrtrichtung überwinden kann.

zum Start ist – er muß auf ihre Genehmigung warten. Die Startleitung hat den gesamten Ballonverkehr um den Startplatz im Auge und läßt den Piloten nur dann aufsteigen, wenn der Luftraum frei für ihn ist.

Wenn es also so aussieht, als stiegen die Ballone bei Massenstarts auf wie die Bläschen in der Limonade, entspricht diese vermeintliche Unordnung absolut nicht der Wirklichkeit.

Dieser typisch englische Startplatz (ganz rechts) wurde 1977 bei der Wettfahrt über den Kanal benutzt. Obwohl der Bodenwind etwa 20 km/h betrug, schützten die Bäume und das erhöhte Gelände dahinter die Ballone so gut, daß sie aufrecht stehen konnten.

Massenstart bei Castle Howard (oben), wo 30 m hohe Bäume stets für ausreichenden Schutz sorgten.

In Albuquerque (rechts) braucht man keinen Windschatten; der schwache morgendliche Wind beeinträchtigt die Starts nicht. Den Piloten werden Startplätze in mehreren Reihen auf einem Kleefeld zugewiesen.

Osram
G-GOLD

BEI WIND UND WETTER: DIE FAHRT

Am Tage: Aufwind
Die Aufheizung von Südhängen durch die Sonne kann man am besten in den Alpen beobachten; sie kann besonders dem Ballonpiloten gefährlich werden, da er gegen sie nichts unternehmen kann. An ruhigen Tagen kann der Aufwind dazu benutzt werden, von einem Tal in das nächste zu fahren, aber das kann auch zum Abenteuer werden, wenn man dabei in ein enges Tal gerät: Wenn der Wind nämlich quer zum Tal weht, gibt es nur noch einen schmalen »Kamin«, in dem man nach unten fallen und landen kann. Wenn man ihn nicht erwischt, tragen die Aufwinde den Ballon wieder in die Höhe.

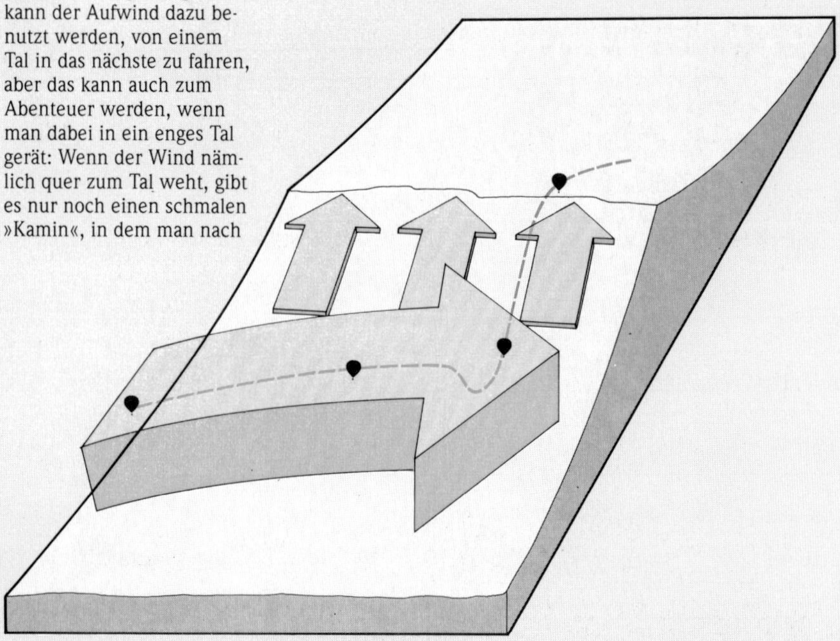

Die Leewalze
Mit der Leewalze hat der Ballöner am meisten zu tun. Sie reicht von einer schwachen Turbulenz hinter Bäumen in der abendlichen Brise bis hin zu starken, rüttelnden Fallwinden auf der Leeseite von steilen Hügeln und Bergen. Mit der schwachen Leeturbulenz wird man leicht fertig, indem man den Auftrieb des Ballons mit dem Brenner erhöht, ausgeprägte Leewalzen hingegen können recht gefährlich sein – man sollte ihnen unter allen Umständen ausweichen. In gewisser Hinsicht gleichen sie einer umgekehrten Thermik: Die turbulente Luftmasse strömt in ihrer Drehbewegung nach unten und drückt die Heißluft aus dem Ballon, nimmt ihm damit den Auftrieb und verstärkt noch den Effekt der allgemein nach unten gerichteten Luftmassen. Leewinde sind die häufigste Ursache kleinerer Unfälle; oft drücken sie tieffahrende Ballone mit ihrer unerwarteten Turbulenz in Baumkronen oder Zäune.

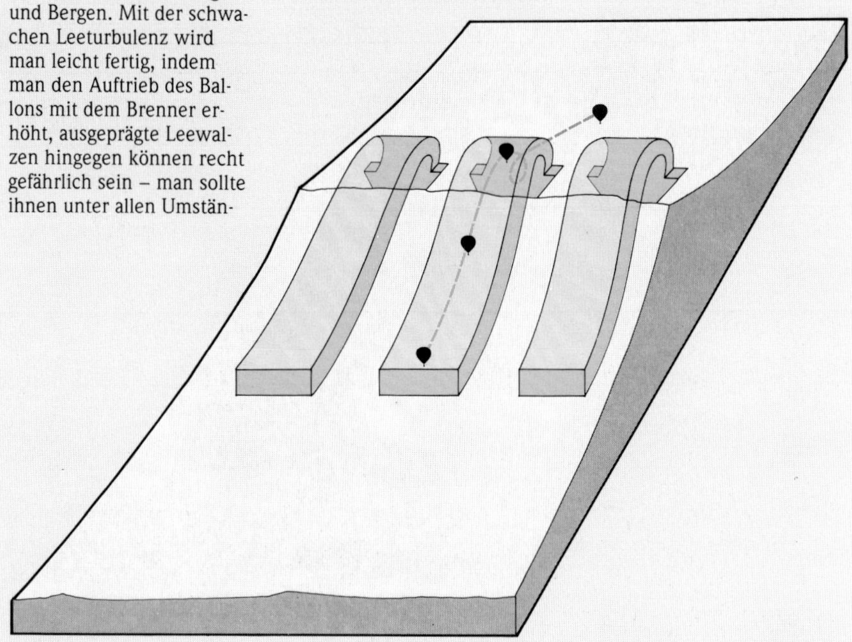

Bei Nacht: Abwind
Ein Merkmal hügeliger oder bergiger Gegenden ist der Abwind, der gewöhnlich am Abend auftritt. Die Luft kühlt ab und gleitet in Schichten von bis zu 60 m Dicke den Hang hinab. Der Abwind hat genügend Kraft, um sich gegen den normalen, leichten Wind durchzusetzen, und hat meinen Ballon schon mehr als einmal auf den Boden gezwungen. Das erste Mal war ziemlich schrecklich: wir landeten in einer hohen Eiche und warteten dann darauf, daß uns ein vielleicht vorbeikommender Bauer retten würde. Seitdem halte ich den Ballon vorsichtshalber »heiß« und klar zur Landung, wenn ich an einem ruhigen Abend die Flanke eines Hügels passiere.

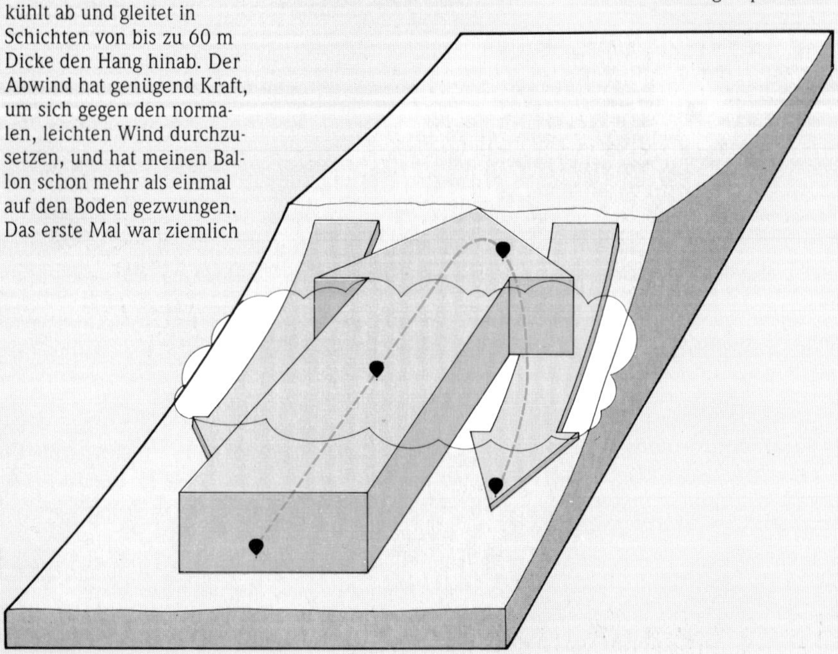

Wellenbildung
Segelflieger suchen und genießen diese Wellen in größeren Höhen, aber für Ballonsportler tief unten können sie zum Problem werden. Der Luftstrom wird dabei in eine Wellenbewegung versetzt, und der Ballon in dieser Luftmasse »schwingt« mit ihr auf und ab. Diese Bewegungen können ziemlich stark werden, aber solange die Hüllentemperatur hoch genug ist, sind sie relativ harmlos.

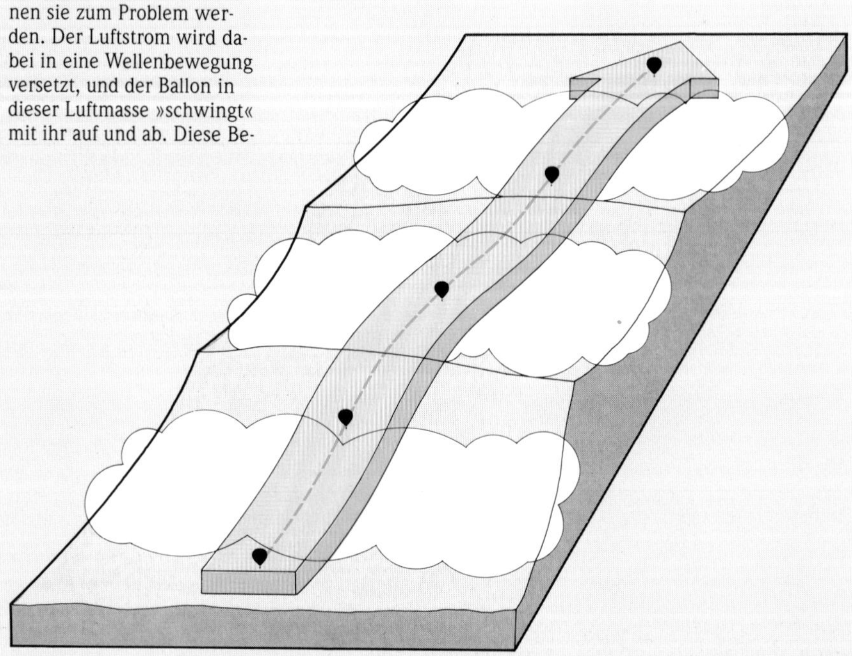

Talwind

Den Talwind suchen die Ballonpiloten, da er meist sanft ist und es ihnen ermöglicht, von der generellen Windrichtung erheblich abzuweichen. Bei Wettbewerben kann ein guter Pilot mit ihm die entscheidenden Punkte herausholen, und bei Lustfahrten kann man andere Ballone abhängen oder die Rückholer verblüffen, indem man Richtungsänderungen von bis zu 90 Grad vollzieht. Die Wirkung des Talwinds ist noch stärker in ausgeprägten Tälern, da sich hier Aufwinde und Abwinde zu einem gleichmäßigen Luftstrom vereinigen.

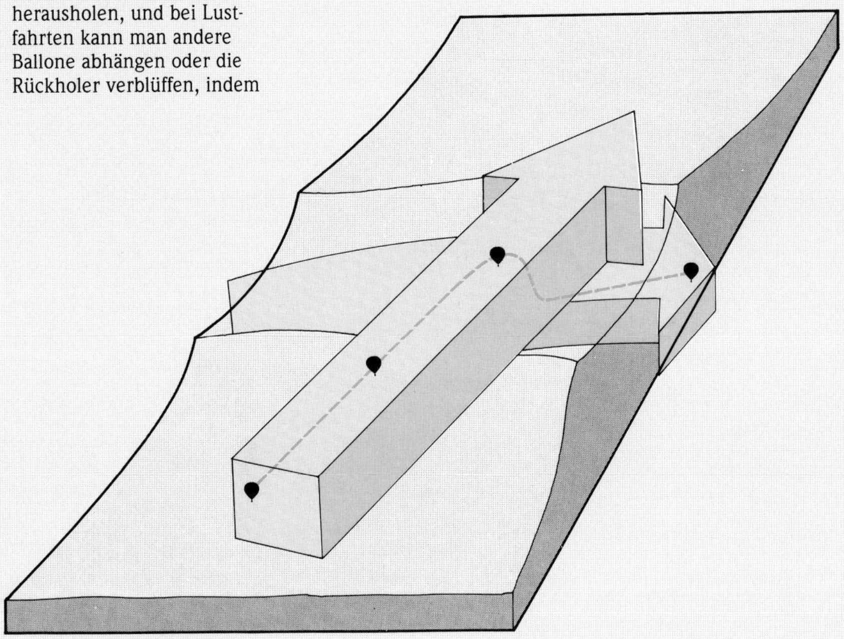

Thermik

Der Ballonpilot hat es immer dann mit Thermik zu tun, wenn unterschiedliche Bodenbeschaffenheit zu unterschiedlicher Erwärmung der darüberliegenden Luft führt. Gelegentlich fährt man in eine bestehende Thermik hinein, aber meist schafft sich der Ballon seine eigene Thermik durch Aufbrechen einer Warmluftblase, die zuvor durch die Oberflächenspannung noch am Boden gehalten wurde. Sobald diese Blase dann freigekommen ist, trägt sie den Ballon vehement in die Höhe. Andere Warmluftblasen um den Ballon brechen auf und stoßen und schütteln ihn hin und her. Jede dieser Blasen verformt dabei die Hülle und verstärkt die Turbulenz. Die Thermik ist des Ballonpiloten größter Feind, da man ihr nur nach oben entkommen kann.

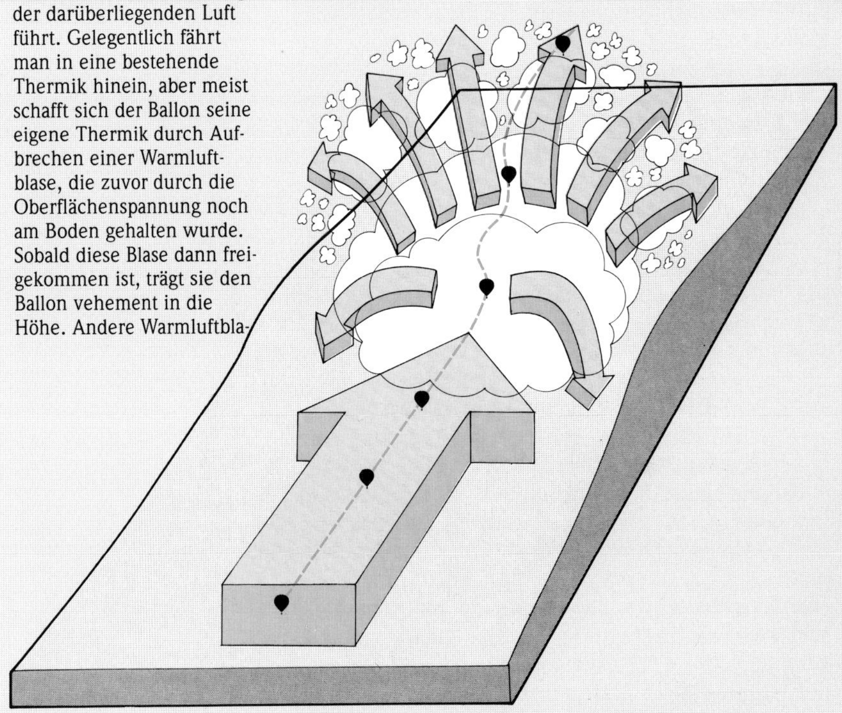

Luftstrom um Hindernisse

Ballonpiloten entdecken oft Vorgänge im Mikroklima, die andere Piloten, die nicht so dicht am Boden fliegen, gar nicht wahrnehmen. Die Strömungen in Bodennähe sind ziemlich stark und tragen Ballone über oder um Hügel, obwohl der Pilot noch versucht, die Höhe zu wechseln. Es kann durchaus vorkommen, daß zwei Ballone zusammen starten, dann weit voneinander ge-

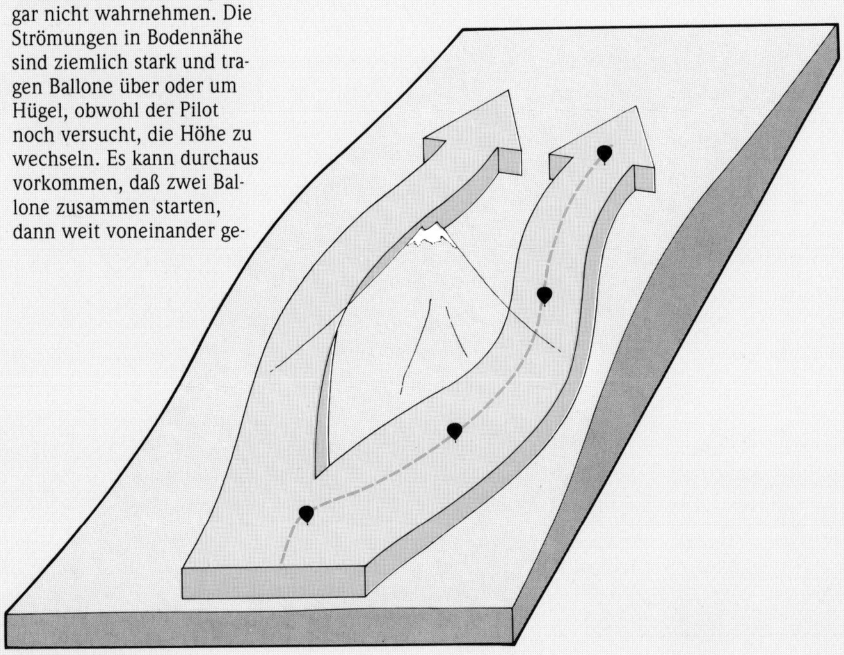

Seewind

Diese Erscheinung tritt normalerweise am späten Nachmittag und am frühen Abend in der Nähe der Küste oder an Binnengewässern auf, wenn der Seewind einschläft und der Landwind einsetzt. Die lokale Land-Wasser-Zirkulation kann bis zu 150 m »dick« sein und beschleunigt einen Wind gleicher Richtung oder verlangsamt einen Wind aus der Gegenrichtung, wobei dann Turbulenzen auftreten. Stößt man in die Luftmasse aus der Gegenrichtung, kann das dem Ballon einen Schlag versetzen, als sei man gegen eine Betonmauer gefahren; fährt man aber vorsichtig in die Zirkulation hinein, kann man mit ihr Kursänderungen von bis zu 180 Grad vollbringen.

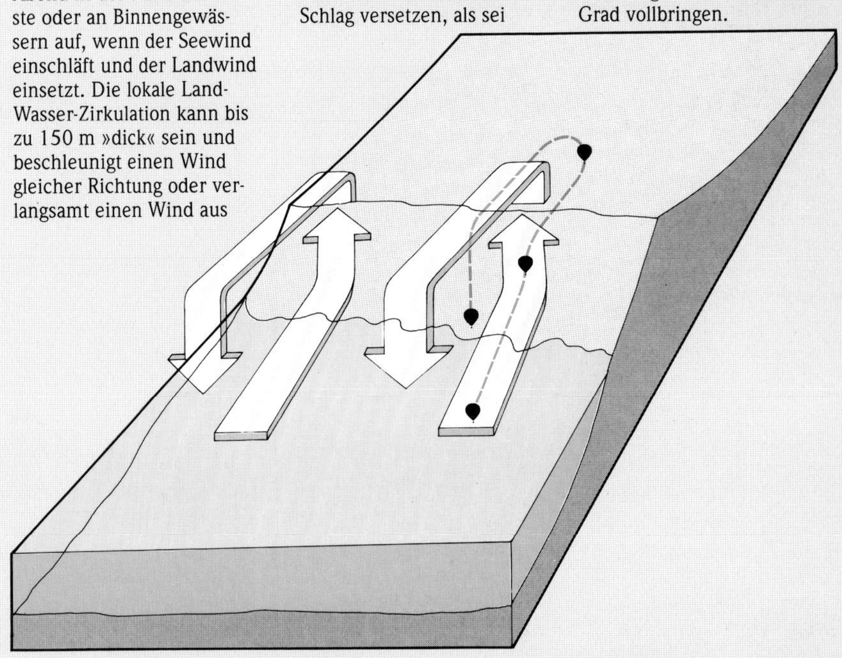

Grundsätzliches Verständnis meteorologischer Vorgänge reicht für die meisten Ballonpiloten völlig aus. Das einzige, was sie am Wetter wirklich interessiert, ist: »Können wir starten?« Ballonfahrten finden gewöhnlich ohnehin bei relativ gutem Wetter statt – und unter Bedingungen, die mehr vom Mikroklima als von der Großwetterlage bestimmt werden. Die meisten Ballonpiloten beziehen all ihre Wetterkenntnis am Morgen des Starts über einen Telefonanruf bei der nächsten Wetterdienst-Beratungsstelle, die ihnen dann Informationen über Windstärke, Windrichtung und Bewölkung vermittelt.

Die Kenntnis örtlicher Besonderheiten wie Seewind oder Talwind ist dabei wichtig. In England zum Beispiel erschweren es böige Winde, auf kleinen Feldern zu landen, während in Texas mit seinen weiten Flächen Winde gleicher Stärke weniger bedeutsam sind. In den Alpen bilden sich oft isolierte Hochdruckzonen – hier können, beispielsweise im Inntal, die Piloten ungetrübt ihrem Hobby frönen, während 130 km weiter nördlich, bei Augsburg, wegen starken Sturms selbst die Vögel zu Fuß gehen.

Hilfreich ist es, Übersichtskarten der Großwetterlage lesen zu können – besonders für Ballonfahrer, da sie oft weit zu fahren haben, um an einem Treffen teilzunehmen. Die symbolischen Darstellungen der Wetterkarten in den Zeitungen und im Fernsehen sind leicht zu interpretieren; ihnen läßt sich schnell die Entwicklung der nächsten Stunden entnehmen. Die Hauptsymbole sind hier die Isobaren – Linien, die Punkte gleichen Luftdrucks miteinander verbinden, ähnlich den Höhenlinien. Kalt- wie Warmfrontsymbole kennzeichnen die Nahtstellen zwischen Luftmassen unterschiedlicher Temperaturen.

Die Rotation der Erde verursacht auf der nördlichen Halbkugel eine Linksdrehung der Luftmassen, so daß die normalerweise geradeaus fließenden Massen sich in ein Tief hineindrehen. Diese Luftmassen oder Winde bewegen sich parallel zu den Isobaren. Unterhalb von 450 bis 600 m verringert sich die Windgeschwindigkeit durch Reibung an der Erdoberfläche, und dieser Widerstand ändert die Windrichtung am Boden um etwa 30 Grad nach links – daher das Sprichwort: »Right with Height.« Liegen die Isobaren relativ dicht beieinander, ist der Luftdruckunterschied groß, und der Wind bläst kräftig.

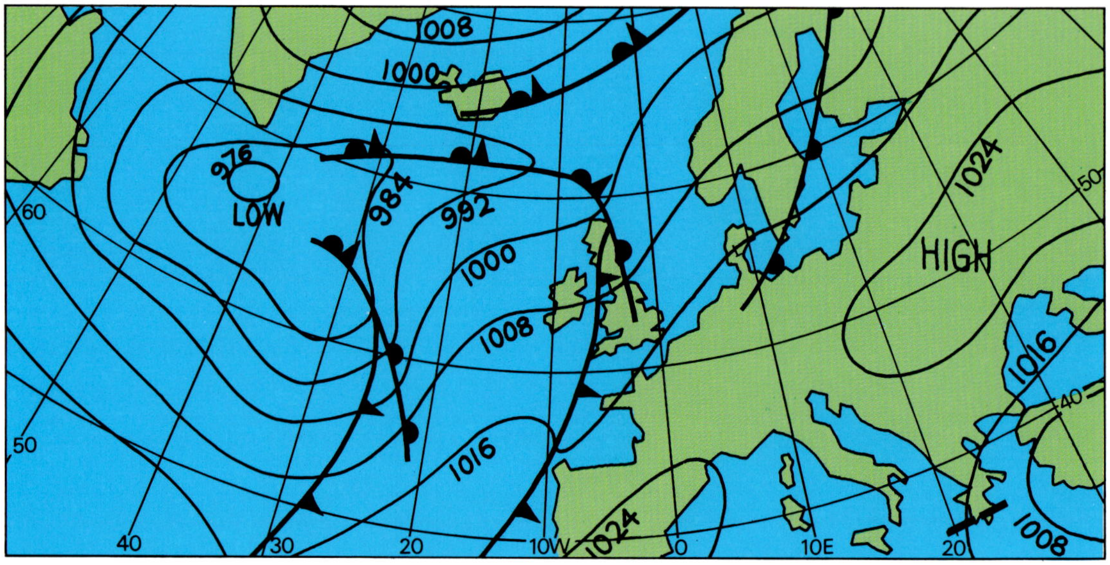

Die Wetterkarte, die hier abgebildet ist, verspricht englischen Ballonpiloten nichts Gutes. Das sich auflösende Hoch über der Ukraine läßt instabile Kalt- und Warmfronten zurück. Von Nordspanien bis zum ehemaligen Jugoslawien hingegen sind die Wetterbedingungen für Ballonfahrten ausgezeichnet.

Ein Tiefdruckgebiet entsteht, wenn warme und kalte Luftmassen auf engem Raum aufeinanderprallen; während die warme Luft auf die kalte aufgleitet, sinkt am Boden der Druck. In dieses Gebiet geringen Drucks strömt dann kalte Luft mit hohem Luftdruck. Der Wind dreht sich linksherum. Wenn man mit dem Rücken zum Wind steht, liegt das Tief zur Linken; auf der südlichen Halbkugel ist alles genau umgekehrt.

Ein Hochdruckgebiet ist von rechtsdrehenden Winden gekennzeichnet; sie sind normalerweise schwach, nur am Rand ausgedehnter Hochs sind die Winde stärker. Im Winter führt ihr meist klarer Himmel dazu, daß die Erde Wärme abstrahlt und die Temperaturen sinken. Im Sommer macht die Sonne dafür den nächtlichen Wärmeverlust mehr als wett.

Warmfront

Kaltfront

1024
Barometrischer Druck in Millibar

Der Nimbostratus ist eine dichte, dunkle Wolkenschicht, die lang anhaltenden Regen ankündigt. Unter diesen Wolken ist Ballonfahren durchaus möglich – aber die Bedingungen sind miserabel, und man wird dabei naß.

Der Altokumulus oder »Schönwetterkumulus«, hier unter Zirren. Diese Wolken sind relativ harmlos; Ballonpiloten halten sich gerne in ihrer Nähe auf.

Zirruswolken signalisieren einen bevorstehenden Wetterumschwung. Sie bestehen aus feinen Eiskristallen, die in 10 000 m oder noch höher in der Atmosphäre schweben. In der Regel kündigen sie eine Warmfront an, die noch gut 300 km – oder etwa 10 Stunden – entfernt ist; auf der nördlichen Halbkugel wandern Tiefdruckgebiete mit einer Geschwindigkeit von rund 30 km/h.

Der Kumulonimbus (unten) erstreckt sich hoch in den Himmel; die Spitzen sind hier vermutlich höher als 3000 m. Kein vernünftiger Ballonpilot würde unter diesen Bedingungen aufsteigen: Die Turbulenzen können einen Ballon binnen Sekunden vernichten.

Ein Wintertag, an dem ein Tief und eine Warmfront Kumuluswolken erzeugt haben. Die kompakte, schwarze Wolkenuntergrenze kündigt Regen, Böen und niedrige Temperaturen an.

HOHE SCHULE: DIE LANDUNG

Gute Landeplätze sind in unserem hochentwickelten Mitteleuropa selbst in ländlichen Gegenden, die ja auch intensiv bewirtschaftet werden, nur schwer zu finden. Im französischen Loiretal zum Beispiel gibt es mehr Weingärten als freie Wiesen. In England muß man sich vor Rennpferden, Rinderherden und anderem Viehbestand in acht nehmen. Und eine Landung mitten in einem holländischen Tulpenfeld kann zu einem teuren Spaß werden. In den Weiten Amerikas wiederum sind die Gefahren ganz andersartig: Wenn man in der Wüste um Albuquerque landen will, muß man sich vorsehen vor riesigen Dornbüschen, vor Kakteen und manchmal sogar vor Klapperschlangen.

Ein guter Landeplatz sollte in etwa so beschaffen sein wie ein guter Startplatz. Es sollte kein bestelltes Feld, sondern eine Wiese sein: frei von Felsbrocken, Viehherden oder irgendwelchen Hindernissen in Fahrtrichtung. Der Landeplatz wird aus der Luft ausgewählt, und da Ballone gewöhnlich mit dem Wind geradeaus dahindriften, sind die Möglichkeiten des Piloten, steuernd einzugreifen, äußerst eingeschränkt. Manche Piloten allerdings brüsten sich damit, *immer* neben einer Straße zu landen und *nie* auf einem schlammigen Acker.

Die Landung eines Ballons ähnelt dem Landeanflug eines Flugzeugs: Der Flugapparat sinkt allmählich und kontrolliert auf den gewünschten Landepunkt zu. Dabei wird der Sinkwinkel mit häufigen kurzen Feuerstößen reguliert. Die meisten Piloten behaupten, sie könnten die Vertikalbewegung ihres Ballons in den Füßen spüren, die Steig- oder Sinkrate also mit dem Gefühl bestimmen. Eine gute Sinkgeschwindigkeit liegt bei etwa 125 bis 250 m/min, und beim Aufsetzen sollte sie etwa 30 m/min betragen. Dann berührt der Korb sanft den Boden, wird kurz vom Wind mitgeschleift, während der Pilot den Parachute im Dom der Hülle öffnet und Luft abläßt, und kommt in der Regel 10 bis 20 m hinter dem Aufsetzpunkt zum Stehen (»Geheimrats-« oder »Damenlandung«).

An einem ruhigen Tag braucht man mindestens 60 m freies Gelände als Platz für die entleerte Hülle. An einem windigen Tag kann man dagegen für die Landung bis zu 300 m freies Feld benötigen, es sei denn, der Platz ist windgeschützt. Eine Landung geht schief, wenn der Ballon bei kräftigem Wind mit zu hoher Sinkgeschwindigkeit auf dem Boden aufsetzt: Dann wird die senkrechte Geschwindigkeit in waagerechte umgesetzt und der Korb entsprechend lange über den Boden geschleift. Ein angehender Ballonpilot, der so eine Landung hinlegt, wird jetzt – im kritischsten Moment der Landung – wahrscheinlich auch die Topleine loslassen, und der Korb wird seine Furche quer über das Feld ziehen: unter voller Takelage.

Wenn ein Ballonpilot bei einem Wind von 15 km/h landen will, beginnt er mit seiner Planung schon 10 bis 20 min – oder 2 bis 3 km – vor dem Landeplatz. Aus 300 m Höhe beobachtet er die Windrichtung und wählt ein oder zwei weitere Felder aus, zu denen er, falls erforderlich, noch durchstarten kann; dabei behält er sie visuell im Gedächtnis, denn zum Kartenlesen wird keine Zeit mehr bleiben. Langsam sinkend, steuert der Pilot zunächst das erste Feld an; aus 150 m Höhe scheint es frei von Hindernissen zu sein... Aber seine Sinkgeschwindigkeit ist zu hoch: Einige Bäume stehen ihm im Weg. Während er wieder steigt, driftet er nach rechts von seinem geplanten Kurs ab – schnell sinkt er wieder nach unten in ein kleines Tal und weicht nach links aus, um einige Bäume zu umfahren. Entsetzt sieht er eine Starkstromleitung auf sich zukommen, und er steigt schnell wieder in die Höhe, um

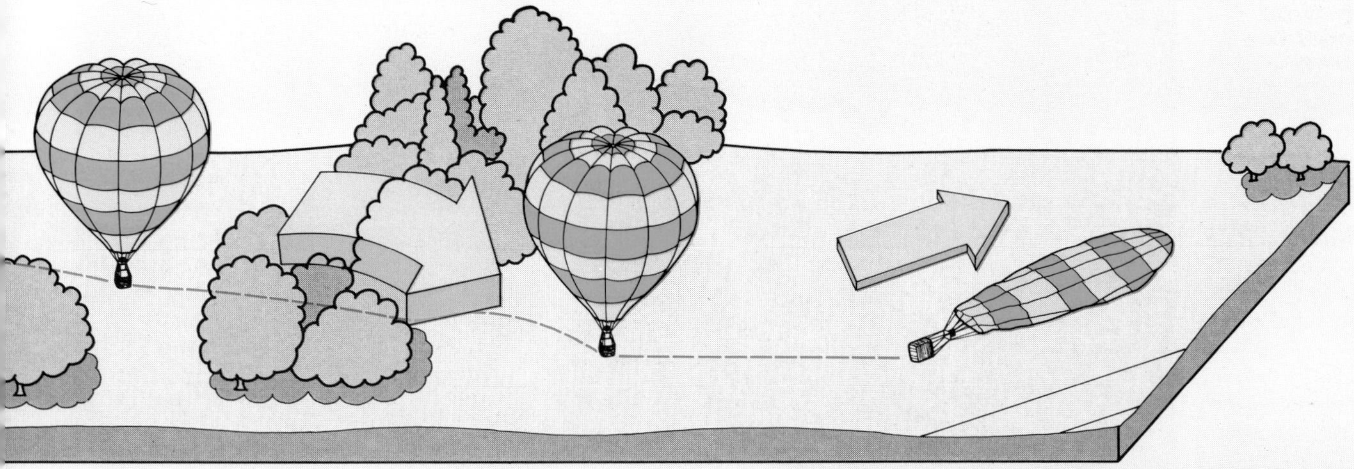

über sie hinwegzufahren. Auch anschließend hält er noch diese Höhe, um einer Viehherde hinter den Überlandleitungen zu entgehen. Dann sieht er, daß die Herde ihm folgt, und weiß jetzt, daß die Tiere beruhigt sind und er landen kann – also wird er sich nicht den Zorn des Bauern zuziehen. Er ist jetzt wieder auf Kurs zu seinem ursprünglichen Landeplatz. Er kommt tief über die Bäume an und nutzt ihren Windschatten, dann sinkt er langsam weiter und setzt dicht bei der Straße auf.

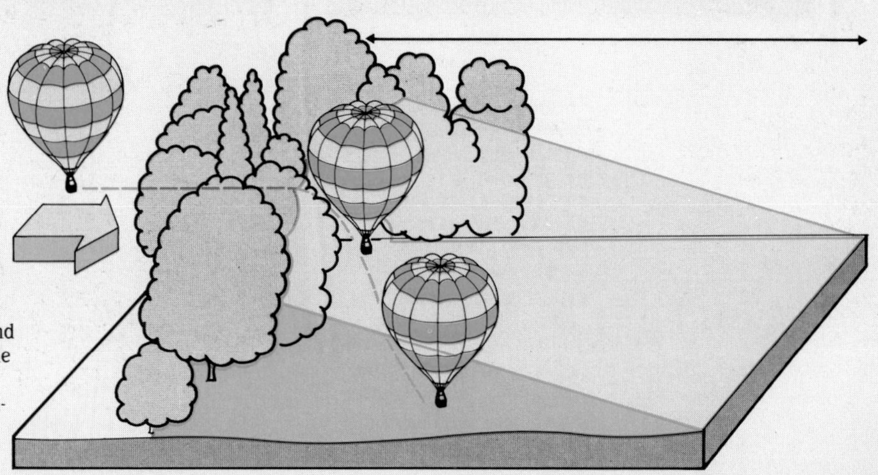

Nutzung des Windschattens
Der Ballon treibt schnell auf die Küste zu. Dieses Feld ist die letzte Landemöglichkeit. Der Pilot streift die Baumkronen und zieht in Lee der Bäume die Topleine, um im Windschatten aufsetzen zu können. Der Platz, der ihm zum Landen bleibt, entspricht in etwa der Höhe der Bäume.

Das klassische Dilemma eines Ballonpiloten: Während er auf den Landeplatz zufährt, erkennt er, daß er quer zu den Furchen – und nicht mit ihnen – aufsetzen wird. In diesem Fall (rechts) will der Pilot in der Ecke rechts oben landen. Da alle Felder recht schmal sind, fällt ihm die Wahl schwer, und weil auch sein Brennstoff zu Ende geht, bestimmen nur noch finanzielle Überlegungen die Wahl des Landeplatzes: Kommt der Flurschaden auf dem Weizenfeld oder auf dem Zuckerrübenfeld teurer?

Bei großen Ballonen dauert die Landung etwas länger. Dieser riesige Ballon der AX9-Klasse (3000 bis 4000 m³) kommt erst zum Stehen, nachdem der Velcroverschluß geöffnet wurde.

Allen Ballonpiloten graut davor, meilenweit von einer Straße entfernt in einem bestellten Feld zu landen. Denn das trägt nicht sonderlich zur Verbesserung der Beziehungen zu den Landwirten bei; zudem ist die Bergung des Ballons natürlich schwieriger.

Auf hartem Untergrund kann sich eine Landung mit 30 km/h anfühlen wie eine 100-km/h-Landung. Der Pilot, der die Sky Chariot in den Baum fuhr (links), blieb unverletzt, die Hülle kam unbeschädigt von selbst wieder frei, und der Korb wurde an Seilen nach unten gelassen. Zwischenfälle bei Ballonlandungen haben nur selten ernsthafte Folgen – meist tragen sie zur Erheiterung bei (aber erst im Nachhinein).

STETS AUF JAGD – DIE VERFOLGER

Mit dem Ballon kann man keine Fahrt unternehmen ohne eine Mannschaft, die mit beiden Beinen fest auf dem Boden bleibt.

Sie kümmert sich schon um den Ballon, bevor er überhaupt abhebt: füllt die Gaszylinder, lädt den Ballon ab, legt die Hülle aus und rüstet den Ballon auf. Dann, während der Aerostat seinem unbekannten Ziel entgegenschwebt, jagt sie ihm nach und sorgt für eine sichere Rückkehr des Ballons und seiner Mitfahrer.

Im Ballonsport sind aber auch viele Menschen tätig, die noch nie mitgefahren sind. Ehefrauen, Freundinnen, Nachbarn, Bekannte: Menschen, die nicht darauf aus sind, unnötige Risiken einzugehen – aber trotzdem Woche für Woche, das ganze Jahr über, mit dabei sind und die Ballone ihrer Piloten mit Sorgfalt und Hingabe pflegen. Der Rückholdienst scheint eine undankbare Aufgabe zu sein, wird aber immer beliebter: so sehr sogar, daß es in den USA bereits eine eigenständige »Vereinigung der Verfolger« gibt; sie nennt sich United Aerostat Chasers International Union.

Wenn der Ballon erst einmal in der Luft ist und mit dem Wind davondriftet, müssen die zurückgelassenen Verfolger – liebevoll »Erdferkel« genannt – eine Unzahl von Landstraßen und Feldwegen überwinden, müssen Flüsse, Eisenbahnen und Schnellstraßen überqueren, die oft Hindernisse für eine erfolgreiche Verfolgung sind. Häufig müssen die Rückholer härtere Arbeit leisten als die Piloten, dann nämlich, wenn der Ballon zum Beispiel den Kurs ändert und damit jegliche Planung nach Karte zunichte macht. Während der Pilot und seine Fahrgäste sich entspannt den Freuden der Fahrt hingeben und einer Wolke vor dem filmreifen Sonnenuntergang nachträumen, sind die »Erdferkel« im gleichen Moment vielleicht stocksauer, weil ihr Ballon gerade hinter einem dunklen Strich am Himmel verschwindet – hinter genau derselben Wolke.

Das Navigieren nach Karte ist nur ein Aspekt des Verfolgens, viel wichtiger ist das Gespür der Rückholer für die kleinste Kursänderung des Ballons: Dann rasen sie voraus und machen manchmal genau dort Pause, wo der Ballon ihren Weg kreuzt. Derartige Momente erfüllen die Verfolger mit Stolz, denn dann haben sie Erfahrung, Instinkt, Glück und fahrerische Planung bewiesen. Meist jedoch bleibt kaum Zeit, diese Genugtuung auszukosten – der Ballon zieht über ihre Köpfe hinweg weiter seinem Ziel entgegen. Aber bei den Gesprächen nach Ende der Fahrt werden die Erlebnisse der »Erdferkel« dann mit der gleichen Aufmerksamkeit verfolgt wie die der Ballöner. Denn Verfolgen ist eine Kunst und ein Sport für sich und hat seinen eigenen Erlebniswert.

Eine wirklich gute Tat vollbringt ein Sponsor, wenn er den Ballonsportlern ein taugliches Verfolgerfahrzeug stiftet. In Europa werden für den Rücktransport der abgerüsteten Ballone meist Gelände- oder Lieferwagen eingesetzt; amerikanische Pick-ups können den Korb komplett mit Brennerrahmen befördern. Und in manchen Gegenden muß man auch auf Flöße oder Elefanten zurückgreifen.

Die Fahrzeuge sind meist mit Sprechfunk ausgestattet, um den Kontakt zum Ballon aufrechterhalten zu können, und Allradantrieb ist bei manchen Rückholaktionen geradezu unerläßlich. Irgendwann aber muß der Ballon dann doch von Hand getragen werden, und dazu braucht man dann zumindest vier kräftige Hände, um den Ballon anzuheben.

Jules Verne
VOYAGES
EXTRAORDINAIRES
Mathias
SANDORF

DER SCHRITT ZUM EIGENEN BALLON

Jegliche Form des Fliegens bedeutet Freiheit – aber obwohl der Ballonsport eine preiswerte Form der Luftfahrt ist, ist er natürlich nicht frei von Kosten.

Am besten ist, man macht ihn zum Familiensport: Die Zahlen sehen nämlich weniger erschrekkend aus, wenn man sie auf mehrere beteiligte Personen umlegen kann. In England ist es durchaus üblich, daß sich mehrere Personen gemeinsam einen Ballon kaufen, wie man das auch schon lange bei größeren Booten macht. Danach kann die Gruppe mit einem ausgebildeten Piloten anfangen, und der Rest lernt das Ballonfahren umsonst.

Wie bei jedem Sport ist auch hier alles eine Frage des Geldes. Die Basismodelle der Ballone sind stabile, robuste Flugapparate, aber jeder Hersteller bietet darüber hinaus noch Sonderausstattungen an, die den Ballon attraktiver machen. Wenn ein einfacher Weidenkorb verwöhnten Freunden nicht genügt: Hüllen Sie ihn in feinstes Velourleder, lackieren Sie das Flechtwerk, verstecken Sie die Brennstoffzylinder hinter einer ansprechenden Verkleidung – und schon strahlt er sein eigenes Flair aus.

Preiswerte Ballone sind üblicherweise mit nur einem Brenner ausgerüstet, der genügend Leistung aufbringt, um damit vergnügliche Sonntagsfahrten zu unternehmen. Wenn Sie aber einen Doppelbrenner einbauen, geben Sie Ihrem Ballon so etwas wie einen Rennmotor.

Instrumente verraten Ihnen auf einen Blick, was Sie sonst mit den Füßen erfühlen müssen; sie ermöglichen ein präziseres Fahren und eine Bewertung der eigenen Leistungen. Mit 500 m/min zu steigen oder zu fallen ist eine tolle Sache, aber ohne Variometer werden Sie nie wissen, ob Ihnen das auch gelungen ist. Ein Höhenmesser verrät Ihnen, wann Sie in den Sauerstoffbereich eingedrungen sind – ein anderer »Höhepunkt«. Und der Temperaturfühler sagt Ihnen, wie »heiß« es bei Ihnen zugeht – und das sollten Sie auch wissen, denn jedes Grad über 110 °C kostet Sie Geld: wegen Materialermüdung Ihrer Hülle.

Mit einem Gebläse kann man den Ballon schon teilweise füllen, ohne daß die offene Brennerflamme die Hülle zu versengen droht. Und das wiederum kommt den sozialen Kontakten zugute: Ein sorgenfreier und unbeschwerter Pilot wird seine Mitfahrer kaum anbrüllen.

Diese Zusatzausstattung ist ihr Geld wert, aber keineswegs unabdingbar. Wenn Sie sich derartiges Zubehör leisten können: Kaufen Sie es. Wenn nicht, kaufen Sie es in oder auf Raten. Die Banken erkennen Ballone inzwischen genauso als Wertobjekte an wie Autos, und auch der Hersteller oder Ihr Händler wird Ihnen gern mit einem Kredit dabei behilflich sein, Ihr Geld auszugeben.

Auch die Ausbildung zur Pilotenlizenz können Sie preiswert gestalten: Es gibt überall Piloten, die Sie kostenlos unterweisen werden, wenn sie dafür umsonst bei Ihnen mitfahren können. Wenn Sie dann die begehrte Lizenz haben, können Sie von Ihrem privaten Startplatz aus abheben oder sich mit anderen Ballonfreaks irgendwo im Freien treffen.

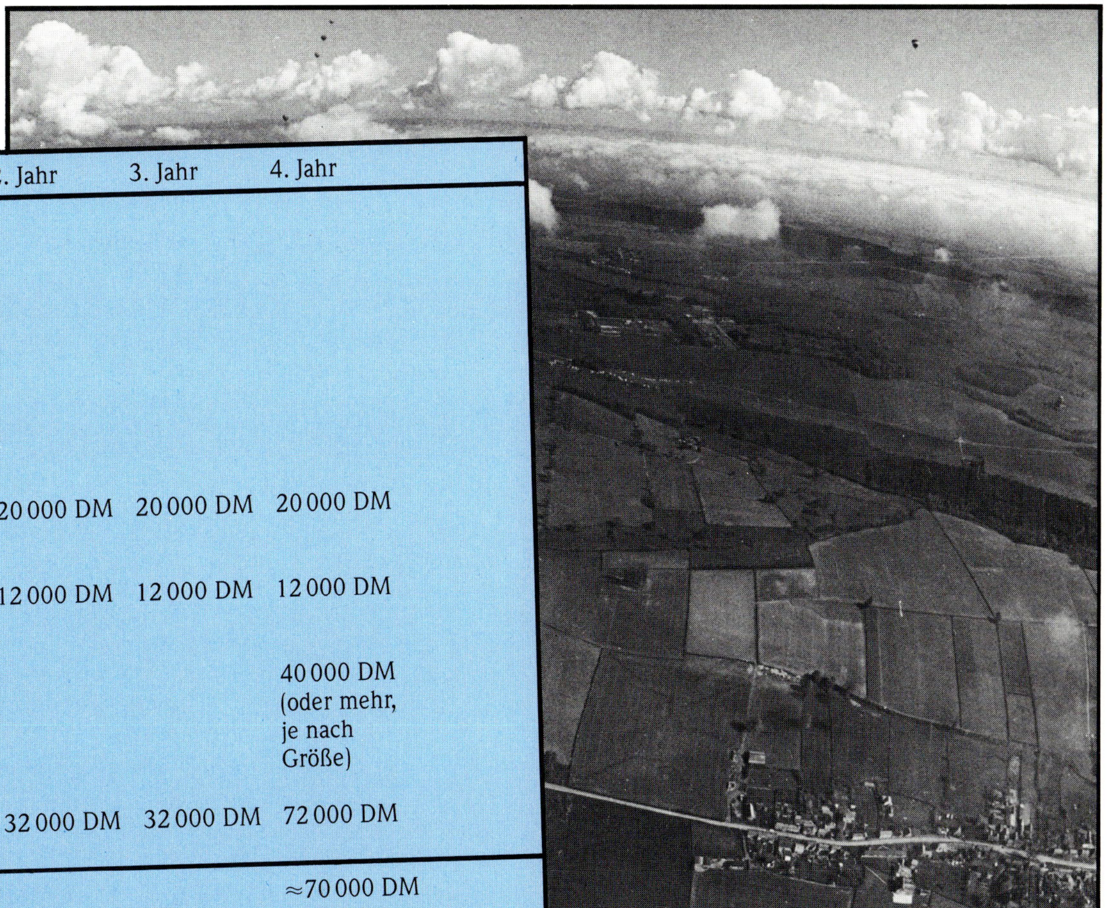

Die Kosten des Ballonsports (Durchschnittspreise in Deutschland, Stand 1994)

	1. Jahr	2. Jahr	3. Jahr	4. Jahr
Neupreis AX7 (3–4 Personen) (ohne Zubehör)	80 000 DM			
Zubehör	20 000 DM			
Pilotenlizenz	10 000 bis 15 000 DM			
Betriebskosten/100 h	20 000 DM	20 000 DM	20 000 DM	20 000 DM
Versicherung Vollkasko	12 000 DM	12 000 DM	12 000 DM	12 000 DM
Ersatzhülle				40 000 DM (oder mehr, je nach Größe)
Gesamtkosten	147 000 DM	32 000 DM	32 000 DM	72 000 DM
Durchschnittliche jährliche Kosten (auf vier Jahre verteilt)				≈70 000 DM

Das ganze Jahr über finden – überall und weltweit – örtliche, nationale und sogar internationale Ballonfahrertreffen statt, bei denen auch Neulinge gern gesehen sind.

Ballone sind Luftfahrzeuge, die auch mal einen Fehler verzeihen, und viele Ballonsportler räumen ein, daß sie das Ballonfahren schneller gelernt haben als das Autofahren. Das erste, was man zu beherrschen lernt, ist das Aufrüsten des Ballons. Aber dann kommt – eigenartigerweise – häufig eine Vertrauenskrise: »Wird dieser aufgeblähte Sack, den ich gerade mit heißem Nichts gefüllt habe, tatsächlich Leute – insbesondere mich – in die Höhe tragen?«

Schließlich vermitteln die ersten Stunden »oben« – voller Fehler, aber unter Aufsicht – dann aber eher Spaß als Beklemmung oder gar Angst. Wer zum Fliegen geboren ist, hat auch das Gespür dafür und fühlt, was vor sich geht, und der Ausbilder paßt seine Methoden ohnehin dem Lernvermögen seines Schülers an.

Dabei muß dem Schüler bewußt werden, daß sein Ballon zwar dazu neigt, waagerecht zu fahren, aber nur in Wellenform – ähnlich einer Sinuskurve. Um die Höhe zu halten, muß er den Brenner jeweils dann betätigen, wenn der Ballon den Kamm dieser Welle erreicht – bevor die Luft in der Hülle abkühlt. Erfahrene Piloten werden ihm sagen, daß ein Ballon heiß wie kalt die Höhe halten kann; wird er aber zu kalt, will er nach unten, wird er zu heiß, will er steigen. Aufsteigen ist einfach: Die Obergrenze ist der Himmel. Absteigen ist da schon schwieriger: Der Boden ist hart und ungemütlich mit seinen Bäumen, Häusern oder Starkstromleitungen – man muß sich ihm langsam annähern. Und ein Ballonpilot muß auch wissen, wann er einen ausgewählten Landeplatz zugunsten eines besseren aufgeben sollte.

Auch die Theorie ist während der Ausbildung ein Schwerpunkt. Die Vorgänge in der Atmosphäre, Flugwettervorhersagen und Navigation werden eingehend durchgesprochen, und der ersten Solofahrt geht immer eine Bewertungsfahrt mit einem Prüfer voraus.

Das erste Solo ist dann allerdings eine unvergeßliche Erfahrung. Da sind Sie nun ganz allein im Korb dieses Ballons, der dem Himmel entgegenstrebt. Und der Ballon fühlt sich so leicht an wie eine Feder, denn mit nur einem Fahrgast ist er völlig unausgelastet. Zum ersten Mal ist da niemand, der Ihnen hilft, der im letzten Moment »Brenner!« ruft. Aber der Beklommenheit folgt dann bald ein Hochgefühl, wenn Ihnen bewußt wird, daß der Ballon Ihren Kommandos gehorcht.

Meine erste Alleinfahrt, die spät an einem Sommernachmittag stattfand, war eigentlich überhaupt kein Solo, denn während der gesamten Fahrt begleitete mich eine Taube, die sich friedfertig auf der Krone des Ballons niedergelassen hatte. Es vermittelte mir allerdings auch einen gehörigen Schuß Selbstbewußtsein, daß sich dieser Vogel mir – einem Anfänger! – anvertraut hatte.

Verfahren, Ausbildungsmethoden und gesetzliche Bestimmungen sind in jedem Land unterschiedlich, aber eine Maßnahme ist, egal wo, immer richtig: Der Neuling sollte sich einem Ballonverein oder – über den nationalen Aero-Club – der nächsten Ballonsportgruppe anschließen. Dort bekommt er dann auch Informationen zu folgenden Themen:

Ausbildung

Jeder Ballonhersteller – oder sein örtlicher Vertreter – wird für seine Kunden bereitwillig Verbindungen zu Ausbildungseinrichtungen herstellen. Die professionelle Ausbildung durch eine Ballonschule oder den Hersteller ist zwar teuer, aber auch gut. Die Ausbildung dauert gewöhnlich 10 bis 14 Tage und umfaßt theoretische wie praktische Einweisung.

Ausbilder

In den meisten Ländern werden an Piloten, die genügend Praxis und Erfahrung haben, Lehrberechtigungen vergeben. Einige Ausbildungsfahrten – oder sogar alle – müssen normalerweise mit einem derart qualifizierten Ausbilder absolviert werden. Wenn Sie jedoch unter Ihren Freunden einen erfahrenen Piloten haben, kann er Ihnen helfen, die Ausbildungskosten zu senken.

Prüfer

Der Prüfer wird von der nationalen Luftfahrtbehörde ernannt und bescheinigt Ihnen, daß Sie über genügend praktisches Können und theoretisches Wissen verfügen. Für die Lizenz muß man in Deutschland 20 Fahrstunden und 50 Starts und Landungen nachweisen.

Lehrunterlagen

Lehrunterlagen gibt es kaum, da der Ballonsport noch sehr jung ist, aber die Ballonvereine werden Ihnen mit geeignetem Material aushelfen. Darüber hinaus geben die Hersteller Handbücher für ihre Ballone heraus. Und die Unterlagen über Luftverkehrsordnung, Wetter, Navigation und andere Fachgebiete können Sie sich getrost von einem Flächenpiloten ausleihen – es sind dieselben.

Gesundheitliche Voraussetzungen

Sie weichen in den einzelnen Ländern stark voneinander ab, sind grundsätzlich aber nicht so streng wie für Flugzeugpiloten. Brillen oder Kontaktlinsen sind kein Hindernis, nicht einmal Farbschwäche. Sie können ruhig Asthma haben oder nur ein Auge – es gibt sogar Ballonpiloten mit Holzbein.

Am meisten können Sie von einem Piloten des nächstgelegenen Ballonvereins lernen; Sie finden ihn im Telefonbuch oder machen ihn über die nächste Flugsportgruppe ausfindig. Sprechen Sie ihn an und erbieten Sie sich, ihm bei den nächsten Fahrten zur Hand zu gehen. Laden Sie ihn ruhig mal zu einem Bier ein, denn er ist der Mann, von dem Sie in der nächsten Zeit alle wichtigen Tricks und Kniffe lernen werden.

PRAKTISCHE ÜBUNGEN

1. Fahrtvorbereitung: Erläutern Sie die Wettervorhersage und die Auswahl des Startplatzes, bereiten Sie die Fahrt einschließlich Tragkraftberechnung und Navigation vor.
2. Fahrtvorbereitung: Einweisung von Crew und Mitfahrern.
3. Vorbereitung des Aufrüstens.
4. Aufrüsten des Ballons.
5. Start bei Wind von mehr als 8 km/h von windgeschütztem Platz aus.
6. Start bei Wind von weniger als 8 km/h von ungeschütztem Platz aus.
7. Start bei Wind von mehr als 8 km/h von ungeschütztem Platz aus.
8. Steigen und Übergang in die Fahrt auf gleicher Höhe.
9. Fahren auf Null.
10. Sinken und Übergang in die Fahrt auf gleicher Höhe.
11. Anfahren des Landeplatzes und Durchstarten aus größerer Höhe.
12. Anfahren des Landeplatzes und Durchstarten aus geringer Höhe.
13. Navigation
14. Einteilung des Brennstoffs.
15. Verhalten in Notfällen: Brenner, Feuer an Bord.
16. Verhalten in Notfällen: schnelles Steigen/Fallen.
17. Landung und anschließende Maßnahmen.
18. Fesselaufstieg und Gebrauch der Halteleine.
19. Fahrt und Landung bei Wind von mehr als 20 km/h.
20. Verhaltensregeln für Ballonpiloten.

VERHALTENSREGELN DES BRITISH BALLOON AND AIRSHIP CLUB

EINFÜHRUNG

Wenn wir auch in Zukunft ungetrübt unseren Sport ausüben möchten, müssen wir uns das Wohlwollen von Grundbesitzern und Landwirten erhalten. Der Ballonpilot darf nie vergessen, daß der Bauer von seinem Land lebt. Auch sein Gras ist eine Feldfrucht, seine Tiere sind leicht verschreckt, und sein Gerät dient seinem Lebensunterhalt. Wenn wir ungebeten auf seinem Grund und Boden landen, ist der Landwirt – wenn auch manchmal ungern – unser Gastgeber. Daraus ergeben sich gewisse Grundregeln, deren wichtigste hier festgehalten sind.

Diese Regeln sollen alle Piloten an das gebotene Verhalten erinnern; sie sind unbedingt zu befolgen.

Alle Ballonpiloten sollten eine Versicherung über mindestens 250 000 £ abgeschlossen haben, um den Schaden, den sie Landwirten oder anderen Parteien zugefügt haben, begleichen zu können. In einigen Fällen kann sogar eine höhere Deckungssumme ratsam sein.

Kein Pilot sollte an Veranstaltungen teilnehmen, die nicht ausreichend versichert sind, und die Veranstalter wiederum sind dafür verantwortlich, daß alle Piloten über eine Versicherung verfügen, die in England gültig ist.

1. FAHRTVORBEREITUNG

1.1 Starten Sie nicht, wenn Sie nicht ganz sicher sind, daß Ihre Fahrt in ein Gebiet führt, in dem Sie auch landen können. So sollten Sie zum Beispiel im Juli und August bei schwachem Wind große Ackerflächen meiden, die kurz vor der Ernte stehen.

1.2 Wenn Sie eine Fahrt außerhalb des Ihnen vertrauten Gebietes vorhaben, sollten Sie vor dem Start Kontakt zur örtlichen Gemeindevertretung aufnehmen und ihr nach der Landung alle Informationen geben, die für andere Piloten von Interesse sein könnten. Bei größeren Ballontreffen sollten die Veranstalter dies für die teilnehmenden Piloten übernehmen.

1.3 Veranstalter von Ballontreffen sollten in ihren Unterlagen auf diese Verhaltensregeln hinweisen, zudem sollten die Regeln in den Einweisungen erwähnt werden.

2. VERHALTEN BEIM START

2.1 Holen Sie stets die Einwilligung des Grundstückeigentümers ein, bevor Sie zum Startplatz fahren.

2.2 Vergewissern Sie sich, daß sich in Startrichtung unter Ihnen kein Vieh befindet; berücksichtigen Sie zudem, daß auch andere Tiere in der näheren Umgebung erschreckt werden könnten.

2.3 Weisen Sie Ihre Crew und die Verfolger darauf hin, daß Viehgatter wieder geschlossen werden müssen.

2.4 Steigen Sie nach dem Start so schnell wie möglich auf mindestens 150 m, um Tiere unter Ihnen nicht zu beunruhigen.

3. VERHALTEN WÄHREND DER FAHRT

3.1 Unter 150 m sollten Sie nur fahren, wenn Sie sicher sind, daß sich unter Ihnen keine Tiere aufhalten; zudem sollten Sie unter 150 m den Flüsterbrenner benutzen. Auf vielen Gehöften wird das Vieh in Ställen gehalten und kann auch dort durch einen tieffahrenden Ballon gestört werden. Vermeiden Sie diese Höfe das ganze Jahr über, besonders aber im Winter.

3.2 Wenn Sie vermuten, daß Sie Tiere – aus welchem Grunde auch immer – aufgeschreckt haben, merken Sie sich den Ort des Vorfalls und nehmen Sie Kontakt zum betroffenen Bauern auf. Wenn Sie den Bauernhof nicht ausfindig machen können, informieren Sie die örtliche Polizei oder den örtlichen Aeroclub (s. Telefonbuch).

4. VERHALTEN BEI LANDUNG UND ABHOLUNG

4.1 Suchen Sie sich einen Landeplatz, auf dem Sie möglichst wenig Schaden anrichten können. Besondere Vorsicht ist vor und während der Erntezeit geboten; denken Sie auch an die Brandgefahr.

4.2 Vergewissern Sie sich, daß das Gelände unter und vor Ihnen frei ist von Vieh, Überlandleitungen, Gebäuden oder anderen Einrichtungen, die Sie beschädigen könnten.

4.3 Wenn Sie in einem Notfall noch wählen können zwischen einer Landung auf einem bestellten Feld oder einer Viehweide, entscheiden Sie sich für das Feld. Der Ernteschaden ist meist minimal und kann leicht eingeschätzt werden.

4.4 Unternehmen Sie nach der Landung alles in Ihrer Macht stehende, um Zuschauer vom Betreten Ihres Landeplatzes abzuhalten – das Gelände hat schließlich einen Besitzer. Vermeiden Sie auch eine Landung in der Nähe von besiedeltem Gebiet – der von Zuschauern angerichtete Schaden kann beträchtlich sein.

4.5 Wenn Sie einen Fesselstart vorhaben, Ihren Ballon nach der Landung wieder aufrüsten wollen oder eine Zwischenlandung planen, holen Sie sich nach Möglichkeit die Erlaubnis des Grundstückeigentümers ein.

4.6 Stellen Sie sicher, daß alle Viehgatter so zurückgelassen werden, wie Sie sie vorgefunden haben.

4.7 Nehmen Sie nach der Landung so bald wie möglich Kontakt zum Grundstückseigentümer auf. Lassen Sie nur mit seiner Einwilligung Fahrzeuge auf das Gelände. Hinterlassen Sie stets Ihre Karte mit Namen, Adresse, Ballonkennung und Zulassungsnummer Ihres Rückholfahrzeugs.

4.8 Wenn Sie den Grundbesitzer nach der Landung nicht antreffen, hinterlassen Sie auf jeden Fall Ihre Karte und notieren Sie sich Namen, Adresse und Rufnummer – und rufen Sie ihn danach so bald wie möglich an.

4.9 Wenn Sie Schäden verursacht haben oder der Eigner anderweitig tätig werden möchte, notieren Sie sich Namen, Adresse sowie Rufnummer und bitten Sie ihn, an die auf Ihrer Karte vermerkte Adresse zu schreiben. Und denken Sie daran: Sie müssen versichert sein.

DIE BEZIEHUNGEN ZU GRUNDBESITZERN

Da Ballonpiloten nur selten vorausplanen können, wo sie landen werden, treffen sie in der Regel als ungebetene Gäste bei einem überraschten Grundstückseigentümer ein.

In der Frühzeit des Ballonsports hat man den Ballönern meist verziehen, wenn sie Felder beschädigt oder Tiere erschreckt haben. Aber diese Zeiten sind längst vorbei: Heute ist jeder mit diesen farbenfrohen Luftfahrzeugen vertraut; man kennt sie vom Fernsehen her und weiß auch, was man von ihnen erwarten kann.

Also muß sich jeder Ballonpilot besonnen und rücksichtsvoll verhalten. Nur wenn er sich stets umsichtig verhält, wird man uns ein gelegentliches Fehlverhalten nachsehen.

Um die Beziehungen zwischen Ballonpiloten und Grundbesitzern zu pflegen, arbeiten die nationalen Ballonvereinigungen zusammen und geben einheitliche Verhaltensregeln heraus. Die meisten Ballonpiloten unterwerfen sich diesen Regeln freiwillig, und die Piloten, die sich nicht daran halten, werden von ihren Vereinigungen bald nachhaltig zur Ordnung gerufen.

PRÜFGEBIETE FÜR BALLONPILOTEN

Überprüfungen vor dem Aufrüsten, Überprüfungen nach dem Aufrüsten, Einweisung von Crew und Mitfahrern, Überprüfungen vor dem Start, Überprüfungen während der Fahrt.

Kriterien eines Startplatzes, Wetterbedingungen.

Start, Gefahren und deren Abwendung während der Fahrt und bei der Landung, Probleme bei Zwischenlandungen.

Fahrt in starken Aufwinden, Verfahren und Vorsichtsmaßnahmen.

Landung, Kriterien für Landeplätze, Kontrolle der Zuschauer, Verhalten gegenüber dem Grundstückseigentümer.

Verhalten in Notfällen, Ausfall des Brennersystems, Ausfall der Instrumente, Ausfall des Sprechfunkgerätes, Abstieg in Fallwinden, falsches Einschätzen des Startwinkels und des Sinkwinkels bei der Landung, Einsatz von Brenner, Reißbahn, Schlepptau und Ballast in Notfällen.

Ventile, Zweck und Arbeitsweise von Parachute und Velcroverschluß, zulässige Schäden.

Brennstoff, Eigenschaften in flüssiger und gasartiger Form, Behandlung am Boden und beim Transport, Lagerung, Brandverhütung und Brandbekämpfung, gesetzliche Bestimmungen.

Brenner, Arbeitsweise, Aufbau und Bedienung, Leistung unter den verschiedensten Bedingungen, Pflege und Wartung.

BALLON UND WISSENSCHAFT

»Die Experimente waren zu meiner Zufriedenheit verlaufen, daher legte ich mein Ruder beiseite und wandte mich wieder meiner Flasche zu, die ich jetzt auf das Wohl meiner Freunde ganz leerte... [Dann] setzte ich mich nieder und verfaßte vier flüchtige Seiten über meine Beobachtungen.«

Selbst die frühesten Ballonfahrer betrachteten den Dienst an der Wissenschaft als eines ihrer vornehmsten Ziele, und die meisten von ihnen führten auch »Experimente« der einen oder anderen Art durch. Aber wie diese Passage aus Lunardis *Account* verrät, konnten die Mysterien der Wissenschaft die Aufmerksamkeit der Ballöner nicht ständig fesseln, und gelegentlich war ihre Beobachtungskraft auch schon etwas getrübt. Die meisten dieser Experimente widmeten sie ohnehin der Luftfahrt, da die Ballonfahrer vor allem nach Wegen suchten, ihre Gefährte zu steuern oder anzutreiben.

Den ersten wirklich wissenschaftlichen Aufstieg unternahmen 1804 Joseph Gay-Lussac und Jean Baptiste Biot für die Académie Française, um die erstaunliche Behauptung des allbekannten Aeronauten und Unterhalters Etienne Robertson zu untersuchen, die Anziehungskraft der Erde lasse in größeren Höhen nach. Robertson wollte auch festgestellt haben, daß es in den oberen Regionen der Erdatmosphäre keine Luft mehr gäbe, sondern nur etwas, was er recht geheimnisvoll als »Rauch« bezeichnete. Die beiden französischen Ballonfahrer fanden heraus, daß die Luftfeuchtigkeit mit der Höhe abnahm, die Erdanziehungskraft aber konstant blieb. Von einem späteren Aufstieg brachte Gay-Lussac aus 5800 m Höhe Luft in Vakuumflaschen mit.

James Glaisher, der Direktor des Observatoriums von Greenwich, unternahm zwischen 1862 und 1866 mit Henry Coxwell in seinem *Mammoth* über 30 Aufstiege, bei denen er die Zusammensetzung der Atmosphäre und die physiologischen Auswirkungen großer Höhen auf Tiere untersuchte. Beim ersten dieser Aufstiege – am 5. September 1862 – stießen die beiden Aeronauten auf ein gefährliches »Phänomen«: Hypoxie, die auf Sauerstoffmangel beruhende Höhenkrankheit, die noch 70 Jahre lang die Eroberung der Atmosphäre durch den Menschen blockieren sollte. Glaisher brach in einer Höhe von etwa 10 000 m zusammen und konnte den Ballon nicht mehr führen, aber Coxwell gelang es – am Rande der Bewußtlosigkeit –, etwas Gas abzulassen, wodurch der Ballon zu sinken begann.

Mittlerweile wurden auch in geringeren Höhen interessante Experimente durchgeführt. 1850 erbrachte ein wissenschaftlicher Aufstieg des Pariser Observatoriums erste polarimetrische Messungen und auch den Beweis dafür, daß Eiskristalle in der Atmosphäre schwebten, was die Eigenart der Zirruswolken erklärte. 1874 stiegen die beiden Aeronauten Sivel und Croce-Spinelli – ausgerüstet mit Sauerstoff und Stickstoff, um der Höhenkrankheit zu entgehen – mit ihrem Ballon *Zenith* auf 6700 m Höhe und unternahmen erste spektralanalytische Messungen. Im Jahre 1875 blieb die *Zenith* bei einer Höhenfahrt sogar 35 Stunden in der Luft und ermöglichte dadurch ausgedehnte Wetterbeobachtungen. Drei Wochen später stieg der Ballon abermals in die Höhe, diesmal mit Sivel, Croce-Spinelli und dem bekannten Ballonfahrer Gaston Tissandier an Bord. Der Ballon erreichte eine Höhe von 7600 m – zu hoch für zwei der Aeronauten, denn nur Tissandier kehrte lebend zur Erde zurück.

Um die Jahrhundertwende – am 31. Juli 1901 – stiegen die beiden Deutschen Arthur Berson und Reinhard Süring, beide Professoren am Meteorologischen Observatorium in Potsdam, mit ihrem Ballon *Preußen* im offenen Korb auf 10 800 m Höhe, wobei sie Sauerstoff durch Mundstücke atmeten. Dieser Rekord blieb 30 Jahre ungebrochen: erst 1931 stieß Auguste Piccard bis in die Stratosphäre vor und führte dort – in einer Höhe von 16 200 m – wissenschaftliche Messungen an kosmischer Strahlung durch.

Piccard war der erste, der eine druckbelüftete Kapsel verwendete, und in den Jahren nach seiner Rekordfahrt wurde noch mehrfach versucht, seinen Rekord zu brechen. Von diesen Versuchen waren die 22 600 m der *Explorer II* wohl am eindrucksvollsten.

1954 stieg – auf Vorschlag von Piccard – Audouin

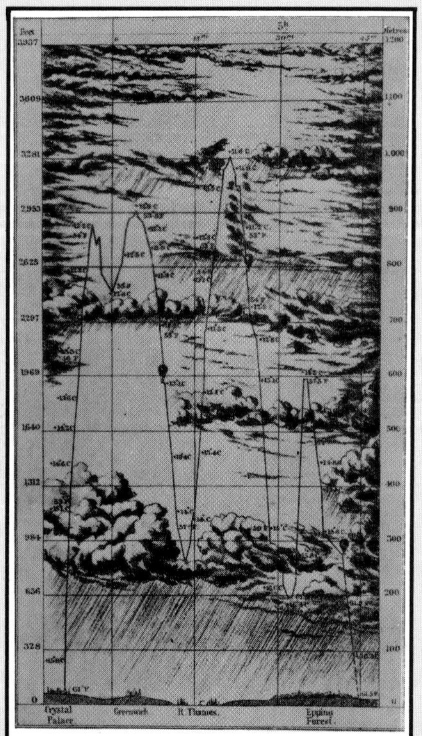

FIG. 101. PATH OF COXWELL'S BALLOON. CRYSTAL PALACE TO EPPING FOREST. JULY 21. 1868.

Dollfus in die Atmosphäre, um astronomische Beobachtungen anzustellen. Seine extrem leichte Aluminiumkapsel, deren Wände nur 1,2 mm dick waren, hatte eine ziemlich komplexe Teleskopausrüstung an Bord, wog aber trotzdem nur 104 kg. Ihr Auftrieb stammte von 150 meteorologischen Ballonsonden, die an einem 500 m langen Kabel hingen. Dieser bei Nacht durchgeführte Aufstieg wurde ein voller Erfolg: Dollfus erreichte 12 200 m und gewann wertvolle Erkenntnisse über die Venus und den Mond. 1956 und 1957 führten bei Tage absolvierte Aufstiege zu wichtigen Aufschlüssen über die Granulen der Sonnenoberfläche.

Kurz nach dem Zweiten Weltkrieg stand den Ballonherstellern dann auch Polyäthylen zur Verfügung: Es revolutionierte die wissenschaftlichen Höhenfahrten. Dieses ausnehmend leichte und relativ billige Material ermöglichte es nämlich, Ballone zu bauen, die Höhen von über 30 000 m erreichen konnten – mehr als die Flugzeuge der damaligen Zeit. Jetzt konnten Ballone sogar bis in den Weltraum vordringen, und bald setzte man sie auch zur Überprüfung der Geräte ein, die den Menschen auf seinem nächsten Schritt ins All begleiten sollten.

Am 2. Juni 1957 stieg der amerikanische Luftwaffenhauptmann Joseph Kittinger mit einem Ballon von knapp 5000 m^3 Volumen auf 27 500 m und sprang aus dieser Höhe mit dem Fallschirm zur Erde zurück – der längste Fallschirmsprung bis dahin. Mit ihm sollte der Beaupré-Fallschirm getestet werden, der der verheerenden Rotationsgeschwindigkeit von 465 U/min entgegenwirken sollte, welcher der Mensch in dieser Höhe im freien Fall ausgesetzt ist. Kittinger unternahm eine ganze Reihe von Absprüngen, einige sogar aus über 30 000 m, bei denen er auch den neuen MC3-Druckanzug überprüfte; dabei gewann er öfters aus erster Hand alarmierende Erkenntnisse über die Bedingungen, mit denen Weltraumbesatzungen beim Wiedereintritt in die Erdatmosphäre konfrontiert werden würden.

Noch im selben Jahr stieg *Man High II* mit Major D. Simons auf 32 000 m Höhe. Simons befand sich in einer kleinen Kapsel von weniger als 1 m Durchmesser und knapp $2^1/_2$ m Länge und sollte die physiologischen und psychologischen Belastungen erforschen, denen Astronauten bei zukünftigen Weltraumunternehmungen ausgesetzt sein würden. Die Fahrt sollte eigentlich nur 24 Stunden dauern, aber heftige Stürme und Turbulenzen dehnten sie dann auf 32 Stunden und 10 Minuten aus, in denen Simons seine meteorologischen und astronomischen Beobachtungen fortführte.

Bemannte Ballone eignen sich hervorragend als Plattformen für Beobachtungen aus großer Höhe, daher werden sie noch immer in Astrophysik, Meteorologie, Astronomie und Umweltüberwachung zu wissenschaftlichen Zwecken eingesetzt. Als mahnendes Echo auf die Luftproben, die Gay-Lussac beim zweiten wissenschaftlichen Aufstieg der Ballonfahrt 1804 aus der Atmosphäre mitgebracht hatte, entnahm 1976 der druckbelüftete Ballon *America* für die US-Umweltbehörde Environmental Improvement Agency Luftproben aus dem riesigen Rauchpilz, der sich bei Farmington in New Mexico über dem Kraftwerk Four Corners Power Station in die Atmosphäre erhebt. Anders jedoch als bei Lussacs Luftproben, die noch klare und reine Luft enthielten, sind die modernen Proben sicherlich schon stark mit Etienne Robertsons »Rauch« durchsetzt gewesen.

Tausende Stücke Weltraumschrott ziehen noch immer um die Erde oder treiben ins All hinaus – eine Müllhalde am Himmel, die seit dem Weltraumwettlauf der sechziger Jahre beinahe täglich zuge-

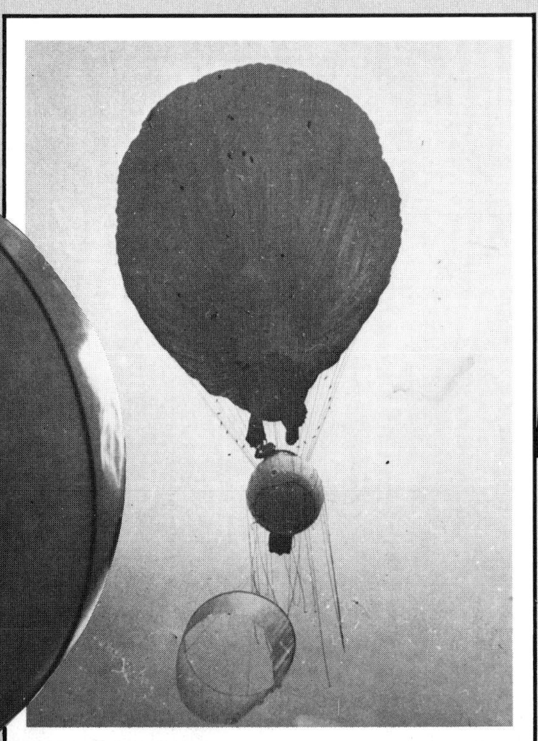

Professor Piccards Stratosphärenballon und -kapsel, die er 1931 und 1932 verwendete. Über der Kapsel befindet sich ein Notfallschirm, unter ihr hängt ein Abdriftmesser.

Überprüfung der *Explorer II* vor dem Start. Ihr Einsatz wurde von der National Geographic Society gefördert. Settle und Fordney (unten) verlassen in New Jersey ihre Kapsel nach dem Höhenrekord von 1933.

nommen hat. Weniger bekannt ist allerdings, daß in der Atmosphäre noch immer auch einfache Exemplare herkömmlicher Technologie abgelagert werden: Ballone für große Höhen.

Zu den am häufigsten gestarteten Ballonen jeglicher Art zählen die Radiosonden – Wetterballone, die überall auf der Erde von Meteorologen in die Höhe geschickt werden. Jeden Tag steigen von jedem größeren Flughafen mehrere davon auf: Das sind Tausende von Ballonen täglich. Sie erreichen in der Regel etwa 18000 m, bevor sie zerplatzen. Diese Ballone für die untere Atmosphäre sind in ihrer Bauweise den Typen für die Stratosphäre vergleichbar. Ihr Durchmesser reicht von 1,2 m bis 3 m, abhängig vom Gewicht des Transponders, den sie tragen, um Wetterinformationen nach unten zu übermitteln.

Weltraumballone werden seit den fünfziger Jahren regelmäßig eingesetzt. Damals stellten Firmen wie Schjeldahl und General Mills erste »kleine« Modelle her, die 270 kg auf 32000 m Höhe befördern konnten. Dann führte die Nachfrage von Forschung, Militär und Fernmeldefirmen zu immer größeren Ballonen, die mit mehr Nutzlast noch höher steigen konnten. Heute können Ballone von 280000 m^3 eine Zuladung von einer Tonne oder mehr 50000 m hoch tragen – verläßlicher und preiswerter als herkömmliche Satelliten.

Diese »Nulldruckballone« aus Polyäthylen sind so ausgelegt, daß nur ein Bruchteil der Hülle mit Helium gefüllt wird. Wenn der Ballon dann in die dünnere Luft der Stratosphäre aufsteigt, dehnt sich das Gas immer weiter aus und füllt schließlich die gesamte Hülle; dabei wird immer noch genügend Luft verdrängt, um die Nutzlast noch höher zu tragen. Wenn die Einsatzhöhe erreicht ist, wird überschüssiges Gas abgelassen, um die Belastung des extrem leichten Materials zu verringern.

Allerdings haben diese Ballone nur eine begrenzte Einsatzdauer, da stets Gas verlorengeht, wenn es sich durch die Sonnenerwärmung tagsüber ausdehnt; in der Kälte der Nacht zieht es sich dann zusammen und läßt den Ballon sinken.

Um der Belastung durch das sich ausdehnende Gas besser entgegenwirken zu können, wurden auch »Überdruckballone« konstruiert. Die vielversprechendste Höhentechnologie kommt derzeit aber von der Universität Southampton in England: Hier arbeitet man an automatischen Ballastsystemen, die das Gesamtgewicht vor jedem Sonnenuntergang um etwa acht Prozent reduzieren. Auf diese Weise können heutige Ballone bereits bis zu einer Woche lang ihre Höhe halten.

In den siebziger Jahren, als noch etliche Ballonfahrer aus dem Atlantik geborgen werden mußten, nachdem sie versucht hatten, ihn von West nach Ost zu überqueren, startete das Team aus Southampton bereits in aller Stille Ballone, die die Gegenrichtung – von Ost nach West – bezwangen, indem sie 50000 m hohe Jet-streams nutzten und nach lediglich 75 Stunden bereits in Amerika landeten. Diese völlig automatischen Ballone führten Nutzlasten mit, die dem Gewicht einer Kapsel mit ihrer Besatzung entsprachen.

Satellitenverbindungen halten dabei den Kontakt mit der Ballonfracht, wenn sie hinter dem Horizont verschwindet. Die Verwendung dieser wissenschaftlichen Langstreckenballone nimmt ständig zu, weil immer mehr Forschungsgruppen sich für die geringen Kosten und die hohe Erfolgsrate des Southamptoner Programms interessieren. Das Team dort plant mittlerweile, die Verwendungsdauer der Ballone durch »kryogenischen« – also tiefstgekühlten – Ballast noch zu verlängern: Die Ballone sollen flüssiges Helium mitführen, das nachts in Gasform den Auftrieb verstärkt.

Als Pilot bemannter Ballone fasziniert mich die Verwendung von Technologien, die für unbemannte Ballone entwickelt wurden. Schließlich haben schon im Zweiten Weltkrieg japanische Fu-Gos den Pazifik überquert, eine Strecke von immerhin 11000 km, und inzwischen ist ja auch der Atlantik bezwungen worden. Wenn man irgendeinem befähigten Piloten die Technologie – und natürlich auch das Geld – zur Verfügung stellte, könnte die Erde vielleicht bald von einem bemannten Ballon umfahren werden.

Einer der Überdruckballone der Universität Southampton wird aufgerüstet (links und oben).

Eine ähnlich dehnbare Polyäthylenhülle hebt im Film *On the Threshold of Space* eine bemannte Kapsel (unten) in die Höhe.

Sowjets in der Antarktis (ganz links außen) und Amerikaner an Bord eines ihrer Flugzeugträger (links); beide lassen Wetterballone in die Höhe steigen.

PERSPEKTIVEN DER LUFTSCHIFFE

Der einzige bedeutende Hersteller und Betreiber von Luftschiffen seit den Tagen der Zeppeline ist heute die Firma Goodyear – ein Name, mit dem die meisten Europäer und Amerikaner derzeit das Luftschiff verbinden. Seit ihrem Bestehen hat Goodyear rund 300 Lenkluftschiffe gebaut: von der unglücklichen *Akron* (1933 zerstört, 72 Todesopfer) bis hin zu den modernen, »Blimp« genannten unstarren Werbe-Kleinluftschiffen wie *Mayflower, Europa* und *Columbia*. Diese Blimps, die man weltweit regelmäßig auf Werbefahrten sieht, halten den Traum von einer Luftschiffepoche wach, in der still dahingleitende Giganten den Himmel verdunkeln.

Die Wahrheit über die Luftschiffe der Firma Goodyear ist allerdings, daß sie kommerziell nie Erfolg hatten. Die Goodyear Zeppelin Corporation, die um 1941 ihren Höhepunkt erreichte, hat nämlich niemals einen regulären Passagier- oder Frachtdienst ausgeübt. Von 1940 bis 1960 produzierte Goodyear lediglich Luftschiffe für Überwachungs- und Aufklärungsaufgaben der US-Marine, die sich zwar gut bewährten, sich aber wirtschaftlich nicht durchzusetzen brauchten. Bei schlechtem Wetter lange Strekken zu fahren ist eine Sache – unter den gleichen Bedingungen nach Fahrplan Passagiere aufzunehmen und wieder abzusetzen eine andere.

Anfang der fünfziger Jahre versuchte Goodyear dann, Luftschiffe als Werbeträger an andere Firmen zu vermieten, und für kurze Zeit gelang es auch, sie an Mobil Gas, Canada Dry und andere zu verchartern, aber diese Werbeaktionen waren nicht erfolgreich, und Goodyear ließ die Blimps dann wieder unter eigener Flagge fahren.

Die Hauptstützpunkte der Blimps sind Wingfoot Lake bei Houston in Texas und Capena in Italien, aber wenn sie für Werbefeldzüge auslaufen, starten sie von mobilen Stützpunkten aus.

Über all die Jahre hat Goodyear Techniken der Bodenwartung entwickelt, bei denen die Luftschiffe mit Gas gefüllt und startklar bleiben können; die traditionellen riesigen Luftschiffhallen können damit entfallen.

Die verstärkte Bugspitze eines Blimp ist so ausgelegt, daß sie über ein Seil am Ankermast befestigt werden kann, um den sich das Luftschiff dann mit dem Wind bewegt – wie ein Schiff um seinen Anker. Versuchsweise hat man schon ausfahrbare Masten auf Straßenfahrzeuge montiert, üblicher allerdings ist heute ein zerlegbarer Mast, der in der Mitte eines Feldes von der Größe eines Baseball-Quadrates (27,45 x 27,45 m) aufgebaut wird. Ausgeklügelte Techniken für die Liegezeit haben die Verfahren für das Anlegen wie das Ablegen stark vereinfacht – die Zeit, in der ein Luftschiff am meisten gefährdet ist.

Eine Tatsache ist weithin unbekannt: Die gasgefüllten Blimps fahren – oder fliegen – nach dem Prinzip »schwerer als Luft«. Denn obwohl ein Teil ihres Auftriebs vom Gas herrührt, brauchen sie dynamischen Auftrieb, um in der Luft bleiben zu können. Folglich benötigen die meisten Blimps ein »Flugfeld« irgendeiner Art, um Auftrieb durch Vortrieb erzeugen zu können.

Um einen ersten Auftrieb zu gewinnen, benutzen die Haltemannschaften von Goodyear eine Technik, die sie »Hüpfstart« nennen: Etwa ein Dutzend Mitarbeiter stoßen den Blimp an den Haltegriffen um die Gondel hart nach unten, wodurch seine Fahrwerksfederung einsinkt und er anschließend wieder nach oben schnellt; wenn der Kiel des Blimp dann waagerecht liegt, wird er ein zweites Mal nach unten gestoßen – und wenn er dann wieder hochkommt, drükken einige von der Mannschaft den Bug in einem bestimmten Winkel nach oben: Gleichzeitig gibt der Pilot Vollgas, und der Blimp erhebt sich sanft in die Luft.

Eine deutsche Firma für Luftwerbung, die derzeit ähnliche Blimps wie Goodyear herstellt, arbeitet am Prinzip der Schubrichtungsänderung, bei dem die Motoren gekippt werden – damit entfiele die Hüpfstarttechnik.

Und eine englische Firma – Aerospace Developments, heute in Airship Developments umbenannt – hat in ihren Typ AD 500 bereits Kippmotoren eingebaut, und ihr Pilot, der früher bei Goodyear arbeitete, berichtet von einer stark verbesserten Manövrierbarkeit im Vergleich zu herkömmlichen Luftschiffen. Die Motoren erzeugen beim Senkrechtstart Schub nach unten und dadurch zusätzlichen

Auftrieb, und bei der Landung drückt umgekehrter Schub den Blimp zu Boden. Derartige Systeme schaffen vielleicht einmal die Möglichkeit, Luftschiffe in Bodenböen zu steuern, die für sie noch immer die größte Gefahr darstellen.

Die tatsächlichen Kosten, berechnet nach Frachtgewicht pro Flugkilometer, liegen bei Luftschiffen viel niedriger als bei herkömmlichen Flugzeugen. Ein Luftschiff kann sogar – zumindest theoretisch – wie ein »Himmelskran« arbeiten und Fracht von Haus zu Haus befördern. Dabei erschiene es beispielsweise über einer Luftfrachtfirma im Herzen von London, nähme einen Container an Bord und würde ihn nur zwei Stunden später bei einer ähnlichen Firma mitten in Paris abliefern – mit konventionellen Methoden wäre die Fracht in dieser Zeit gerade mal bis zum Londoner Flughafen gekommen.

Die Praxis allerdings sieht da noch etwas anders aus: An einem heißen Tag hätte der Pilot Schwierigkeiten, sein Luftschiff in den Thermalblasen über London unter Kontrolle zu halten. Die Ladezeit würde sich verlängern, weil der Pilot in der Luft warten müßte, bis die Turbulenzen nachlassen. Nach dem Beladen könnte das Luftschiff dann in einen starken südwestlichen Gegenwind von 65 km/h geraten, der die Fahrzeit auf etwa vier Stunden verdoppeln würde. Und über Paris könnte es dem Piloten passieren, daß er wegen stürmischen Windes aufgeben müßte – oder aber sein Luftschiff riskierte, indem er knapp über die Dächer führe und seine Fracht schließlich nach einer anstrengenden Achtstundenfahrt ablieferte. Und dieses Szenarium ist gar nicht einmal so übertrieben: Wetterbedingungen sind noch immer schwer vorherzusagen, und schon diese Tatsache allein kennzeichnet die Schwierigkeiten, mit denen Leute, die heute noch immer vom Frachttransport mit Luftschiffen träumen, fertig werden müßten.

Für Luftschiffe sind schon viele Verwendungen »angedacht« worden, aber nur wenige sind realisierbar. Vor einiger Zeit wurde beispielsweise vorgeschlagen, in überlasteten Seehäfen Luftschiffe einzusetzen, um die Ladungen von den Schiffen an Land zu befördern – Luftkissenboote sind da wohl eine bessere Idee. Ölfirmen haben die Möglichkeit untersucht, mit Luftschiffen ihr Nordseegas an Land zu bringen und das Gas dabei gleichzeitig als Auftriebsmittel zu nutzen; das Projekt wurde als unrealistisch fallengelassen. Man hat auch ins Auge gefaßt, Luftschiffe in unterentwickelten Ländern für den Transport von Erntegütern oder Holz durch unpassierbare Gebiete zu benutzen – aber bisher ist noch kein Luftschiff gebaut worden, das derartige Aufgaben bewältigen könnte. Die praktischen Probleme bleiben vorerst ungelöst; Luftschiffe sind offensichtlich nicht für die turbulente Atmosphäre unseres Planeten geschaffen.

Vielleicht gibt es einmal weniger spektakuläre Verwendungen für kleine »Himmelskräne«, die bei normalem Wetter gut einsetzbar sind. Vielleicht gibt es einmal eine Zukunft für riesige Frachtluftschiffe, die zentral gelegene Ankerplätze anfahren, ähnlich den heutigen Flughäfen. Aber diese Entwicklungen werden viel Zeit in Anspruch nehmen – und ein Finanzvolumen, wie es nur Regierungen und große Unternehmen aufbringen können. Bisher hat man die potentiellen Geldgeber nicht überzeugen können.

Trotzdem ist in letzter Zeit die Nachfrage nach modernen Helium-Luftschiffen gestiegen, hauptsächlich aufgrund technologischer Fortentwicklungen. Diese Fortschritte haben Herstellerfirmen wie Thunder & Colt in die Lage versetzt, Luftschiffe zu viel günstigeren Preisen als je zuvor zu fertigen: beispielsweise die GA42, die nach über zwei Jahren Entwicklungszeit ihre erste Fahrt im September 1987 unternahm.

Dieses Helium-Luftschiff ist wendiger und leichter und preiswerter zu betreiben als die derzeitigen größeren Luftschiffe. Und es ist weltweit das erste Luftschiff, das mit einer integrierten elektronischen Flugsteuerung ausgerüstet ist, die vom Passagierflugzeug Airbus A320 stammt, mit den Fingerspitzen bedient werden kann und in allen Wetterlagen eine bemerkenswerte Fahrstabilität gewährleistet.

Die GA42 wird von einem Continental 0–200-B mit 100 PS angetrieben. Ihre 1200 m³ große Hülle besteht aus Polyamid, das mit Polyurethan beschichtet ist; sie enthält 900 m³ Helium. Das restliche Volumen wird von zwei Ballonetts (Luftsäcken) in Anspruch genommen, die während der Fahrt mehr oder weniger stramm aufgeblasen werden können und diesen variablen Druck an das Helium weitergeben – so bleibt auch bei atmosphärischen Druckschwankungen die äußere Hülle straff und stabil. Die Gondel besteht aus Aluminiumlegierung, ihre beiden Piloten sitzen nebeneinander und genießen eine gute Sicht; in das Dach der Gondel ist ein Beobachtungsfenster eingelassen, durch das der Pilot in das Innere des Luftschiffs blicken kann.

Die GA42 ist 27¹/₂ m lang, hat einen maximalen Durchmesser von 9 m und eine Gesamthöhe von 11¹/₄ m. Ihre Dienstgipfelhöhe liegt bei 2900 m und ihre Reisegeschwindigkeit bei 65 km/h. Die maximale Steiggeschwindigkeit beträgt 400 m/min, die maximale Sinkrate 460 m/min.

Normalerweise wird die GA42 von einem Piloten geflogen, und der Mitfahrersitz bleibt frei für – zum Beispiel – einen Beobachter, Fotografen, Funker oder Radarbeobachter, wodurch sie sich ausgezeichnet für Werbe- wie auch für Überwachungsaufgaben eignet. Ihre maximale Einsatzdauer liegt bei 7¹/₂ Stunden, und sie kann bei Windgeschwindigkeiten von bis zu 65 km/h ihre Position über einem vorgegebenen Ziel halten.

Die Firma Airship Industries baut einige der größeren Helium-Luftschiffe; derzeit hat sie zwei Typen in Produktion: die Modelle Skyship 500HL und Skyship 600. Die 500HL wurden speziell für heiße oder hochgelegene Regionen entwickelt oder für Aufgaben, die eine höhere Zuladung erfordern, während die 600er Serie vor allem militärisch genutzt wird, darüber hinaus aber auch bei Werbeaktionen und Ausflugsfahrten Verwendung findet.

Es sind unstarre Luftschiffe ohne festes Gerippe unter der Hülle. Die Gondel hängt unter der Hülle an einem Sicherheitssystem von Stahlseilen, die ihrerseits an einem Netz von Lastgurten auf der Oberseite der Hülle befestigt sind.

Gegenüber früheren Konstruktionen sind diese Modelle mit einem Schubvektorsystem versehen, das die Manövrierfähigkeit entscheidend verbessert hat: Es erlaubt dem Luftschiff senkrechte Starts und Landungen sowie das Schweben auf der Stelle. Zu-

dem wurde eine elektronische Flugsteuerung mit Glasfaser-Kommandoübertragung eingebaut, und die Betriebskosten konnten durch die Verwendung neuer und leichterer, aber trotzdem hochbelastbarer Materialien drastisch gesenkt werden.

Die Hülle besteht aus einfacher Polyesterfaser, an der außen eine Schicht mit Titansäure angereicherten Polyurethans aufgetragen wurde, um die UV-Schäden zu verringern; innen ist ein Polyvinylchlorid-Film auf eine Polyurethan-Schicht lackiert, der das Austreten von Helium reduzieren soll. Für statisches Gleichgewicht sorgen je ein Ballonett in Bug und Heck.

Die Skyship 500HL werden von zwei luftgekühlten Porsche-Sechszylinder-Kolbenmotoren des Typs 930/10 mit 204 PS angetrieben; die 600er Serie verwendet den Porsche-Flugmotor PFM 3200 T03, der es mit Turbolader auf 255 PS bringt. Die 500HL sind 20 m hoch, 15 1/4 m dick und 59 m lang. Ihre Reisegeschwindigkeit liegt bei 75 km/h, die Gipfelhöhe bei 3000 m. Die Skyship 600 haben die gleichen Abmessungen wie die 500HL, sind aber geringfügig schneller: 83 km/h. Das Hauptmerkmal der 600er

Mats Backlin, Chefkonstrukteur des Modells GA42, bei einer Tiefahrt mit dem Prototyp G-MATS.

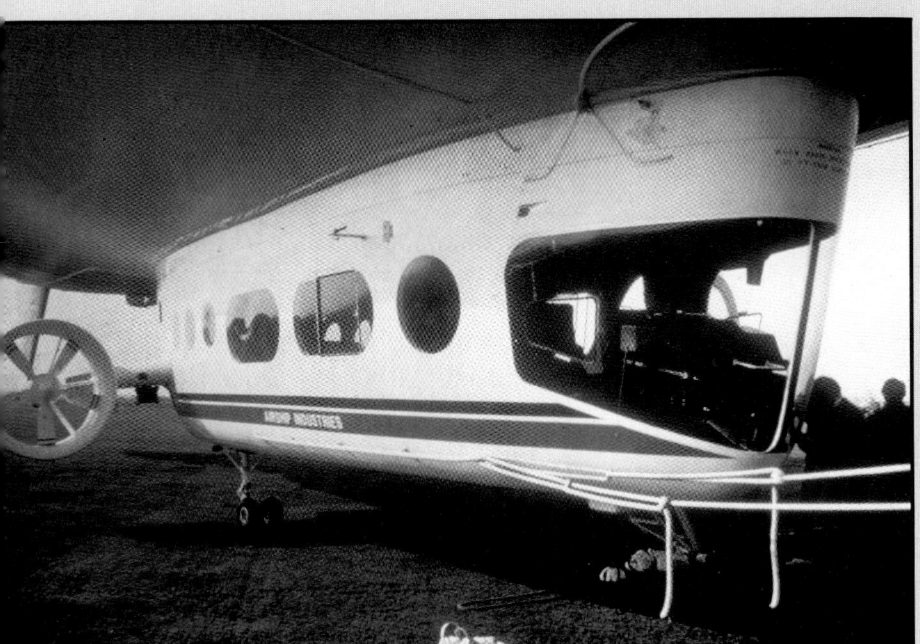

Die strömungsgünstige Gondel der Skyship-600-Luftschiffe von Airship Industries bietet Piloten wie Passagieren eine exzellente Rundumsicht.

Die Haltemannschaft manövriert ihr Helium-Luftschiff GA42 am Boden.

Ein »glückstrahlendes Luftschiff«! Ein GA42-Helium-Luftschiff verläßt den Hangar in Rednal, um für das Hilfsprogramm von »Telethon« Geldmittel lockerzumachen.

Vor der Silhouette New Yorks: Ein 500HL-Luftschiff von Airship Industries in der vertrauten Rolle als Werbeträger.

Luftschiffe ist, daß sie – weltweit als einzige ihrer Art – die uneingeschränkte Fahrgastzulassung vorweisen können.

Das Luftschiff mit Heißluftauftrieb ist nachgerade ein Nachzügler in der Familie der aerostatischen Luftfahrzeuge. Gegenüber Helium-Luftschiffen haben diese Luftschiffe einen unschlagbaren Vorteil: Nach einer Fahrt kann man sie zusammenfalten und braucht weder Halle noch Bewachung. Dazu kommt: Heiße Luft kostet nur ein Bruchteil dessen, was man für Gas aufwenden muß.

Ihr Nachteil allerdings ist, daß sie nur ein Drittel der Tragkraft von Helium oder Wasserstoff aufbringen. Das bedeutet, daß das Heißluft-Luftschiff zum Anheben eines bestimmten Gewichts das dreifache Volumen seines Helium-Verwandten einsetzen muß. Und der Vergleich fällt noch ungünstiger aus, wenn man bedenkt, daß die Heißluftversion auch noch den Brennstoff – üblicherweise Propan – zur Erhitzung der Luft mitschleppen muß.

Im praktischen Betrieb jedoch sind sich beide Versionen recht ähnlich. Zwar braucht das Heißluftmodell Druck, um bei höherer Fahrt die Form der Hülle erhalten zu können, aber dafür benötigt es keine Höhenruder zum Steigen oder Sinken: dazu benutzt es seine Brenner. Also können die Flossen aus Chemiefaser sein und nach Gebrauch zusammen mit dem Luftschiff verpackt werden.

Das weltweit erste einsatzreife Heißluft-Luftschiff wurde 1975 von der Firma Raven hergestellt, allerdings gab es davon nur den Prototyp. Das erste Luftschiff dieser Art, das dann in Menge produziert wurde, war die Colt AS80 von 1981, von der bisher mehr als 50 Stück – in leicht veränderter Auslegung – das Werk verlassen haben.

Das neueste Modell dieses Luftschiffs ist die AS80 Mark II mit einer unter Überdruck stehenden Hülle von 2100 m³. Sie wird über ein Seitenruder gesteuert, das von der Gondel aus per Seilzug betätigt wird. Der Überdruck der Hülle wird von einem elektrischen Gebläse in der Gondeldecke erzeugt, das die Luft zugleich über die Doppelbrenner streichen läßt. Weitere Druckluft stammt vom 50 PS starken Marschtriebwerk, das dem Luftschiff eine Geschwindigkeit von gut 30 km/h verleiht.

Die beiden Besatzungsmitglieder sitzen hintereinander, wobei der hintere Sitz aus Gründen des besseren Überblicks leicht erhöht ist. Die Propanzylinder liegen an den Seiten der Gondel, was ein rasches Auswechseln ermöglicht. Die Fahrtdauer dieses Luftschiffs hängt von Zuladung und Außentemperatur ab. Die normale Einsatzzeit liegt bei etwa einer Stunde; wenn man den Rücksitz allerdings gegen einen weiteren Gaszylinder austauscht, kann man sie auf zwei Stunden erhöhen.

Zusammengefaltet kann das Luftschiff mit Gondel in jedem größeren Pkw-Anhänger transportiert werden. Auf- oder Abrüsten dauert jeweils rund 30 Minuten und ist kaum aufwendiger als bei einem Heißluftballon. Wenn die Windgeschwindigkeit mehr als 10 km/h beträgt, ist es ratsam, dafür eine windgeschützte Stelle aufzusuchen. Die Führung der AS80 Mark II ist der Führung eines Heißluftballons sehr ähnlich, deshalb braucht ein Heißluftballon-Pilot auch nur etwa fünf Stunden Umschulung, um dieses Luftschiff führen zu können.

Nello Charbonnier demonstriert mit seiner AS80 von Thunder & Colt eine Landung mit ausgeschaltetem Motor ohne Berührung der Steuerorgane.

Im Vergleich zu einem Helium-Luftschiff ist das Heißluft-Luftschiff wesentlich größer und eignet sich deshalb vorzüglich als Werbeträger. Und weil Hüllenmaterial und Struktur einem Heißluftballon sehr ähnlich – nur etwas kräftiger – sind, kann der Luftschiffskörper in vielen Farben gestaltet werden, was bei einem Helium-Luftschiff wegen seines teuren Hüllenmaterials kaum möglich ist.

Allerdings sind Heißluft-Luftschiffe ausgesprochene Schönwettervehikel, was ihre Verwendungsbreite stark einschränkt. Wie Ballone reagieren sie empfindlich auf Thermik und werden deshalb vornehmlich in den Morgen- oder Abendstunden gefahren.

Die meisten der heutigen Heißluft-Luftschiffe werden als Werbeträger eingesetzt. Eine Ausnahme von dieser Regel ist die Colt AS261, die 1989 für eine botanische Expedition in Südamerika gebaut wurde. Sie faßte 7400 m³ und wurde von einem 100 PS starken Continental-Flugzeugmotor angetrieben. Dabei trug sie – mit Brennstoff für drei Stunden an Bord – nicht nur sechs Passagiere, sondern zusätzlich noch eine große, untergehängte Arbeitsplattform, von der aus botanische Untersuchungen in den Kronen tropischer Bäume durchgeführt wurden.

Das Luftschiff führte 1989 eine ganze Reihe von Einsätzen zur Zufriedenheit aller Beteiligten durch und ermöglichte Forschungsarbeiten, die – unter den gegebenen Bedingungen – mit keinem anderen Luftfahrzeug hätten durchgeführt werden können. Sicherlich werden zukünftige Entwicklungen die Verwendung von Luftschiffen in »Kranfunktion« noch vorantreiben.

Das Zukunftsbild der Luftschiffe wird allerdings

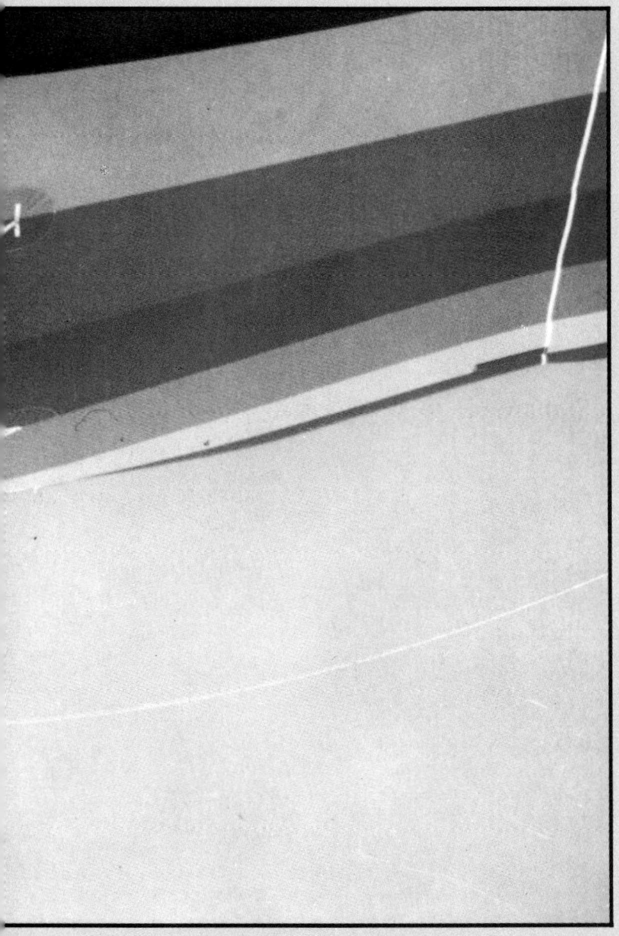

Die AS261 von Thunder & Colt, das größte Heißluft-Luftschiff der Welt, im Einsatz über dem südamerikanischen Regenwald, bei dem sie mit ihrer riesigen Arbeitsplattform fünf Wissenschaftlern den Zugang zu den Baumkronen des Urwalds ermöglichte.

Micky Busemeyer steuert bei der Luftschiff-Meisterschaft mit seiner *Besançon* ins Ziel.

durch Wirrköpfe getrübt, die sich auch noch als Verfechter dieser herrlichen Flugapparate aufspielen und ihre Produkte mit Solar- oder sogar Nuklearantrieb anbieten. Derartige Projekte sind ausgesprochen suspekt und nicht seriös: Sie sollen lediglich die Aufmerksamkeit der Öffentlichkeit auf sich ziehen und Forschungsgelder in Beschlag nehmen, die der Technologie des statischen Auftriebs insgesamt zugedacht sind.

Barnes Wallis, der englische Erfinder und Konstrukteur der *R100*, eines erfolgreichen Luftschiffs, gibt den Luftschiffen keine Chance: »Sie gehören in die zwanziger und dreißiger Jahre!« Das ist eine rigorose Aussage ohne Zugeständnisse. Dabei haben die Luftschiffe sich immer wieder bewährt – die *Graf Zeppelin* und andere sowie Dutzende von Blimps der Firma Goodyear sind der Beweis dafür. Und da sie auch sichere Luftfahrzeuge sind, steht ihnen vielleicht doch eine Zukunft offen, besonders, wenn die Brennstoffe immer knapper werden.

Viele Jahre lang hat sich an der praktischen Konstruktion von Luftschiffen nichts geändert; Fortentwicklungen gibt es nur auf dem Reißbrett. Unter den futuristischen Konzepten finden sich durchaus vernünftige Vorschläge, für die sich aber die großen Flugzeughersteller nicht interessieren. Die Firma Goodyear, in den letzten Jahrzehnten der einzige Hersteller mit nachweisbaren Erfolgen, legt der NASA regelmäßig Konstruktionsentwürfe vor – bislang ohne jeden Erfolg.

Die Blimps der amerikanischen Marine – komplizierte, aber auch zuverlässige Luftfahrzeuge – wurden nur ausgemustert, weil Satelliten ihre Aufgabe wirtschaftlicher ausüben konnten. Aber Satelliten sind auf den Meeren nicht präsent, können illegitimen Fischfang nicht unterbinden und auch Bohrinseln nicht bewachen. In solchen Überwachungsfunktionen hat das Luftschiff seine Fähigkeit, bei jedem Wetter auf dem Posten zu bleiben, schon vielfach bewiesen: in den fünfziger Jahren blieben die Luftschiffe bis zu elf Tage in der Luft. Falls Luftschiffe tatsächlich eine Zukunft haben, dann zumindest in derartigen – weniger spektakulären – Verwendungen.

Daß Luftschiffe jemals als Beförderungsmittel für Passagiere oder Fracht – in dem Umfang, wie sie in den dreißiger Jahren eingesetzt wurden – wiederkehren werden, ist kaum zu erwarten. Dazu sind sie einfach zu groß, zu schwerfällig, zu langsam und zu wetterabhängig. Projekte für Luftschiffe, die 850 000 m³ groß sind (gut das Vierfache der *Hindenburg*) und 500 Tonnen Fracht mit 160 km/h befördern können, gehen an der Wirklichkeit vorbei. Aber Luftschiffe unter 30 000 m³, die ihre Verwendungsbreite ja schon bewiesen haben, haben durchaus eine realistische Chance.

Aerocrane

Eine interessante und relativ neue Variante des Luftschiff-Konzepts ist der »Himmelskran« oder »schwebende Kran«, wie ihn die amerikanische Firma All American Engineering kürzlich unter dem Namen *Aerocrane* vorgestellt hat.

Die *Aerocrane* ist ein Ballon, der für den Hauptauftrieb mit Gas gefüllt ist; zusätzlichen Auftrieb erzeugen normale Flugzeugmotoren in vier kurzen Tragflächen. Damit ist die *Aerocrane* teils Flugzeug, teils Hubschrauber und teils Ballon. Nach Fertigstellung soll sie bis zu 70 Tonnen mit einer Geschwindigkeit von bis zu 65 km/h befördern können. Versuche mit Modellen verliefen bereits erfolgreich und haben ihre Konstrukteure davon überzeugt, daß das Konzept realisierbar ist.

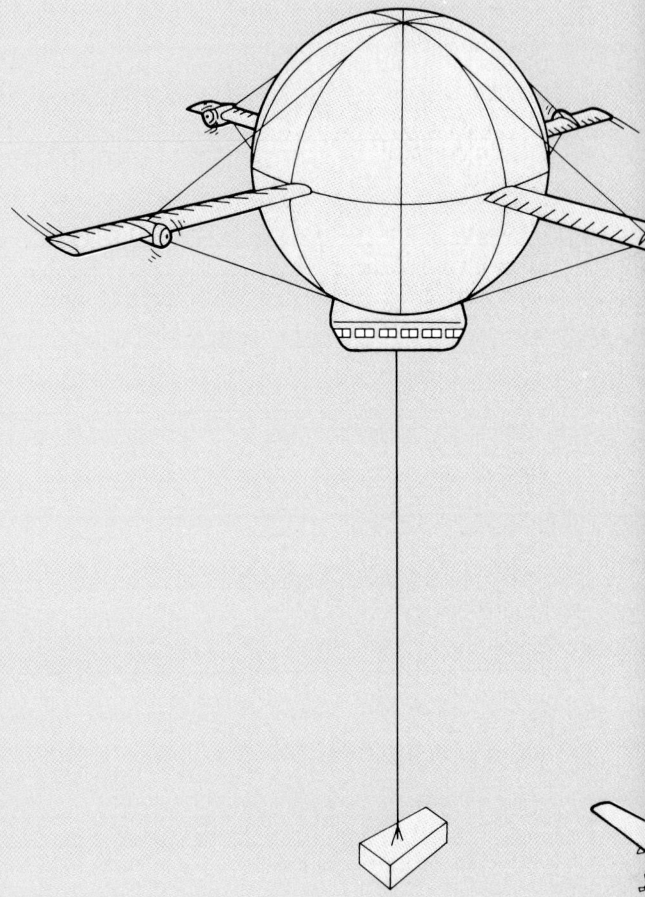

Aereon

Die 1959 gegründete Aereon Corporation hat den Namen und das Konzept des Luftschiffes von Andrews übernommen. Dessen erstes Luftschiff, die aus drei Rümpfen bestehende *Aereon III*, hat nie abgehoben, da sie – wie manch anderes Luftschiff auch – bei einem Unfall am Boden beschädigt wurde. Das nächste, die *Aereon ZC*, sieht aus wie ein »dreieckiger Kürbis« und war auch schon in der Luft. Dabei flog sie lediglich mit dynamischem Auftrieb, da ihre Hülle gar kein Gas enthielt. Zu den neuesten Projekten zählt auch die *Aereon 340* – 104 m (340 ft) lang und 76 m breit. Wie die *Megalifter* soll sie sechs vollbeladene Container befördern und mit nur fünf Mann Besatzung auskommen können. Sie selbst wiegt etwa soviel wie die von ihr verdrängte Luft, und das zusätzliche Gewicht ihrer Nutzlast wird – wie bei einem Flugzeug – durch dynamischen Auftrieb angehoben.

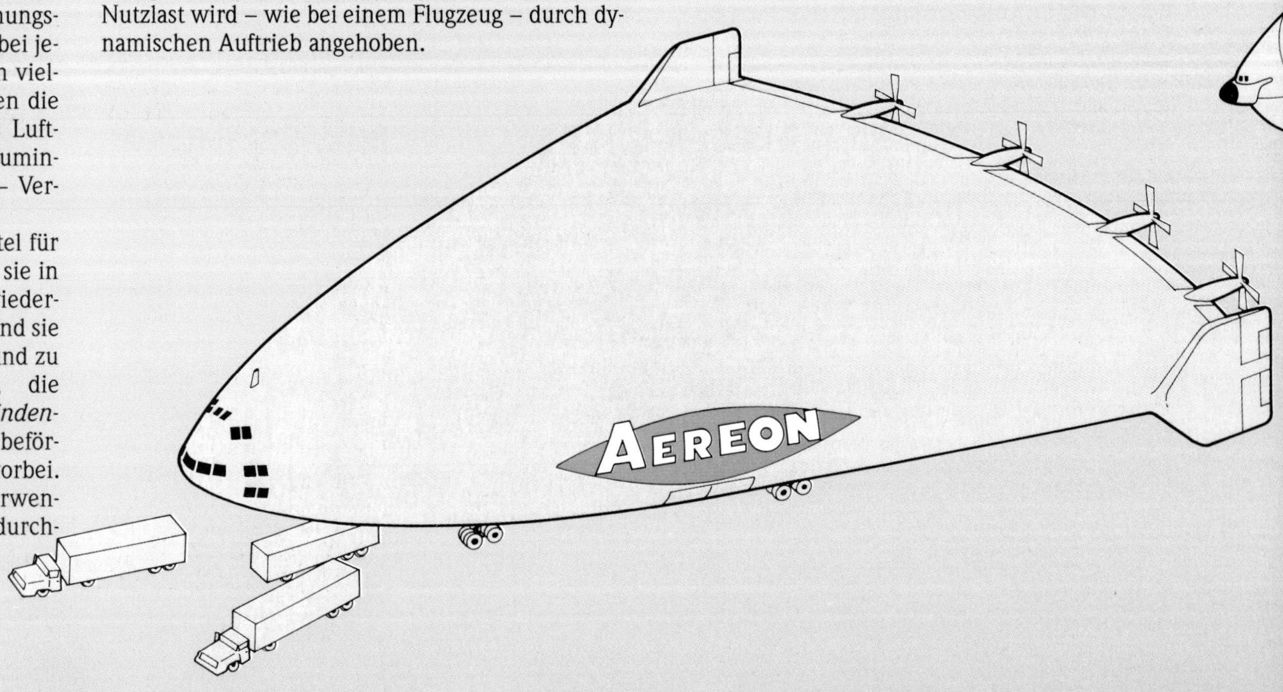

Skyship
Dieses linsenförmige Luftschiff, das einer fliegenden Untertasse ähnelt, wird von der Firma Skyship Transport Ltd. hergestellt; an der Konstruktion waren auch das Imperial College in London und die British Hovercraft Corporation beteiligt. Ein Prototyp von 9 m Durchmesser ist in den alten Luftschiffhallen von Cardington bereits erfolgreich geflogen.

Die *Skyship* ist mit Helium gefüllt und hat in der Mitte eine Zelle für Fracht und Passagiere; ihr Auftrieb wird teils statisch, teils dynamisch erzeugt.

Daily Mail, Friday, April 18, 1975 PAGE

It's the zeppesaucer!

And the inventors say that it could become the super-safe flying freighter of the future

Words: R. BARRY O'BRIEN
Pictures: CLIVE LIMPKIN

A STRANGE Well-Identified Flying Object was spotted in England yesterday.

It looked, with its miniportholes all the way round the rim, exactly like the flying saucers of space fiction.

In fact, as proclaimed in the boldest lettering on its underside, it was a Sky Ship—a direct descendant of the Zeppelin.

The sighting was made in the vast No. 1 Hangar of what used to be called the Royal Airship Works at Cardington, Bedfordshire—home of many a strange craft.

Lifted to a height of 40ft. by helium 'envelopes' and powered by eight battery-driven propellers, the 30ft. saucer flew two-thirds of the length of the hangar—built for the ill-fated R-101 airship — at a leisurely walking pace.

The radio - controlled demonstration was given by the developers, John West Design Associates, of Epsom, who are hoping to create enough interest—and attract enough cash—to build a huge long-range craft.

Head of the firm, Mr John West, a 47-year-old marine engineer and architect, who designed the P & O liner Canberra, explained his aims.

He said: 'The Sky Ship would have a valuable role in delivering heavy equipment — for instance, to developing countries without roads or ports.'

Passenger and military versions could also be developed.'

Mr West wants to have a 200ft. diameter prototype, capable of carrying ten tons of cargo, flying in two years.

Eventually there could be a ship 700ft. in diameter and 208 ft. high, capable of carrying 400 tons of cargo 5,000ft. up at 90 m.p.h.

Fundamentally, the Sky Ship is the same as the rigid, lighter - than - air Zeppelins that went out of favour more than 30 years ago.

But there is one major difference, say the promoters: Safety.

Mr Robin Wren, 43, another member of the design team, said that even if helium escaped the Sky Ship would float to the ground.

To illustrate his point, a 4ft. model, holed and containing no helium was dropped from 40ft.

It wafted to the ground like a feather.

'Milking' a Sky Ship . . . Robin Wren adjusts trim

Cliff-top garden goes over

A FAMILY of four moved out of their home yesterday after part of the garden toppled over a 70ft. cliff.

At a nearby hotel which he owns Mr Jack Murrell, father of two, said last night: 'The first hairline crack appeared about 10 o'clock this morning.'

First to go over the cliff at Barton-on-Sea, Hampshire, near Bournemouth, were the rockery and flowerbeds.

Since then there have been further falls and the edge was

Megalifter
Die *Megalifter* – noch besteht sie nur auf dem Reißbrett – ist 198 m lang und teils Flugzeug, teils Luftschiff; sie hat Kurzstart- und -landeeigenschaften, benötigt zum Starten und Landen aber trotzdem einen Flughafen.

Ihre Dienstgipfelhöhe wird 5500 m betragen, und ihre Geschwindigkeit liegt zwischen 120 und 320 km/h. Die Reichweite wird mit 12 800 km und die Nutzlast mit – schwindelerregenden – 180 Tonnen angegeben.

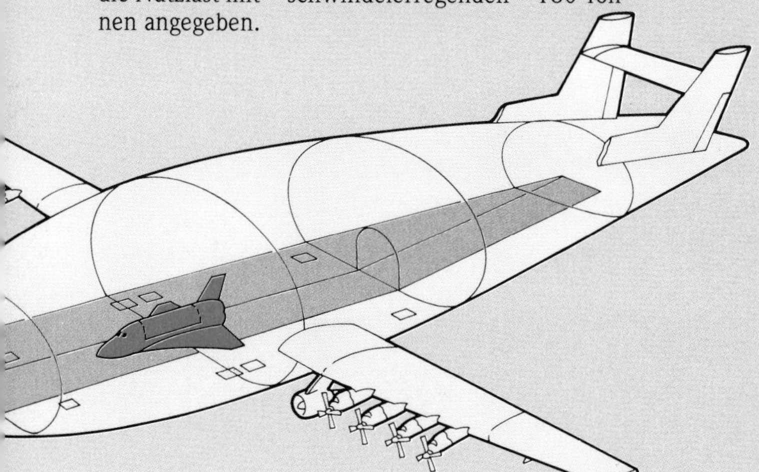

Heavy Lifter
Die *Heavy Lifter* wurde von Goodyear für die NASA entworfen und ist halb Luftschiff, halb Hubschrauber. Ihr statischer Auftrieb soll ihr Eigengewicht tragen können, und die außenliegenden Hubschrauber-Elemente erzeugen den zusätzlichen Auftrieb für militärische oder zivile Nutzlasten von bis zu 250 Tonnen.

ANHANG

HEISSLUFTBALLON-REKORDE

Klasse	Pilot	Zeitpunkt	Land	Höhe (m)	Strecke (km)	Dauer
AX1	Dr. Coy Foster	Januar 1987	USA	–	16.56	1:26:00
AX1	Dr. Coy Foster	Januar 1988	USA	1639,6	–	–
AX2	Dr. Coy Foster	Januar 1983	USA	3671,92	–	–
AX2	Dr. Coy Foster	März 1983	USA	–	56,67	2:44:20
AX3	Dr. Coy Foster	Februar 1984	USA	–	186,52	–
AX3	Dr. Coy Foster	Februar 1986	USA	6165	–	–
AX3	Claude van Hoorebeeck	Januar 1987	Belgien	–	–	6:05:03
AX4	Dr. Coy Foster	Februar 1986	USA	8993,9	–	–
AX4	Dr. Coy Foster	März 1986	USA	–	209,92	8:39:00
AX5	Carol Davis	Dezember 1979	USA	9540,24	–	–
AX5	Bill Bussey	März 1986	USA	–	288,89	–
AX5	Dr. Coy Foster	März 1986	USA	–	–	8:39:00
AX6	John Petrehn	Februar 1982	USA	–	–	13:24:00
AX6	Josef Starkbaum	Juni 1986	Österreich	10670	–	–
AX6	Bill Bussey	Januar 1987	USA	–	521,33	–
AX7	John Petrehn	Januar 1984	USA	–	851,32	24:11:54
AX7	Michio Kanda	November 1988	Japan	12910	–	–
AX8	Josef Starkbaum	Juni 1983	Österreich	13670	–	–
AX8	John Petrehn	Januar 1984	USA	–	851,32	24:11:54
AX9	Chauncey Dunn	August 1979	USA	16154	–	–
AX9	Kris Anderson	März 1981	USA	–	1139,16	–
AX9	John Petrehn	Januar 1984	USA	–	–	24:11:54
AX10	Chauncey Dunn	August 1979	USA	16154	–	–
AX10	Bruce Comstock	Juni 1980	USA	–	–	24:7:58
AX10	Harold Warner	Januar 1985	Kanada	–	1470,02	–
AX11	Bruce Comstock	Juni 1980	USA	–	–	24:07:58
AX11	Harold Warner	Januar 1985	Kanada	–	1470,62	–
AX11	Chauncey Dunn	August 1985	USA	16154	–	–
AX12	Bruce Comstock	Juni 1980	USA	–	–	24:07:58
AX12	Julia Nott	Oktober 1980	England	16805	–	–
AX12	Harold Warner	Januar 1985	Kanada	–	1470,62	–
AX13	Julian Nott	Oktober 1980	England	16805	–	–
AX13	Hélène Dorigny	Juli 1984	Frankreich	–	–	40:12:05
AX13	Harold Warner	Januar 1985	Kanada	–	1470,62	–
AX14	Hélène Dorigny	Juli 1984	Frankreich	–	–	40:12:05
AX14	Harold Warner	Januar 1985	Kanada	–	1470,62	–
AX14	Per Lindstrand	Juni 1988	England	19811	–	–
AX15	Hélène Dorigny	Juli 1984	Frankreich	–	–	40:12:05
AX15	Per Lindstrand	Juli 1987	England	–	4486,5	–
AX15	Per Lindstrand	Juni 1988	England	19811	–	–

HEISSLUFTBALLON-MEISTER

Heißluftballon-Weltmeister

1973 Dennis Flodden (USA)
1975 David Schaffer (USA)
1977 Paul Woessner (USA)
1979 Paul Woessner (USA)
1981 Bruce Comstock (USA)
1983 Peter Vizzard (Australien)
1985 David Levin (USA)
Crispin Williams (England)
1987 Al Nells (USA)
1989 Benedikt Haggeney (Deutschland)
1991 Al Nells (USA)
1993 Alan Blount (USA)

Heißluftballon-Europameister

1980 Josef Starkbaum (Österreich)
1982 Josef Starkbaum (Österreich)
1984 Vic Trimble (England)
1986 Martin Messner (Österreich)
1988 David Bareford (England)
1990 Csaba Molnar (Tschechei)
1992 Uwe Schneider (Deutschland)

Nationalmeisterschaften USA

1963 Dick Pollard
1964 Jimmy Craig
1965 Jimmy Craig
1966 George Craig
1970 Frank Pritchard
1971 Dennis Flodden
1972 Bruce Comstock
1973 Tom Gabel
1974 Charles Ehrler
1975 David Medema
1976 Bruce Comstock
1977 Bruce Comstock
1978 Sid Cutter
1979 Bruce Comstock
1980 Steve Jones
1981 David Schaffer
1982 Bruce Comstock
1983 Owen Keown
1984 Al Nells
1985 Al Nells
1986 Sid Cutter
1987 Bruce Comstock
1988 Rob Bartholomew
1989 David Levin
1990 Steve Jones
1991 Jeff Menchhofer
1992 Joe Heartsill
1993 Harold Cliver

Nationalmeisterschaften England

1975 Bernard Hockley
1976 Dick Wirth
1977 Crispin Williams
1978 Alan Dorman
1979 Crispin Williams
1980 Ian Jacobs
1981 Ian Bridge
1982 Ian Bridge
1983 Crispin Williams
1984 Crispin Williams
1985 Ian Bridge
1986 Tony Pinner
1987 David Bareford
1988 Lindsay Muir
1989 David Bareford
1990 David Bareford
1991 Ian Bridge
1992 David Bareford
1993 Ian Bridge

Deutsche Meister

1974 Arno Sieger
1978 Jürgen Hoffmann
1982 Wilhelm Pfeiffer
1984 Uwe Claussen
1985 Ortwin Hillnhütter
1987 Uwe Claussen
1989 Hans Kordel
1991 Hans Kordel
1993 Uwe Schneider

Österreichische Staatsmeister

1981 G. Kindermann
1982 G. Kindermann
1983 H. Laubenbacher
1986 J. Starkbaum
1990 J. Starkbaum
1991 I. Fuchs
1992 J. Starkbaum
1993 J. Starkbaum

Schweizer Meister

1979 Patrick Kaerley
1981 Fritz Bigler
1983 Patrick Kaerley
1986 Christian Morni
1989 Rolf Blatter
1991 Ueli Disler
1993 Peter Blaser

Anschriftenverzeichnis

Schroeder Fire Balloons GmbH
Am Bahnhof
54338 Schweich / Mosel
DEUTSCHLAND
Tel: 06502 / 1014
Fax: 06502 / 1016

Stratos Ballooning GmbH
Benedikt Haggeney
Postfach 1416
59320 Ennigerloh
DEUTSCHLAND
Tel: 02524 / 4383
Fax: 02524 / 5807

Cameron Balloons Ltd
St. John's Street
Bedminster
Bristol BS3 4NH
ENGLAND
Tel: 0272 / 637216

Thunder & Colt Ltd
Maesbury Road
Oswestry
Shropshire SY10 8HA
ENGLAND
Tel: 0691 / 670644

Adams Balloons
2 Perimeter Road
Donaldson Airpark
Greenville SC 29605
USA
Tel: (803) 277–3712

Aerostar International Inc.
1813 »E« Avenue
P.O.Box 5057
Sioux Falls SD 57117
USA
Tel: (605) 331–3500

The Balloon Works Inc.
810 Salisbury Road
P.O.Box 827
Statesville NC 28677
USA
Tel: (704)878–9501

Cameron Balloons US
P.O.Box 3627
Ann Arbor MI 48106
USA
Tel: (313) 426–5525

Thunder & Colt Balloons
Airborne America Inc.
4017 East Baldwin Road
Holly MI 48442
USA
Tel: (313) 695–5115

Nationale Ballonsportvereine

Australian Ballooning Federation
P.O.Box 21 Diggers Rest
Victoria 3427
AUSTRALIEN

Belgian Balloon Federation
Rue Montoyer 1
1040 Brüssel
BELGIEN

Dansk Ballon Union
c/o Benny Clausen
Gronne Garden 270
2670 Greve Strand
DÄNEMARK

Deutscher Freiballonsport-Verband e.V. (DFSV)
Fährenkotten 9
45259 Essen
DEUTSCHLAND
Tel: 0201 / 462496
Fax: 0201 / 466789

British Balloon & Airship Club
P.O.Box 1006
Birmingham B5 5RT
ENGLAND

Suomen Ilmailuliitto
Malmin Lentoaseha
00700 Helsinki
FINNLAND

Fédération Française d'Aérostation
6 Rue Galilée
75016 Paris
FRANKREICH

Aero Club of Canada
306, 1355 Bank Street
Ottawa
Ontario K1H 8K7
KANADA

Canadian Balloon Association
1167 Abbeydale Drive N.E.
Calgary Alberta T2A 6N4
KANADA

Österreichischer Aero-Club
Prinz-Eugen-Straße 12
1040 Wien
ÖSTERREICH
Tel: 0043 / 1 / 50510280
Fax: 0043 / 1 / 5057923

Aero Club der Schweiz
Lidostr. 5
6006 Luzern
SCHWEIZ
Tel: 0041 / 41 / 312121
Fax: 0041 / 41 / 311453

Balloon Federation of America
P.O.Box 400
Indianola IA 50125
USA

Gewerbliche Ballonunternehmen

Balloon Aloft Pty Ltd
P.O.Box 122
Canowindra 2048
AUSTRALIEN

Meuleman Aviation
P.O.Box 71
1930 Zaventem
BELGIEN

Air Show Promoçoes Ltda
Rua Conde de Lages
44/Sala 605
20241 Rio de Janeiro
BRASILIEN

Lau Laursen
Italiensvej 88
2300 Kopenhagen S
DÄNEMARK

The Danish Aerostatic Society
Graese Skolevej 23
3600 Frederikssund
DÄNEMARK

Flying Pictures
Montgolfier House
Fairoaks Airport
Woking
Surrey GU24 8HU
ENGLAND
Tel: 0276 / 855111

Airship & Balloon Co.
Unit 19
Stafford Park 12
Telford
Shropshire TF3 3BJ
ENGLAND
Tel: 0952 / 292945

Balloon Stable
The Wool Hall
12 St Thomas Street
Bristol BS1 6JJ
ENGLAND
Tel: 0272 / 277510

Ballooning World
18–19 Linhope Street
London NW1 6HT
ENGLAND
Tel: 071 / 7061021

Independent Balloon Co.
71 Smithbrook Kilns
Smithbrook Cornleigh
Surrey GU6 8JJ
ENGLAND
Tel: 0483 / 268458

Aerial Display Co.
17 Seven Stones Drive
Broadstairs
Kent CT10 1TN
ENGLAND
Tel: 0843 / 603603

Balloon Consultants
Dovaston House
West Felton
Shropshire SY11 4EQ
ENGLAND
Tel: 0691 / 88588

Better Hot Air Balloons
Havsgatan 19–21 B17
00150 Helsinki
FINNLAND

Air Media
23 Rue Eugène Varlin
92240 Malakoff
FRANKREICH

Air Show
9 Ath. Varka Street
54638 Thessaloniki
GRIECHENLAND

Ad Ballon
Tulpenstraat 75a
4818 Breda
HOLLAND

Bee Aviation
Cherry Hills C
1–15-1 Ekoda
Midori-ku
Yokohama-shi
Kanagawa
JAPAN

Aero Dynamic
Bay 12
700–58th Avenue S.E.
Calgary
Alberta T2H 2E2
KANADA

Les Aventures en
Montgolfières du Québéc
115 Petit Rang St François
St Pie
P. Que. J0H 1WO
KANADA

Sundance Balloons
R.R.1
Unionville
Ontario L3R 2A6
KANADA

Textilhandels-GmbH
4693 Desselbrunn 21
ÖSTERREICH

Media Fantasy
5/1 Soi Taksin Road
10600 Bangkok
THAILAND

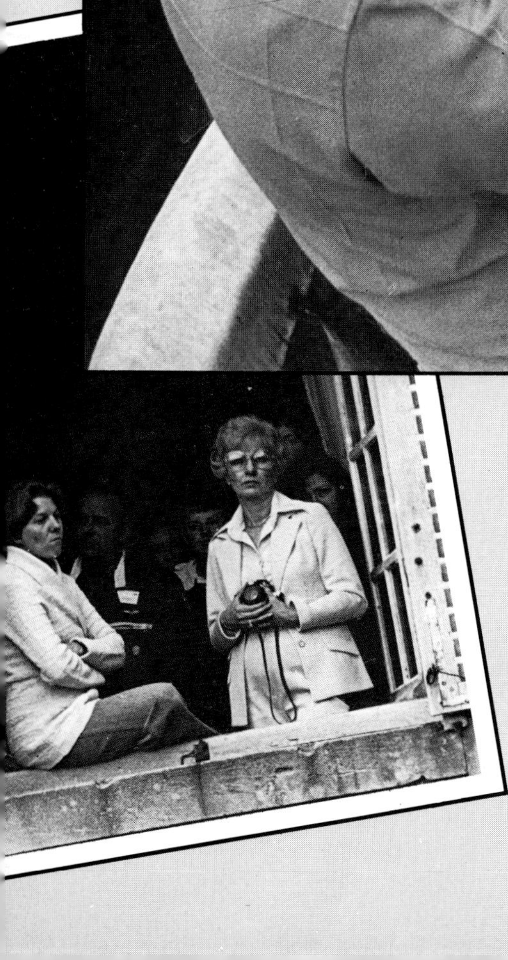

INDEX

WEATHER
AKRON BEACON JOURNAL
FINAL EDITION
Exclusive Associated Press, International News, Consolidated Press Association Dispatches
LAUNCH INQUIRY INTO U. S. S. AKRON FATAL PLUNGE IN SEA WITH 73 MEN
Akronites Ask R. F. C. For $7,500,000 Loan To First-Central
CITIZEN GROUP BACKS CRAMER
Artist Pictures Plunge Of Navy's Air Queen Into Ocean
MOFFETT IS LOST AS CRAFT BURNS
FAITH IN DIRIGIBLE FUTURE UNSHAKEN
Pall Of Grief Is Over Akron
Roosevelt Joins With Nation In Mourning Loss Of 'Akron'
MOFFETT DISPLAYED FAITH IN AIRSHIPS
ANTI-JEW BOYCOTT IS DEFINITELY OFF
Roll Of Men Aboard 'Akron'
AIR TRAGEDY VICTIM AKRON GUEST IN 1931
TODAY'S

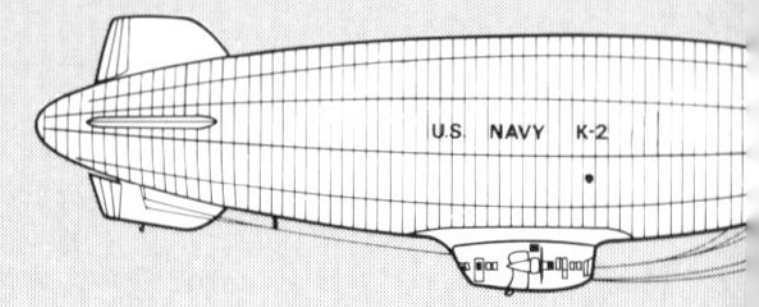

200 FREE HOLIDAYS AS PRIZES: See Page 2
DAILY SKETCH
The Right Games for Women SEE PAGE 7
MONDAY, JULY 4, 1932
ONE PENNY
FREE
SHOW FOR THE MILLIONS
ZEPP'S TOUR

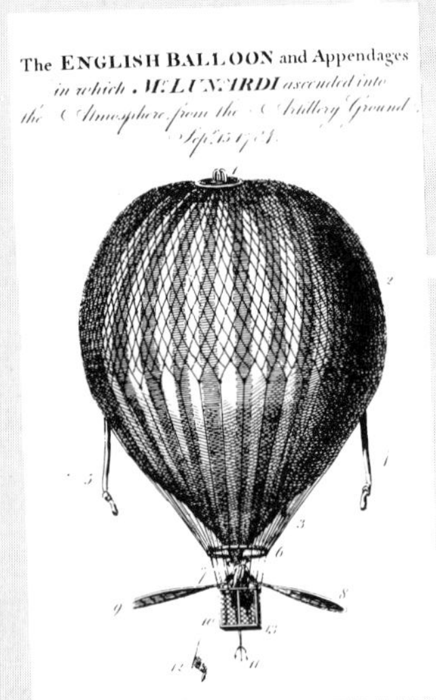
The ENGLISH BALLOON and Appendages

WILLS'S CIGARETTES.
FIRST BRITISH WAR BALLOON.

INTERNATIONAL • BALLOON •
PEPSI

Schroder Life

Perfume
Toilet
Powder
& Soap
LE FIGARO, 7-9-89.
L'ascension du ballon-flacon "le Cherry Blossom" a parfaitement réussi. Parti de Grenelle, après avoir atteint 2,800 mètres d'altitude il est tombé près de Velisy, en Seine-et-Oise.

SMIRNOFF
VODKA

DANKSAGUNG

Verlag und Verfasser bedanken sich bei
Crispin Williams, Thunder & Colt, sowie
Julian Worthington
für ihre Hilfe bei der Zusammenstellung dieses Buches.
Ferner schulden wir Dank:

Anthony Smith, Colin Mudie, Brian Boland, Hans Zoet, Darryl Gunter, Arno Seiger, Ed Yost, Tucker Comstock, Tom Shepherd, Don Piccard, Marge Ruppenthal, World Balloons Inc., Per Lindstrand, Paul Keene, Phillip Hutchins, Julian Nott, Archie Hampton, John Hampshire, Alan Depusse, Graeme Elson, Oliver Roux-Devillas, Nikon Camera Co., Ben Abruzzo, Ann Kramer, Peter Wren, Goodyear Tire & Rubber Co., Robin Lee.

Zusätzliche Fotografien stellten zur Verfügung:
Steve Moss, Tom Sage, Patrice Terrin, Simon Faithful, Tom Donnelly, Gill Fisk, Ian Ashpole, Science Museum Kensington, Cameron Balloons, Colt Balloons, Aspect Picture Library, B.B.C. Hulton Picture Library, Chris Butler, Colin Mudie, Larry Dale Gordon, Vince Streano, Arnold Desser, Mary Evans Picture Library, John Frost Historical Newspaper Service, Susan Griggs Agency/Michael Boys, Robert Harding Associates, John Hillelson Agency, Imperial War Museum, Kobal Collection, Ken Pilsbury, Popperfoto, Scott Polar Research Institute, Spectrum Colour Library, Zefa, The Image Bank, Split Second, Thunder & Colt, Virgin Atlantic Airways, Rex Features. Die Bilder auf den Seiten 26–27 verdanken wir der Unterstützung von Crown.

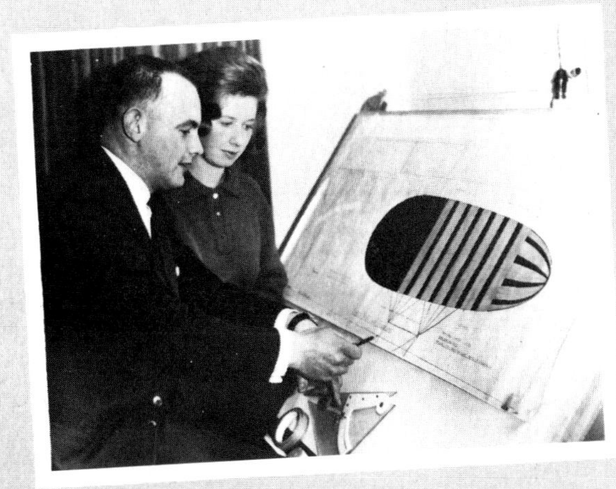

WEITERFÜHRENDE LEKTÜRE

In Deutsch:

– Assmann, R., Berson, A. und Gross, H. (Hrsg.): Wissenschaftliche Luftfahrten. 3 Bde. Braunschweig: 1899.

– Bergner, Wulf (Hrsg.): Ballon- und Luftschifffahrt in Augsburg. Freiballonverein Augsburg e.V. Augsburg 1976.

– Braunburg, Rudolf: Leichter als Luft. Hamburg: 1963.

– Bröckelmann, Karl (Hrsg.): Wir Luftschiffer. Berlin und Wien: 1909.

– Brucksch, Theodor: Abenteuer Ballonfahren. Stuttgart: Pietsch Verlag 1993.

– Eckert, Alfred: Am Himmel ohne Motor. Augsburg: 1975.

– Eimermacher, Ferdinand: Welten, Ozean und Sterne. Ein Altmeister des Freiballonsports erzählt. Münster: 1979.

– Emden, Robert: Grundlagen der Ballonführung. Leipzig: 1910.

– Eyb, G.: Gordon-Bennett-Wettbewerbe. Stuttgart: 1912.

– Frank, Ernst (Hrsg.): Handbuch für Freiballonpiloten. Freiballon-Kommission des DAeC. Hamm 1979.

– Huber, Ernst: Der Freiballon – Theorie und Praxis. Luzern: Aero-Club der Schweiz o.J.

– Linke, F.: Die Luftschiffahrt von Montgolfier bis Graf Zeppelin. Berlin: 1909.

– Mackworth-Praed, Ben: Pionierjahre der Luftfahrt. Vom Heißluftballon zum Motorflug. Stuttgart: Motorbuch Verlag 1993.

– Mayer, Edgar: Freiballonsport heute – Freiballonsport in Deutschland. Hamm: Deutscher Freiballonsportverband 1975.

– Mehl, A.: Der Freiballon in Theorie und Praxis. 1. und 2. Bd., Stuttgart o.J.

– Schmitt, Günter: Schwipps, Werner: 20 Kapitel frühe Luftfahrt. Berlin: transpress 1990.

– Treichlinger, Wilhelm Michael: Ballons. Bottmingen/Basel: 1979.

– Woodman, Jim: Nazca. Mit dem Inka-Ballon zur Sonne. München: 1977.

In Englisch:

– Aerostat. Journal of the British Balloon and Airship Club.

– Ballooning. Journal of the Balloon Federation of America.

– Dollfus, Charles: Balloons. London: Prentice-Hall International.

– Dwiggins, Don: Riders of the Winds. New York: Hawthorn Books.

– Fillingham, Paul: The Balloon Book. New York: David McKay Company Inc.

– Norgaard, Erik: The Book of Balloons. New York: Crown Publishers Inc.